■ **Qu'est-ce qui se passe?** ■

Qu'est-ce qui se passe?

Expression orale
THIRD EDITION

Robert Balas
Western Washington University

Donald Rice
Hamline University

Houghton Mifflin Company   Boston
Dallas   Geneva, Illinois   Palo Alto   Princeton, New Jersey

ACKNOWLEDGMENTS

We are very grateful to all of our colleagues and students who have used *Qu'est-ce qui se passe?* in the past. Their comments, praise, criticism, and encouragement have been invaluable in the preparation of this third edition.

We would like to thank the following reviewers who participated in the formal review of the second edition:

Jolene J. Barjasteh, St. Olaf College, Minnesota
Joseph E. Chevalier, University of Wisconsin, Wausau
Hope Christiansen, University of Kansas
David A. Dinneen, University of Kansas
Christiane Fabricant, Tufts University, Massachusetts
John Gesell, University of Arizona
Marie-Louise Harms, University of San Diego, California
Paul F. Johnson, Houghton College, New York
Jean Knecht, Texas Christian University
John K. Savacool, Professor Emeritus, Williams College, Massachusetts
Andrée Stayman, Florida International University, Tamiami Campus

Finally, our very personal thanks to Liz and Charles Balas, Mary Callahan, and Alexander and Hilary Rice, whose patience and encouragement have contributed greatly to the creation of this third edition.

R.B.
D.R.

Credits for texts, photos and realia may be found following the Index at the end of this book.

Cover image: "Why Don't You Do Right?" by Tony DeBlasi. Courtesy Louis K. Meisel Gallery, New York. Photographed by Steve Lopez.

Illustrations by George Jartos and Robert Balas

Copyright © 1990 by Houghton Mifflin Company. All rights reserved.

No part of this work may be reproduced or transmitted in any form or by any means, electronic or mechanical, including photocopying and recording, or by any information storage or retrieval system without the prior written permission of Houghton Mifflin Company unless such copying is expressly permitted by federal copyright law. Address inquiries to College Permissions, Houghton Mifflin Company, One Beacon Street, Boston, Massachusetts 02108.

Printed in the U.S.A.

Library of Congress Catalog Card Number: 89-80913
Student Text ISBN: 0-395-35914-7
Instructor's Annotated Edition ISBN: 0-395-52626-4

TABLE DES MATIÈRES

Preface to the Third Edition *vii*

Preface to *Expression orale* *ix*

■ UNITÉ DE RÉVISION A   1

Première partie
Faisons connaissance! 2

Deuxième partie
Le présent 6

Troisième partie
Le passé composé 8

Quatrième partie
Le futur immédiat 9

Au jour le jour
La Tradition du bourgeois et le Français moyen 10

■ UNITÉ PREMIÈRE

Raconter 19

Histoire en images
Le paradis perdu 21

Préparons-nous
La narration au passé 37

Pour communiquer
Comment organiser un récit 46

À vous, maintenant! 49

Au jour le jour
Le Stress 51

■ UNITÉ DEUX

Se renseigner 61

Histoire en images
Le château dans le bois 62

Préparons-nous
L'interrogation 83

Pour communiquer
Comment demander et donner des renseignements 94

À vous, maintenant! 99

Au jour le jour
L'Identité et les Français 101

■ UNITÉ TROIS

Désigner et décrire 110

Histoire en images
Les amateurs d'art 111

Préparons-nous
La désignation, la qualification, la différentiation 127

Pour communiquer
Comment faire une description 140

À vous, maintenant! 145

Au jour le jour
L'Art moderne et le passé 146

■ UNITÉ DE RÉVISION B   156

Première partie
On vous invite! 157

Deuxième partie
Les pronoms personnels 162

Troisième partie
Les pronoms accentués 164

Au jour le jour
La Langue française et la France moderne 166

■ UNITÉ QUATRE

Situer dans le temps et dans l'espace   176

Histoire en images
Débrouillez-vous, Mademoiselle!   177

Préparons-nous
La localisation et la situation   191

Pour communiquer
Comment se retrouver   199

À vous, maintenant!   204

Au jour le jour
La Modernisation et l'Américanisation en France   206

■ UNITÉ CINQ

Exprimer   218

Histoire en images
Le dragueur   219

Préparons-nous
L'expression des désirs, des sentiments et des opinions   235

Pour communiquer
Comment réagir à ce qu'on dit et à ce qu'on fait   243

À vous, maintenant!   246

Au jour le jour
La Femme   247

■ UNITÉ SIX

Expliquer et raisonner   260

Histoire en images
La France en bicyclette   261

Préparons-nous
Les explications et les raisonnements   277

Pour communiquer
Comment bien discuter   290

À vous, maintenant!   293

Au jour le jour
L'Homme d'aujourd'hui   294

Lexique   A 1

Index   A 25

Permissions and Credits   A 26

Preface to the Third Edition

Qu'est-ce qui se passe? Expression orale and **Expression écrite** is a college French program that can be used for a second-year course or for an intermediate conversation and composition course. Its purpose is to present a solid review and expansion of grammar, as well as to provide a broad range of conversational situations and writing topics designed to improve students' oral and written proficiency.

The third edition represents a major reworking of the program. Although we, the authors, have maintained two of the key features of earlier editions—the use of picture stories to develop vocabulary and provide students with a shared context for exercises and conversation, as well as a functional approach to grammar—we have brought the program in line with current trends toward proficiency-oriented, communication-based approaches to language learning.

Organization

The most obvious result of this effort is the separation of **Qu'est-ce qui se passe?** into two parallel and integrated texts. The volume subtitled **Expression orale** is designed primarily for in-class use. Each unit now begins with the *Histoire en images* section, which is accompanied by humorous line illustrations, vocabulary and an increased number of questions. Following the *Histoires en images* section (which includes new illustrations redrawn by a professional artist) is the *Préparons-nous* section, consisting of several sets of exercises correlated to the various subdivisions of the functional grammar for each unit. These exercises, all contextualized and/or personalized, move from controlled to open-ended and allow class time to be spent primarily on communication activities. Tied to this functional use of grammar is the introduction of a new section entitled *Pour communiquer*, consisting of lexical gambits useful in expanding and refining the basic language functions (telling stories, asking questions, designating, qualifying and describing, situating in time and space, reacting, and linking). The picture stories, the grammatical practice, and the conversational practice all come together in an expanded set of oral activities, *À vous, maintenant!* which continue to build students' proficiency. Completing each unit is the all-new Cultural Magazine section, *Au jour le jour,* offering authentic French texts linked to contemporary themes such as stress, modern technology, and the role of women and men in today's society. These texts offer a range of opinions while exposing students to real language use. Activities that follow engage students in active discussions on the topics presented.

The companion volume, **Expression écrite,** is designed especially for use by students inside or outside of class. It contains complete and clear grammatical explanations (in French) followed by sets of exercises that are contextualized or personalized and, frequently, make use of the picture stories. These exercises also range from controlled to more open-ended; answers for the controlled exercises are provided at the back of the volume, thus offering immediate feedback for students before coming to class. In addition, this volume contains sets of more detailed mechanical exercises on each topic (again self-correcting) that can be used for remedial purposes (or as additional practice on topics that are new to some or all of the students). The result is that in most cases much of the work on grammar can be done as homework in preparation for the communicative activities that take place in class. Culminating each unit is the *Activités écrites* section, a variety of writing exercises that integrates the grammatical functions, the picture stories, and the students' own experiences.

Components

Audio Program. The Audio Program has been completely reconceived and rerecorded. The emphasis is on developing listening skills by presenting unscripted, unrehearsed conversations and stories by native speakers. Each unit has a 30-minute audio session devoted to: 1) a retelling of the *Histoire en images*, 2) a series of dialogues illustrating the conversational strategies presented in the *Pour communiquer* section, and 3) a conversation based on the topics in that unit's Magazine section, *Au jour le jour*.

Software Program. Several software programs designed to accompany the program are available from the authors: *Lecture* and *Métro*.

Métro is a fast drill program in which the student may either play a game or go directly to the drill activities. The focus of the lessons are toward remedial learning or learning new discrete grammar points.

Lecture is a very sophisticated tutorial program capable of a multitude of exercises. It can introduce and test grammar sequences, provide extensive reading selections and fortify the study of the language with up to 98 questions per lesson.

In short, the third edition of **Qu'est-ce qui se passe?** provides a creative solution to the perennial question: how can students both review (and/or learn) French grammar and writing skills and continue to develop spoken language skills? Moreover, like its two previous editions, the third edition reflects the idea that, while language learning is not always fun, it *is* possible to have fun while learning a language.

Preface to Expression orale

Expression orale is designed to make students talk by providing a wide variety of exercises and activities that develop students' competency and creativity with spoken French. Exercises move logically from controlled situations to more open-ended ones that draw on students' own experiences, giving them lots to talk about.

The text contains two preliminary review units and six regular units. *Unité de Révision A* reviews some of the basic language structures of the first year that students may have forgotten from the last time they studied French. *Unité de Révision B*, located after *Unité Trois*, reviews additional structures.

Each of the regular units consists of five major sections:

Histoire en images. This section provides a shared context. It consists of a series of illustrations that suggest rather than tell a story. Each drawing is accompanied by a vocabulary list containing words and expressions useful for telling the story. The lists are arranged in topical groups in order to suggest possible story developments. Each drawing is accompanied by two sets of questions: the first designed to encourage students to create the basic story line, and the second, to focus upon the vocabulary provided. The *Histoire en images* section serves as an excellent point of departure for subsequent use in written and oral exercises and activities.

Préparons-nous. This section provides students with a brief outline of what structures should be mastered in the unit and in which volume of the program that information can be found. This information is presented in a handy chart called *Liste de contrôle*. This chart is followed by several groups of exercises designed to provide oral practice on structures presented in **Expression écrite.** The first exercise in each group is called a *Vérification* exercise and is designed to assess the students' mastery of the structure being practiced in that group. After students complete the *Vérification* exercise successfully, they should proceed with the next ones in that group. However, if they have trouble with this exercise, they are referred via a graphic symbol and page reference to **Expression écrite** for additional review.

Pour communiquer. This section functions as a guide to the expressions and functional grammar necessary to accomplish specific but creative language tasks such as how to organize a story, how to describe, etc. *Pour communiquer* contains a series of exercises that put this knowledge into action.

À vous, maintenant. This section consists of a series of extended oral activities using the information presented in the unit. These proficiency activities often involve work in pairs or small groups, allowing students more opportunity to develop their oral proficiency.

Au jour le jour. Each unit culminates in the all-new Cultural Magazine section, featuring magazine and newspaper articles, advertisements, and cartoons. The range of opinions and material presented provides a basis for extended in-class discussions and activities.

We know students will agree that the changes in this edition will give them even more to talk about!

UNITÉ DE RÉVISION A

Il est utile de faire une courte révision de vos connaissances de base du français avant d'introduire de nouveaux sujets. L'objectif de la première unité est de revoir ces temps du verbe: *le présent, le passé composé* et *le futur immédiat*. Vous aurez l'occasion de retrouver des mots et des expressions que vous connaissez pour la plupart et vous pourrez les utiliser dans des conversations et des activités.

Le passé fait face au présent: style français et style américain.

LISTE DE CONTRÔLE

Ce qu'il faut savoir	Là où vous pouvez le trouver
le présent	E.E., p. 5
le passé composé	E.E., p. 11
le futur immédiat	E.E., p. 15

The abbreviations **E.O.** and **E.E.** are used to send you back and forth between the two books in the **Qu'est-ce qui se passe?** program. **E.O.** refers to **Expression orale**; in this book you will find the picture stories and accompanying vocabulary, a large number of exercises designed to be done orally in class, and several magazine sections. **E.E.** refers to **Expression écrite**; in this book you will find all grammatical explanations, a large number of written exercises on the various grammatical structures, and numerous writing activities.

■ *Première partie*

Faisons connaissance!

A. Salut! Bonjour! Associez chacune des conversations suivantes au dessin qui y correspond.

1. —Pardon, Monsieur. Est-ce que vous vous appelez Toubon, par hasard?
   —Mais oui. Est-ce que je vous connais?
   —C'est qu'on s'est vus chez les Desjardins. Je m'appelle Gonthier.
   —Ah, oui. Je m'en souviens. Vous êtes architecte, non?
   —C'est ça. Et vous, vous travaillez avec Henri Desjardins.
   —Oui. Vous avez une très bonne mémoire.
2. —Pardon... euh... il est quelle heure, s'il te plaît?
   —Il est midi moins le quart. Tu attends pour voir le directeur?
   —Oui. Toi aussi?
   —Oui. Je suis René Masson. C'est ma première année ici. Et toi?
   —Jean-Jacques. Jean-Jacques Lefèbvre. Je suis nouveau aussi.
3. —Ah, bonjour, Monsieur. Comment allez-vous?
   —Très bien, Madame. Et vous?
   —Oh, je vais bien. Comme toujours. Vous connaissez Mme Roussinot, n'est-ce pas?
   —Non, je n'ai pas eu le plaisir de faire sa connaissance.

—Oh, je m'excuse. Mme Claire Roussinot, M. Vincent Druout.
—Enchanté, Madame.
—Enchantée, Monsieur.
4. —Tiens. Salut, André. Ça va?
—Oui, ça va. Et toi? Ça va toujours bien?
—Oh, oui. Tu connais Éveline?
—Non. On ne se connaît pas.
—Alors, Éveline Rigal, André Amiot.
—Salut, Éveline.
—Bonjour, André.

Pour saluer quelqu'un

Expressions qu'on emploie quand on ne se connaît pas très bien
Bonjour, Monsieur (Madame, Mademoiselle).
Comment allez-vous? —(Je vais) très bien. Et vous?

Expressions qu'on peut utiliser quand on se connaît bien
Salut, (*nom*).
Ça va? —Oui, ça va. Et toi?
Comment ça va? —Ça va bien. Et toi?

Expression qu'on peut employer dans toute situation
Bonjour, (*nom*).

Pour faire une présentation

Expressions qu'on peut employer quand on ne se connaît pas très bien
Permettez-moi de vous présenter (*nom*).   —(Je suis) enchanté(e).
Je voudrais vous présenter (*nom*).   —(Je suis) très heureux(se) de
                                           faire votre connaissance.
Vous connaissez (*nom*)?

Expressions qu'on peut employer quand on se connaît bien
Tu connais (*nom*)?
Je te présente (*nom*).   —Bonjour.
Alors, (*nom*), (*nom*)   —Bonjour.

Expressions qu'on peut employer dans toute situation
Vous vous connaissez?   (*à deux personnes*)
Je vous présente (*nom*).

Expressions qu'on peut employer pour se présenter
Je m'appelle (*nom*). / Je suis (*nom*).

B. Le tour de la classe. Faites le tour de la classe en saluant les gens que vous rencontrez. Distinguez entre votre professeur et les autres étudiants, entre les gens que vous connaissez et les gens que vous ne connaissez pas.

C. Quoi de neuf? Quelles nouvelles? Les quatre conversations de l'Exercice A continuent. Associez la suite de chaque conversation au dessin qui y correspond.

1. —Tu es de Paris?
   —Non. Moi, je suis de Bordeaux. Et toi?
   —Moi, j'habite dans la banlieue, à Vincennes. Qu'est-ce que tu vas faire comme études?
   —Moi, je vais faire de l'informatique°. Et toi?
   —Moi, je suis en gestion°.
2. —M. Drouot, c'est le frère de Jacqueline Vannassier. Vous avez des nouvelles de votre sœur?
   —Oui, j'ai eu une lettre la semaine dernière. Elle est en Suisse avec des amies. Elles vont passer le mois près de Lausanne.
   —Ah, j'aime bien Lausanne. C'est très joli là-bas.
   —Moi aussi. J'y suis allée l'année dernière avec mon mari.
3. —Tu es étudiante aussi?
   —Oui, je fais de l'anglais à l'université. Et toi?
   —Moi, je suis en sciences économiques, avec Janine.
   —Ah, c'est dur, ça. Je ne suis pas très forte en maths.
   —Et moi, je suis plutôt faible en langues étrangères.
4. —Je ne l'ai pas vu depuis longtemps. Comment va-t-il?
   —Oh, il va très bien. Nous avons beaucoup de travail en ce moment. Vous aussi?
   —Oui. Mais j'espère pouvoir partir en vacances à la fin du mois.

informatique: computer science
gestion: management

Pour faire continuer la conversation

Quoi de neuf? —Pas grand'chose. (*ou vous racontez une nouvelle*)
Vous avez (Tu as) des nouvelles de… ? —Non, je n'ai pas de ses (leurs) nouvelles. (*ou vous racontez une nouvelle*)
Qu'est-ce que tu fais (vas faire) comme études? —Je fais… (Je suis en…).

Pour prendre congé

Expressions qu'on peut employer dans toute situation
Au revoir, (*nom*).
À bientôt.
À tout à l'heure.
À la prochaine.

Expression qu'on peut employer quand on ne se connaît pas très bien
Au revoir, Monsieur (Madame, Mademoiselle).

Expressions qu'on peut employer quand on se connaît bien
Allez, au revoir.
Ciao.

Pour s'excuser

Expressions qu'on peut employer dans toute situation
Je dois partir.
Je dois m'excuser. (Nous devons nous excuser.)
J'ai (nous avons) rendez-vous.
Il faut que je m'en aille (que nous nous en allions).

Expressions qu'on peut employer quand on se connaît bien
Je file!
Il faut que je me sauve.
Tu m'excuses, n'est-ce pas?

Pour se retrouver

On se retrouve à… —D'accord. (C'est ça.)

D. Un début de conversation. Saluez un(e) autre étudiant(e) de la classe, présentez cette personne à un troisième membre de la classe, puis commencez une conversation.

Unité de Révision A

E. À tout à l'heure! Au revoir! Les quatre conversations des Exercices A et C se terminent. Associez chaque fin de conversation au dessin qu'elle illustre.

1. —Bon. Nous devons partir. C'est l'heure de notre autobus.
   —Eh, bien. Je suis très heureux d'avoir fait votre connaissance, Madame.
   —Moi aussi, Monsieur. Et dites bonjour de ma part à votre sœur.
   —Oui. De ma part aussi. Au revoir, Monsieur.
   —Au revoir, Mesdames.
2. —Tiens! Voilà—sa porte est ouverte. Tu peux y aller le premier, si tu veux.
   —D'accord. Merci. On va se revoir sans doute. À bientôt.
   —C'est ça. À bientôt.
3. —Oh, je dois m'excuser. J'ai rendez-vous dans dix minutes.
   —D'accord. Eh bien, je suis content de vous avoir revu.
   —Moi aussi. Au revoir, Monsieur.
   —Au revoir.
4. —Dis donc. Il faut que je m'en aille. Ma sœur m'attend.
   —Bon. On se retrouve ce soir?
   —Oui. Disons, vers 6 heures, devant la bibliothèque.
   —D'accord. Au revoir, André. À la prochaine.
   —C'est ça. Au revoir.
   —Allez. À ce soir, Éveline.
   —Oui. À ce soir.

F. Une petite conversation. Saluez un(e) autre étudiant(e), parlez-lui brièvement, puis prenez congé de cette personne.

▪ *Deuxième partie*

Le présent

G. Échange. Faites connaissance avec un(e) autre étudiant(e) en lui posant les questions suivantes. Votre partenaire répondra à vos questions.

1. Moi, je m'appelle... Et toi?
2. Quel âge as-tu?
3. Où est-ce que ta famille habite? Et toi, habites-tu avec ta famille pendant l'année universitaire? Et l'été?
4. Combien de frères et de sœurs as-tu? Sont-ils(elles) étudiant(e)s aussi?

E.E., Ex. B, C and D, pp. 7–10.

5. C'est ta première année à l'université? Quels cours est-ce que tu suis?
6. Qu'est-ce que tu fais pour t'amuser? Est-ce que tu t'intéresses à la politique? à la musique? aux sports?
7. Quand est-ce que tu fais tes devoirs? Où est-ce que tu les fais?
8. Est-ce que tu vas souvent au cinéma? Quels genres de films est-ce que tu aimes?
9. À quelle heure est-ce que tu te réveilles d'habitude? Est-ce que tu te lèves tout de suite ou est-ce que tu restes au lit? Est-ce que tu prends un petit déjeuner d'habitude?
10. À quelle heure est-ce que tu te couches normalement? Pourquoi?

H. Mais non... Contredisez les déclarations suivantes en utilisant des expressions négatives.

MODÈLE: Jean-Luc a deux frères.
Non, il a des sœurs, mais il n'a pas de frères.

1. Il y a quelque chose sur la table.

2. Il y a quelqu'un derrière Philippe.

3. Mathieu va souvent à la bibliothèque.

4. Gérard a encore des bonbons.

5. Hélène est à la fenêtre.

6. Jacques étudie toujours.

7. Suzanne a un chat et un chien.

8. Nicole a une clarinette et Mireille a un violon.

Troisième partie

Le passé composé

E.E., Ex. E and F, pp. 12–15.

I. La journée de Jean-Pierre. Racontez les activités habituelles de Jean-Pierre en vous inspirant des dessins et en utilisant l'infinitif donné. Puis comparez la journée de Jean-Pierre à votre journée, à la journée de votre camarade de chambre, à la journée typique des étudiants à votre université.

1. se réveiller
2. se lever 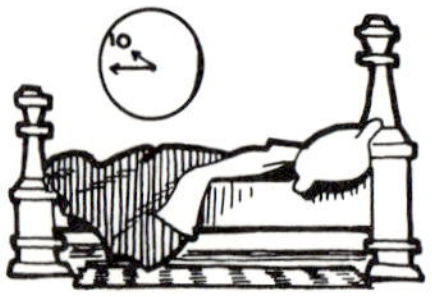
3. prendre une douche 
4. quitter (l'immeuble) 
5. attendre 
6. lire 
7. arriver en ville 
8. déjeuner 
9. payer 
10. rendre visite à 
11. sortir 
12. dîner 
13. aller à 
14. dire au revoir 
15. prendre le métro 
16. se coucher

J. Bon voyage! Posez des questions à un(e) camarade de classe au sujet d'un voyage qu'il(elle) a fait récemment. Commencez par utiliser les verbes et les expressions suggérés, mais il n'est pas nécessaire de vous y limiter. Mettez les verbes au *passé composé*.

1. aller: où / quand / avec qui / comment
2. passer: combien de temps
3. partir: à quelle heure
4. arriver: à quelle heure
5. avoir des difficultés
6. faire: qu'est-ce que
7. voir: qu'est-ce que
8. manger: où / quand / qu'est-ce que
9. rentrer: quand / comment
10. s'amuser: ?

■ *Quatrième partie*

Le futur immédiat

E.E., Ex. G and H, pp. 16–17.

K. Des projets pour l'avenir. Posez des questions à un(e) camarade de classe au sujet de ses projets pour le semestre (le trimestre) et pour l'avenir. Votre partenaire vous répondra.

1. Combien de cours est-ce que tu vas suivre?
2. Lequel va être le plus difficile? le plus intéressant?
3. Allez-vous travailler? Combien d'heures par semaine?
4. Tu as l'intention d'étudier sérieusement?
5. Qu'est-ce que tu vas faire pour t'amuser?
6. Qu'est-ce que tu vas faire pendant les vacances de Noël (de printemps)?
7. Quand est-ce que tu vas finir tes études à l'université?
8. Qu'est-ce que tu espères faire après l'université?
9. Est-ce que tu as l'intention de te marier un jour?
10. Est-ce que tu comptes avoir des enfants?
11. Où est-ce que tu espères habiter?

L. Faisons connaissance! Vous rencontrez un(e) camarade de classe dans la rue. Vous vous saluez, puis vous parlez pendant trois ou quatre minutes de vos cours, de votre logement, de vos activités, de vos familles, de vos vacances, de vos projets, etc. Au signe du professeur, vous vous quittez et vous allez trouver un(e) autre partenaire avec qui vous faites la même sorte de conversation.

Unité de Révision A

AU JOUR LE JOUR

La Tradition du bourgeois et le Français moyen

Numéro 1

- Les Valeurs de la bourgeoisie
- Un Bourgeois moderne
- Le Français moyen

J. Bon voyage! Posez des questions à un(e) camarade de classe au sujet d'un voyage qu'il(elle) a fait récemment. Commencez par utiliser les verbes et les expressions suggérés, mais il n'est pas nécessaire de vous y limiter. Mettez les verbes au *passé composé*.

1. aller: où / quand / avec qui / comment
2. passer: combien de temps
3. partir: à quelle heure
4. arriver: à quelle heure
5. avoir des difficultés
6. faire: qu'est-ce que
7. voir: qu'est-ce que
8. manger: où / quand / qu'est-ce que
9. rentrer: quand / comment
10. s'amuser: ?

■ *Quatrième partie*

Le futur immédiat

E.E., Ex. G and H, pp. 16–17.

K. Des projets pour l'avenir. Posez des questions à un(e) camarade de classe au sujet de ses projets pour le semestre (le trimestre) et pour l'avenir. Votre partenaire vous répondra.

1. Combien de cours est-ce que tu vas suivre?
2. Lequel va être le plus difficile? le plus intéressant?
3. Allez-vous travailler? Combien d'heures par semaine?
4. Tu as l'intention d'étudier sérieusement?
5. Qu'est-ce que tu vas faire pour t'amuser?
6. Qu'est-ce que tu vas faire pendant les vacances de Noël (de printemps)?
7. Quand est-ce que tu vas finir tes études à l'université?
8. Qu'est-ce que tu espères faire après l'université?
9. Est-ce que tu as l'intention de te marier un jour?
10. Est-ce que tu comptes avoir des enfants?
11. Où est-ce que tu espères habiter?

L. Faisons connaissance! Vous rencontrez un(e) camarade de classe dans la rue. Vous vous saluez, puis vous parlez pendant trois ou quatre minutes de vos cours, de votre logement, de vos activités, de vos familles, de vos vacances, de vos projets, etc. Au signe du professeur, vous vous quittez et vous allez trouver un(e) autre partenaire avec qui vous faites la même sorte de conversation.

Unité de Révision A

AU JOUR LE JOUR

La Tradition du bourgeois et le Français moyen

Numéro 1

- Les Valeurs de la bourgeoisie
- Un Bourgeois moderne
- Le Français moyen

Les Valeurs de la bourgeoisie

Dans les pages suivantes, nous allons considérer des valeurs qui semblent à la base de l'idée de la bourgeoisie traditionnelle de la fin du dix-neuvième siècle et du commencement du vingtième. Pour comprendre certaines différences entre la «mentalité française» et la «mentalité américaine», ou bien «la mentalité française traditionnelle» et «la moderne», il vaut bien l'effort de considérer l'idée de la vie selon ces «conseillers de la bonne vie». Ainsi nous aurons le moyen de comprendre à quel degré ces idées influencent toujours ou n'influencent plus la pensée française.

Dans le texte suivant, Theodore Zeldin nous donne d'abord ces idées générales du bourgeois à la fin du dix-neuvième siècle. Choisissez les mots ou les formules qui révèlent les valeurs de la bourgeoisie. Ensuite, pensez aux valeurs traditionnelles américaines. Est-ce que les valeurs de la bourgeoisie ressemblent aux valeurs traditionnelles américaines?

... Le bourgeois faisait beaucoup d'efforts pour se distinguer des masses. Il cultivait la distinction qui requiert une forme spéciale de politesse visant à° faire bonne impression. Il se devait d'être de bon goût, c'est-à-dire savoir ce qui était correct, et incliner vers le conservatisme et la modestie. C'est pourquoi le bourgeois a si longtemps porté un uniforme noir, ne soulignant° son rang social que par des détails de coupe° et d'étoffe°. Son but n'était pas d'éclipser les autres bourgeois, mais d'être de leur monde: le sens de la mesure et les vertus traditionnelles devaient le guider. Faire comme les autres: c'est le niveau° qu'il s'efforçait d'atteindre. Ne pas être commun: c'est la barrière qu'il devait maintenir.

visant à: aiming to

soulignant: underlining, emphasizing
coupe: a cut, a design
étoffe: fabric
niveau: level

L'éducation et la famille étaient les deux préoccupations majeures du bourgeois, et il y consacrait beaucoup d'argent. Il devait armer ses fils du baccalauréat° et doter° ses filles. Il mettait l'accent sur l'acquisition d'une culture générale qui le distinguait des artisans et des travailleurs manuels. Au vingtième siècle, il pouvait avoir oublié son latin, mais il parlait au moins le français académique. Il n'autorisait pas sa femme à travailler, du moins jusqu'en 1914, mais il trouvait bon qu'elle cultivât les vertus domestiques dont il se faisait le champion. Il associait moralité et chasteté, fidélité et devoir. Même lorsqu'il affirmait son indépendance vis-à-vis de l'Église, ses critiques portaient sur° la politique, non sur l'éthique.

baccalauréat: end of high-school exam
doter: give a dowry to

portaient sur: concerned

* * *

La bourgeoisie ne visait pas à un changement trop rapide du niveau économique ou social. Essayez de dégager° comment l'attitude bourgeoise limitait les avancements trop rapides. Est-ce que cette attitude se conformait ou s'opposait à l'attitude américaine? De quelle manière?

dégager: extricate

Le Guide pour le choix d'une carrière d'Édouard Charton, publié en 1842, offre une bonne approche des opinions de l'époque sur le sujet des attitudes à l'égard de° la réussite°. Charton était un homme remarquable

à l'égard de: toward
réussite: success

La Tradition du Bourgeois et le Français moyen

qui avait acquis de l'expérience et s'était fait des relations dans de nombreuses professions... . Jadis° les gens se voyaient écartés° d'un très grand nombre d'activités de par° le hasard de la naissance et il était moins facile de changer de condition sociale, de s'élever ou de s'abaisser.° En outre,° l'esprit de famille opposait une barrière aux désirs et aux ambitions individuelles. «Un fils tenait à l'honneur plus qu'aujourd'hui de soutenir la réputation que ses aïeux° avaient acquise dans leur métier». La naissance, la loi, les usages et l'autorité paternelle se conjuguaient pour limiter l'horizon des gens et ne laissaient qu'une faible marge d'incertitude quant au° choix de leurs carrières... . [Il y avait] «un si grand avantage pour un jeune homme de pouvoir suivre la profession de son père, que l'on peut trop s'affliger° de le voir si souvent méconnu° et dédaigné°». Le fils qui suit cette voie, «la plus simple et la plus naturelle», se voit épargner° une longue et douloureuse incertitude. Il peut apprendre son métier auprès de son père et hériter de lui clientèle, relations, confiance et estime. Charton recommande de ne rompre avec° cette tradition que dans des circonstances exceptionelles, par exemple si la profession en cause requiert des dons particuliers qui font totalement défaut° au fils, si cette profession est en train de dépérir°, ou encore si les frères sont trop nombreux. Autrement dit, seules des raisons négatives ou des obstacles insurmontables devaient faire renoncer aux métiers traditionnels. Dans ce cas-là, Charton insiste pour que la solution de rechange° permette au fils de bénéficier de l'aide de parents ou d'autres protecteurs. De toute évidence, le parrainage° demeurait un facteur de la plus haute importance. La recommandation la plus intéressante de Charton est sans doute celle de ne pas viser trop haut. Il faut rechercher des métiers qui «conduisent à l'aisance°, plus qu'à la richesse, à l'estime plutôt qu'à un développement normal des facultés, à l'accroissement° de l'intelligence et de la moralité plus qu'à la satisfaction des passions».

Pour lui, l'esprit d'entreprise et l'ambition n'ouvraient pas la voie au succès et l'argent ne devait pas être le but. Il met constamment l'accent sur l'«estime publique» comme l'objectif le plus gratifiant:... «L'homme estimé est plus heureux que l'homme admiré et la vie la plus désirable est celle qui est la plus simple».

* * *

Maintenant, Zeldin nous offre l'analyse d'une maladie créée par l'ambition. Trouvez-vous que l'analyse soit vraie? Est-ce qu'elle renforce les conseils moraux de Charton cités ci-dessus? Quel rôle joue l'argent dans tout ceci?

...Dans son ouvrage sur *La Médecine des passions* (1842), Descuret affirmait sans ambages° qu'un excès d'ambition devait se traduire par des symptômes cliniques immédiats et fort inquiétants. L'ambitieux «devient pâle, ses sourcils° se rapprochent, ses yeux se retirent dans leur orbite, son regard devient mobile et soucieux°, ses tempes° se creusent° et ses cheveux tombent ou blanchissent avant le temps». Il est presque toujours hors de souffle°, souffre de palpitations cardiaques et de graves insomnies. Son pouls est généralement fébrile°, «son haleine° brûlante, ses digestions imparfaites» du fait d'une inflammation intestinale aiguë° ou chronique. Il meurt fréquemment d'un cancer de l'estomac ou du foie, d'apoplexie ou d'une affection organique d'origine cardiaque. Mais l'issue la plus fréquente de l'ambition était la mélancolie et surtout la monomanie ambitieuse. Les asiles d'aliénés° regorgeaient° d'ambitieux malchanceux qui se prenaient pour des généraux, pour des papes ou pour Dieu-le-Père... . En 1908 déjà, l'auteur d'un ouvrage[2] sur la meilleure façon de réussir dans la vie écrivait que les Français auraient intérêt à modifier leurs habitudes d'immobilisme et à suivre l'exemple des États-Unis s'ils voulaient conserver leur rang dans le monde, car la suprématie qui naguère° se gagnait par les armes devrait désormais° s'obtenir par les affaires, le commerce et l'industrie tout autant sinon plus° que par les arts et les lettres... . On ne condamne plus l'ambition; ce qu'il faut viser, c'est l'action et l'énergie... .

Toujours selon cet auteur, il n'était nullement nécessaire, en France, de faire de l'argent avec le même acharnement° qu'en Amérique. Le Français «a droit à l'intermède°, à quelques douceurs, aux vacances, aux charmes d'une conversation reposante, et c'est bien ainsi, dans cette manière plus conforme à nos traditions, à nos goûts, à notre éducation, que je veux envisager l'homme qui réussit».

Theodore Zeldin,
Histoire des passions françaises

souffle: breath
fébrile: feverish
haleine: breath
aiguë: acute

asiles d'aliénés: insane asylums
regorgeaient de: were full of

naguère: in the past
désormais: from now on
tout autant sinon plus: as much as if not more than

acharnement: intensity
intermède: time off

Un Bourgeois moderne

Voici un bourgeois moderne. Quelles valeurs exprime-t-il? Faites-en une liste selon les mots-clé°. Est-il, à votre avis, en conflit avec le monde actuel? Pourquoi (pas)?

mots-clé: keywords

Pour Pierre (Bourel)... le premier devoir est de montrer l'exemple. «Je suis un bourgeois; je suis né bourgeois; je n'ai jamais eu de mépris° pour ceux qui ne l'étaient pas, mais je recherche la compagnie de mes pairs°, justement parce qu'il y a moins de différences entre nous. Un bourgeois est quelqu'un qui est bien élevé, qui a plus de devoirs que de droits, qui doit montrer l'exemple. Être bourgeois ne me confère aucun avantage: cela implique de la dignité, de la loyauté, de l'honnêteté, de la noblesse d'esprit, et même de l'abnégation. Il n'est pas nécessaire d'être riche: je connais de vieilles familles qui, bien que° pauvres, continuent à vivre dans la dignité, et j'en connais des riches dont je désapprouve le mode de vie. C'est comme la propreté°: il n'est pas besoin d'être riche pour être propre. Le fait d'être riche pour être un bourgeois ne me rend pas fier°: j'essaie d'agir honorablement, c'est tout. Et je crois que les gens du village me respectent. Mais je me considère d'autant plus° volontiers° comme un bourgeois

mépris: contempt
pairs: peers

bien que: although

propreté: cleanliness
fier: proud

d'autant plus: all the more
volontiers: willingly

---

[2]Sylvain Rondès, *L'Homme qui réussit; Sa mentalité, Ses méthodes.*

La Tradition du Bourgeois et le Français moyen

qu'on a tendance à tout niveler° vers le bas°, et cela ne me plaît pas. Le gouvernement détruit la France, ce que la France devrait être. C'est déplorable. J'admets que les socialistes sont des Français (pas les communistes, eux sont des Moscovites), mais ils ne voient pas les choses comme moi. Je ne discute jamais de politique.»

Le monde n'évolue pas de la façon dont le voudrait Pierre Bourel. Il fait une carrière honorable, mais pas vraiment celle dont il rêvait. Après avoir étudié la chimie à l'université de Toulouse, il a monté un laboratoire d'analyses agronomiques. Il entrevoyait° un brillant avenir°. Mais la guerre a ruiné ses espoirs. Il est devenu fonctionnaire; il a gravi les échelons° jusqu'à diriger le service où il travaillait; et il s'est retiré en 1975, à l'âge de soixante ans. Il aurait préféré être indépendant. Il garde un meilleur souvenir des années où il effectuait des travaux chimiques que de ses tâches° administratives. «Mon travail pour l'État, je l'ai fait consciencieusement, mais l'étincelle° manquait.» Il regrette de ne pas avoir une retraite plus importante. Maintenant qu'il est retiré, son plus grand désir est de rester en bonne santé et de pouvoir aider son second fils à trouver une meilleure situation. Sa famille est le centre de sa vie et l'intéresse plus que n'importe quoi. Ses propres parents sont morts jeunes; il n'a jamais eu avec eux les échanges affectifs° qu'il aurait souhaités; aujourd'hui, il essaie de se rattraper°. «Quand les enfants étaient petits, il était indulgent», dit sa femme. «Il était faible», dit son aîné°. «Il adore ses petits-enfants; il n'arrête pas de les embrasser, de jouer avec eux. En leur compagnie, il est tout le contraire de ce qu'il est à l'extérieur. Dans le train, il ne parle jamais à personne,» dit sa femme qui, elle, ne s'en prive pas°. Il conserve une attitude glacée. C'est tout à la fois son armure contre le monde et sa façon de laisser les autres vivre leur vie.

Ses amis chasseurs° et pêcheurs° sont comme un pont entre le monde et sa famille; mais, avec eux, il refuse de parler politique et religion. Le plaisir de la chasse se résume pour lui à celui du travail avec les chiens, qui constituent son principal sujet de conversation. Quant à la pêche, il y voit d'abord un moyen de détente et un exercice de patience dans le calme d'un environnement naturel. Chez lui, il écoute de la musique classique et lit des livres d'histoire. À condition qu'ils ne noircissent° pas systématiquement le passé. Il est satisfait des traditions dont il a hérité; il n'aime pas qu'on les attaque; quand il sent que ses valeurs fondamentales sont mises en cause,° il bout° d'indignation, son accent régional s'accuse°, sa prose d'ordinaire mesurée devient plus agitée, et son discours, moins cohérent. Il doit accepter que ses enfants ne pensent pas comme lui, mais leurs opinions ne l'impressionnent guère. Il considère qu'il est du devoir des parents de gagner le respect de leurs descendants et de les inciter à suivre leur exemple. Il arrive toutefois° que le caractère d'un individu s'y oppose, auquel cas il est inutile d'insister, car le caractère est, lui aussi, héréditaire.

Theodore Zeldin, *Les Français*

* * *

niveler: level, equalize
vers le bas: in a downward direction

entrevoyait; was anticipating
avenir: future
gravi ...: rose through the ranks

tâches: tasks
étincelle: spark

affectifs: emotional
rattraper: catch up, compensate
aîné: elder son

ne s'en prive pas: does not deprive herself (of talking)

chasseurs: hunters
pêcheurs: fishermen

noircissent: blacken

mises en cause: challenged
bout: boils
s'accuse: becomes more marked

toutefois: however

Dans cet extrait-ci, Théodore Zeldin indique des problèmes qui existent entre les peuples. Pourquoi est-il difficile de comprendre un autre peuple? Que cherche le touriste moyen qui voyage?

Aujourd'hui, le Français moyen, c'est souvent Monsieur Dupont, Monsieur Durand. Durand signifie obstiné. Selon l'Encyclopédie Larousse, John Bull est le sobriquet° donné au peuple anglais pour peindre sa lourdeur° et son obstination. C'est peut-être plus qu'une coïncidence, car les stéréotypes nationaux ne sont pas sans rapport avec l'obstination, et nulle opinion ne survit° plus obstinément que celles qui concernent le caractère national. Le premier objectif de cet ouvrage [*Les Français*] est de montrer pourquoi les gens s'obstinent à croire qu'on peut définir les Français en une phrase ou en une épigramme, et ce qui s'ensuit° comme absurdités.

Le Français typique, c'est une plaisanterie°, et pour moi les plaisanteries sont une part importante de la vie. Les comédiens et les humoristes valent la peine° qu'on les écoute° au moins autant que les experts et les politiciens, car c'est presque toujours le bouffon qui lâche° la vérité que personne n'aime admettre. Je crois que rien ne divise davantage les gens que leur sens de l'humour. Savoir comment ils rient, jusqu'où, avec qui et de qui, en dit plus long sur° les barrières qui les séparent que toutes les

sobriquet: nickname
lourdeur: heaviness

survit: survives

s'ensuit: follows
plaisanterie: joke

valent la peine: are worth
qu'on les écoute: listening to
lâche: let out
en dit ...: tells more about

La Tradition du Bourgeois et le Français moyen

statistiques du monde. On ne comprend quelqu'un que lorsqu'on sait jusqu'où° on peut aller sans le froisser°: pour comprendre les étrangers, il ne faut pas seulement connaître leurs Écritures saintes, mais aussi leur Dictionnaire des Insultes. Pourtant, plutôt que l'humour, c'est l'élégance, la cuisine ou le vin français que connaît l'étranger. J'ai voulu savoir pourquoi il en était ainsi°, ce qui m'a conduit à m'intéresser à la caricature française.

En fait, les frontières du rire ne correspondent pas aux frontières nationales. Ces dernières divisent les gens selon certaines de leurs attaches° et de leurs coutumes, mais non selon leurs ambitions, ni selon ce qui les rend heureux ou les irrite, la façon dont ils traitent leurs collègues, leurs amis, leurs enfants, leurs amants°, ou dont ils résistent aux contraintes que leur imposent fonctionnaires et employeurs, ni selon ce qu'ils croient ou ne croient pas. Ce sont ces questions-là qui m'intéressent... .

D'ordinaire, parler d'un peuple c'est définir en quoi il se distingue des autres. Ce qui évite de s'interroger sur la ressemblance que présentent entre eux les gens d'un même pays; pour moi, c'est là le point de départ indispensable. Je m'intéresse par-dessus tout° aux Français en tant qu'°individus, à leur art de vivre, aux plaisirs qu'ils tirent de° l'existence. Si tous donnaient la même réponse, il n'y aurait pas grand-chose à dire. Mais ce n'est pas le cas. La plaisanterie française ne cesse pas d'être drôle une fois expliquée, car elle se décompose en une série d'énigmes sans fin. Toutes les passions humaines peuvent se voir sur la scène française, ce qui signifie qu'en reconnaissant les Français on reconnaît aussi une part de soi-même. Les Français ont sans doute plus à dire sur l'être humain en général que sur le Français en particulier.

Les Français font d'énormes efforts pour s'expliquer. Aucune nation ne s'applique davantage° à trouver et à expliquer son identité, aucune ne se regarde dans la glace avec plus d'attention, ne discute de ce qu'elle y voit avec plus de passion, ne persiste à imaginer des rides° là où il n'y en a pas, ni ne s'interroge pour savoir si son sourire est perçu comme signe de joie ou de mépris. Leur gouvernement a publié un ouvrage d'une taille° et d'une érudition impressionnantes intitulé *Français, qui êtes-vous?* Mais la réponse qu'il fournit n'est pas claire. Peut-être son acharnement° à démontrer le dessert-il°. La chasse au «vrai» Français fait le délice° du touriste étranger traditionnel, dont le jeu favori consiste à noter à quel point les Français sont typiquement français... .

C'est chez l'homme qu'il faut désormais le chercher. Aujourd'hui, l'exotisme d'un voyage en pays étranger doit essentiellement consister à découvrir des gens que, normalement, on n'a pas l'occasion de rencontrer chez soi. Dans ce livre, je ne dis rien des monuments; mon enquête° a porté sur la vie des êtres humains; pour moi, chacun d'eux est un monument. Je n'ai pas tenté d'en tirer un modèle national qui soit conforme à tous. Tout individu est intéressant parce qu'il a une histoire particulière à raconter: l'expérience de chacun représente la création d'un mode de vie personnel, des choix, des espoirs triomphant des menus° obstacles aussi bien que des grands désastres, une exception à toute règle. Selon un ancien guide

jusqu'où: how far
froisser: offend

il en était ainsi: things were this way

attaches: ties, connections

amants: lovers

par-dessus tout: above all
en tant qu': in their capacity as
tirent de: derive from

davantage: more

rides: wrinkles

taille: dimension
acharnement: determination
dessert-il: does a disservice
fait le délice: is the delight

enquête: survey, study

menus: small, minor

Au jour le jour

Fodor, le Français est un iceberg dont, pour les neuf-dixièmes, les émotions restent cachées sous l'eau; on peut en tirer prétexte à le cataloguer une fois pour toutes comme impénétrable, mais ce sont ces émotions-là que je désire comprendre.

Theodore Zeldin,
Les Français

Le Français moyen

Bien que le Français moyen n'existe pas selon Theodore Zeldin, on le cherche. Comme nous le voyons par ce reportage sur Le Français moyen°, *d'après une enquête de Christian David, télévisée par Antenne 2, «France-TV Magazine» en avril 1988. Essayez de créer votre propre portrait de l'Américain moyen d'après les critères de cet article.*

en moyenne: average

Christian David nous dit que le Français moyen s'appelle Durand et habite en Lorraine. Né pendant le «baby boom», il a une quarantaine d'années. Marié avec la Française moyenne, de deux à trois ans moins âgée que lui, ils ont deux enfants, sont propriétaires de leur maison et possèdent une voiture. On a, en moyenne, 24,7 jours de vacances en été et 14,1 jours en hiver. Monsieur mesure 1 mètre 72, il pèse 69 kilos et a grossi de trois kilos en douze ans. Madame mesure 1 mètre 59, pèse 59 kilos et a perdu 600 grammes sur la même periode.

La Tradition du Bourgeois et le Français moyen 17

Ce Français moyen ne porte plus de béret, plus de vêtements de travail. Il préfère bricoler° ou travailler dans son petit jardin potager° en jean et en sweat-shirt. Il est branché°. Il fait les provisions au supermarché et il achète des produits surgelés°. Ils se sont mariés à l'église, mais ils en ont abandonné la pratique sauf pour le baptême et la communion des enfants.

Il habite dans une maison de 90 mètres carrés° dont il est propriétaire. Il habite dans une maison, soit° type phénix° qu'il a fait construire récemment, soit dans une maison dans un village ancien. Cinquante-deux pour-cent des Français sont propriétaires. Il passe deux ou trois heures par semaine à s'occuper de son jardin.

Sa voiture est probablement française puisque 60 pour-cent des Français possèdent une voiture fabriquée en France: une Peugeot 205, une Renault Super 5 ou une Peugeot 309. Il préfère une voiture blanche ou crème ou métalisée, mais il n'y a que deux pour-cent des voitures françaises qui sont marron.

En ce qui concerne son attitude, il semble être toujours mécontent. Il n'aime ni l'administration, ni les fonctionnaires en particulier. Il se méfie de la police et de l'armée. Pourtant, il aime beaucoup les pompiers° et les médecins. En fait, selon M. David, le Français moyen se sous-estime°. Tout de même, il se déclare plus favorisé que la moyenne de la population.

Christian David,
Le Français moyen

bricoler: do-it-yourself
jardin potager: vegetable garden
branché: cool, hip
surgelés: frozen
carrés: square
soit... soit: either...or
type phénix: popular, modern style of a French house

pompiers: firemen
se sous-estime: underrates himself

UNITÉ PREMIÈRE

Raconter

- *Histoire en images:* Le paradis perdu
- *Préparons-nous!:* La narration au passé
- *Pour communiquer:* Comment organiser un récit
- *À vous, maintenant!*

Au jour le jour: Numéro Spécial sur *Le Stress*

«Tu ne sais pas ce qui m'est arrivé il y a six mois! Voyons, écoute! Je vais te le raconter.»

• À NOTER •

Vocabulaire dans les *Histoires en images*

In general, we have observed the following practices in listing the vocabulary:

1. Nouns are accompanied by the kind of article (definite, indefinite, partitive) they would most frequently require in the context of the picture—for example:

    le jardinier, **une** chaise, **du** vin.

2. Adjectives agree with the noun under which they are listed.
3. Verbs are listed in a way to illustrate the kind of structure(s) they govern—for example:

    travailler to work (verb that can be used without an object)
    exprimer *qqch.* to express sth. (= "something") (verb that must have a thing as direct object)
    distraire *qqn* to distract s.o. (= "someone") (verb that must have a person as direct object)
    plaire à *qqn* to please s.o. (verb that must have a person as indirect object)
    donner *qqch.* **à** *qqn* to give sth. to s.o. (verb that has both a direct and an indirect object)
    se diriger vers to head for (verb that must have a preposition before a following noun—person or thing)
    se plaindre (de *qqch. ou* **de** *qqn*) to complain (about) sth. or s.o. (verb that can be used by itself or with a preposition)
    se mettre à + *inf.* to begin to (verb that must have a preposition before a following infinitive)
    s'étonner que + *subj.* to be surprised (verb that is followed by a second subject and a verb in the subjunctive)

UNITÉ PREMIÈRE

Raconter

- *Histoire en images:* Le paradis perdu
- *Préparons-nous!:* La narration au passé
- *Pour communiquer:* Comment organiser un récit
- *À vous, maintenant!*

Au jour le jour: Numéro Spécial sur *Le Stress*

«Tu ne sais pas ce qui m'est arrivé il y a six mois! Voyons, écoute! Je vais te le raconter.»

▪ À NOTER ▪

Vocabulaire dans les *Histoires en images*

In general, we have observed the following practices in listing the vocabulary:

1. Nouns are accompanied by the kind of article (definite, indefinite, partitive) they would most frequently require in the context of the picture—for example:

    le jardinier, **une** chaise, **du** vin.

2. Adjectives agree with the noun under which they are listed.
3. Verbs are listed in a way to illustrate the kind of structure(s) they govern—for example:

    travailler to work (verb that can be used without an object)
    exprimer *qqch.* to express sth. (= "something") (verb that must have a thing as direct object)
    distraire *qqn* to distract s.o. (= "someone") (verb that must have a person as direct object)
    plaire à *qqn* to please s.o. (verb that must have a person as indirect object)
    donner *qqch.* **à** *qqn* to give sth. to s.o. (verb that has both a direct and an indirect object)
    se diriger vers to head for (verb that must have a preposition before a following noun—person or thing)
    se plaindre (de *qqch.* **ou de** *qqn*) to complain (about) sth. or s.o. (verb that can be used by itself or with a preposition)
    se mettre à + *inf.* to begin to (verb that must have a preposition before a following infinitive)
    s'étonner que + *subj.* to be surprised (verb that is followed by a second subject and a verb in the subjunctive)

Histoire en images

Le paradis perdu

1. André se réveille

1. Quelle heure était-il quand André s'est réveillé?
2. Avait-il passé une bonne nuit?
3. Pourquoi sa chambre était-elle en désordre? Comment avait-il passé la veille, à votre avis?
4. Décrivez un peu comment sa chambre était ce matin-là.
5. Quelles preuves y avait-il que la vie d'André n'était pas très satisfaisante?
6. Comment savez-vous qu'il avait l'habitude de travailler à la maison? qu'il fumait beaucoup? qu'il n'avait pas nettoyé sa chambre depuis longtemps?
7. André, à quoi s'intéressait-il?
8. Sur quoi donne la fenêtre d'André? Que symbolise la grande ville, à votre avis?
9. Est-ce qu'André est représentatif de l'être moderne? Pourquoi? Pourquoi pas?
10. Qu'est-ce qui est arrivé à la chambre d'André?
11. Qu'est-ce qu'il avait oublié sur la télé ce matin-là?
12. Contrastez la chambre d'André et les affiches sur le mur.
13. Quelles habitudes avait André? Sera-t-il en bonne santé dans dix ans? Pourquoi (pas)?
14. Quelle était la date?

Raconter

la gueule de bois — hangover

André se réveille

la chambre (à coucher)
    une affiche poster
        les îles (*f.*) Hawaii
    une brochure touristique
    un bureau
    un cendrier ashtray
    des chaussures (*f. pl.*)
        des chaussettes (*f. pl.*)
    une chemise
    une corbeille à papier wastebasket
    donner sur to look out on, face (*subject is never a person*)
        le lever du soleil sunrise
        la ville
    un dossier
    un globe du monde
    une lampe
    une machine à calculer
    une machine à écrire typewriter
    un pantalon
    des pantoufles (*f. pl.*) slippers
    des papiers (*m. pl.*)
    un paquet de cigarettes
        une cigarette
        un mégot cigarette butt
    le parquet floor
    une peinture
        une île tropicale
        un perroquet parrot
    une radio-réveil
        l'affichage numérique (*m.*) digital display
    un réveille-matin (un réveil) alarm clock
        sonner to ring
    une serviette briefcase
    une chaîne stéréo
    une table de chevet nightstand
    un téléviseur (la télé)
        éteindre to turn off
        allumer to turn on
    un tiroir drawer
    des vêtements (*m. pl.*)

André, l'employé de bureau
    avoir le cafard to be "blue"
    être de mauvaise humeur to be in a bad mood
        déprimé depressed
    arrêter le réveil (le réveille-matin)
    jeter *qqch.* par terre
    se lever
    un pyjama pajamas
        à pois polka dots
    rester au lit to stay in bed
    se réveiller
        de bonne heure ⎫
        tôt ⎭ early

Questions: vocabulaire

1. Qu'est-ce qu'André venait de faire?
2. Est-ce qu'André s'est réveillé bien tard?
3. Qu'allait-il arrêter aussi vite que possible?
4. Qu'est-ce qu'André avait oublié d'éteindre avant de se coucher la veille?
5. Qu'est-ce qui se trouvait dans le cendrier?
6. Qu'est-ce qui était plein de feuilles de papiers?
7. De quelle humeur était André en se réveillant?
8. Où se trouvait le réveille-matin? À votre avis, qu'est-ce qu'André allait faire avec le réveil?
9. Nommez six objets qui se trouvaient par terre dans la chambre d'André. Et encore six sur l'étagère.
10. Où est-ce qu'André était quand le réveil a sonné?
11. Sur quoi donnait la fenêtre d'André?
12. Nommez cinq objets sur le bureau d'André.
13. La veille, qu'est-ce qu'André avait fait de ses vêtements?

2. Les rites du matin

1. Une fois levé, André, où est-il allé pour faire sa toilette?
2. À votre avis, par quoi est-ce qu'il a commencé sa toilette?
3. Est-ce qu'il s'est fait le shampooing?
4. Après avoir pris la douche et s'être lavé les cheveux, qu'est-ce qu'il a mis sur la figure? Pourquoi le faire?
5. Quelle sorte de rasoir avait-il?
6. Est-ce que la douche française ressemble à la douche américaine? Comment est-elle différente?
7. Quelle impression André devait-il avoir en se regardant dans le miroir?
8. Quels appareils est-ce qu'André a utilisés pour faire sa toilette?
9. Par quoi est-ce qu'André a fini sa toilette, à votre avis?
10. Plus tard, il est allé à la cuisine. Avait-il l'air d'avoir faim?
11. Qu'est-ce qui se passait sur la cuisinière pendant qu'André fumait et rêvassait à table?
12. À votre avis, de quoi en avait-il marre ce matin-là?
13. À votre avis, à quoi pensait André?

Raconter

Les rites du matin

la salle de bains
  une baignoire bathtub
  les cabinets/les WC toilet
  le carreau tile
  une douche shower
  le lavabo bathroom sink
  le savon soap
  un tapis de bain bathmat

André
  se brosser les dents
    une brosse à dents
    du dentifrice toothpaste
  s'essuyer to dry oneself
    une serviette de bain towel
  faire couler de l'eau (chaude/froide) to run (hot, cold) water
  s'habiller
  se laver la figure (les mains, etc.)
  se peigner to comb
  prendre un bain (une douche)
  se raser (la barbe) to shave
    une armoire de toilette à miroir(s) mirrored medicine cabinet
    mettre de la mousse à raser sur sa barbe
    une lame de rasoir razor blade
    un rasoir à lame/électrique

se sécher les cheveux to dry one's hair
  un séchoir à cheveux hairdryer

la cuisine
  du café au lait
  une cafetière coffee pot
  un couteau
  une crémaillère pot rack
    une casserole pot
    une poêle frying pan
  pendu(e)(s) à hanging from
  une cuillère (cuiller)
  une cuisinière électrique (à gaz) electric (gas) stove
  une cuisse de poulet drumstick
  le frigo/le réfrigérateur
  une fourchette
  le grille-pain toaster
  un pot de confiture

André
  en avoir marre de qqch. ou **de** + inf. to be fed up with
  déborder to boil over (as in a liquid)
  être à table
  faire chauffer qqch. to heat up sth.
  prendre le petit déjeuner
  rêvasser to daydream
à votre avis in your opinion

Questions: vocabulaire

1. Où se trouvait la douche?
2. Qu'est-ce qu'il y avait par terre devant la baignoire?
3. À quoi sert le dentifrice?
4. À quoi sert une serviette de bain?
5. Comment savez-vous qu'André avait du mal à faire sa toilette?
6. De quoi a-t-on besoin pour se sécher les cheveux?
7. Qu'est-ce qu'André portait dans les cheveux? Dans la bouche?
8. À quoi sert un tapis de bain?
9. Qu'est-ce qu'André a fait couler dans le lavabo pour se raser?
10. Dans la cuisine, que faisait la casserole sur la cuisinière?
11. Nommez quatre objets sur la table. Et encore quatre dans la cuisine.
12. André où gardait-il le lait, les œufs, la viande, etc.?
13. André où gardait-il le café qui se trouvait sur la table?
14. Où pendaient les casseroles et les poêles?

3. Une journée comme toutes les autres

1. Quand André a quitté l'appartement, la ville s'animait déjà. Décrivez les activités dans la rue.
2. Que portait André ce jour-là? Avait-il l'air BCBG?
3. Que faisaient les gens qui restaient debout devant l'agent de police? À quoi pensaient-ils probablement?
4. Où allait tout le monde?
5. Quel air avait le piéton qui traversait la rue?
6. Quand le piéton a marché devant le camion, qu'est-ce que le camionneur a commencé à faire?
7. À ce moment-là, qui d'autre n'avait pas l'air pressé?
8. La rue semblait-elle un endroit bien agréable? Pourquoi (pas)?
9. Alors, André est enfin arrivé à son bureau. Quel était son métier?
10. Est-ce qu'il avait le cœur à l'ouvrage?
11. Pourquoi sa camarade de bureau avait-elle un petit sourire? À quoi pensait-elle?
12. Qu'est-ce qui indiquait qu'André souffrait un peu du stress?
13. Pendant qu'André insérait son programme dans l'ordinateur, qu'est-ce qui s'est passé?
14. Comment était le cendrier qui restait sur son moniteur?

Raconter

Une journée comme toutes les autres

un agent de police
  diriger la circulation to direct traffic
  une guérite shelter

un camion truck
  un camionneur, un routier truck driver
  engueuler *qqn* (*familier*) to yell at
  se mettre en colère (contre)
  un type costaud a tough looking guy

un arrêt d'autobus
le trottoir sidewalk
un kiosque à journaux newsstand

la pollution des gaz gases, emissions
  s'échapper (de) to escape (from)
  polluer l'air

André
  avoir l'air abattu to look downcast
    l'air BCBG (bon chic bon genre) the French equivalent of Yuppie
  ne pas avoir le cœur à l'ouvrage not to have his heart in it
  passer devant to pass by
  passer sans voir to go by without seeing
  porter to wear, carry
    une chemise
    un costume suit
    une cravate

le piéton pedestrian
  refuser de
  se dépêcher to hurry up
  faire signe à *qqn.* **de** + *inf.* to signal someone to do sth.
  marcher d'un air nonchalant
  traverser dans le passage

au bureau
  un ordinateur computer
    un clavier informatique keyboard
    un écran screen
  une imprimante printer

André
  un analyste programmeur
  s'ennuyer to be bored
    être frustré
  un programme
    insérer (dans)
    prévoir to plan
    vérifier to check
  un travail monotone
    ennuyeux boring

une collègue de bureau
  (peu) compatissante (not very) compassionate
  regarder *qqn* **avec de la pitié**
    avec amusement

Questions: vocabulaire

1. Comment s'appelle un chauffeur de camion?
2. Que faisait l'agent de police sous la guérite?
3. Qu'est-ce que le camionneur faisait au piéton qui refusait de se dépêcher?
4. Quel était l'effet des gaz qui s'échappaient des véhicules?
5. Où est-ce qu'on vend des journaux et des magazines?
6. Sur quoi est-ce que les gens attendaient l'autobus?
7. André, quel air avait-il en allant à son travail?
8. Quel air avait le piéton devant le camion?
9. Où traversait-il?
10. Une fois arrivé à son travail, André qu'insérait-il dans l'ordinateur?
11. Sur quoi tape-t-on pour insérer les programmes dans un ordinateur?
12. Sur quoi lit-on les messages de l'ordinateur?
13. Qu'est-ce qu'André regardait sur le moniteur?
14. Quel appareil se trouvait-il entre André et sa collègue?

4. Une décision importante

1. André a enfin quitté son travail ce jour-là. Alors, est-il rentré directement chez lui? Où est-il allé?
2. Qu'est-ce qu'on pouvait voir au fond, à droite, derrière André?
3. Était-il seul sur le pont? Qui d'autre y était?
4. Comment s'appelle le pont où il se trouvait?
5. Qu'est-ce qui passait sous le pont à ce moment-là?
6. Alors, quel geste symbolique a-t-il fait? Qu'est-ce que cela voulait dire?
7. André a quitté le pont. Où est-il allé? Pour quoi faire? De quoi avait-il besoin?
8. Où est-ce qu'André s'est présenté, les bras chargés?
9. Que faisaient les autres clients? Étaient-ils bien contents de lui? Pourquoi pas?
10. Pourquoi la caissière avait-elle l'air nerveux?
11. Pour faire son voyage, comment est-ce qu'André était habillé?
12. Comment le contrôleur de passeports regardait-il ses papiers? Pourquoi avait-il cette attitude, croyez-vous?
13. André comment se sentait-il à ce moment-là?
14. Fumait-il sa cigarette habituelle?

Raconter

Une décision importante

sur le pont
   les amoureux lovers
   une balustrade railing
   un bateau mouche excursion boat
     passer sous
   une péniche flat riverboat
   une pluie de (*qqch.*) a shower of
   la silhouette du quartier financier
     au fond in the background

André
   s'appuyer contre to lean against
   s'arrêter sur
   décider de + *inf.*
   laisser tomber *qqch.* to drop sth.
   se libérer de *qqch.*

à la caisse at the cash register
   la caissière cashier
     calculer le montant to add up the total
   les clients
     faire la queue to stand in line
     froncer les sourcils to frown
     perdre patience
     se plaindre (de) to complain (about)

André
   avoir les bras chargés de *qqch.* to have one's arms full of sth.
   faire des achats to go shopping
     une canne à pêche fishing pole
     un devon fishing plug
     un hameçon a hook
     menacer (*qqn*) **avec** (*qqch.*)
     une crosse de golf
     en solde on sale
     un harpon manuel a fishing spear
     un masque sous-marin
     une raquette de tennis

à l'aéroport
   au contrôle des passeports (*m.*) at passport control
     un douanier customs officer
     regarder *qqn* **ou** *qqch.*
       d'un air méfiant in a mistrustful manner
     tamponner to stamp
     vérifier les papiers

André
   se dépêcher de + *inf.*
   s'essuyer le front to wipe his brow
     un mouchoir
   prendre des vacances
   transpirer to sweat
   les affaires (*f.pl.*) belongings, possessions
     un appareil photo
     un blouson en cuir leather jacket
     un jean
     un sac de tennis
     un sac de voyage
     une valise

Questions: vocabulaire

1. Comment s'appellent les deux bateaux qui passaient au-dessous du pont?
2. Contre quoi est-ce qu'André s'est appuyé quand il a laissé tomber ses affaires?
3. Qui était sur la proue de la péniche? Pourquoi avait-elle l'air étonné?
4. De quoi est-ce qu'André a décidé de se libérer?
5. Ensuite, il est allé au grand magasin. Qu'est-ce qu'il avait l'intention d'y faire?
6. Comment s'appelle une employée qui travaille à la caisse? Et un employé?
7. Que fait la caissière?
8. Quand vous allez au cinéma où il y a un film très populaire, qu'est-ce qu'il faut faire d'habitude avant d'y entrer?
9. Nommez trois choses qu'André a achetées.
10. Où est allé André pour prendre l'avion?
11. Que faisait André avec son mouchoir?
12. Quelle sorte de blouson portait-il?

5. Au Club Méditerranée

1. Où est-ce qu'André avait décidé de passer ses vacances?
2. Alors, le lendemain matin de son arrivée, qu'a-t-il fait?
3. Pourquoi André n'avait-il pas envie de jouer au tennis?
4. Après avoir cessé de jouer au tennis, où est-il allé?
5. Quel vêtement y portait-il?
6. Que peut-on y faire? Quels sports, par exemple?
7. Qu'est-ce qui a dérangé la tranquillité sur la plage?
8. Le soir, a-t-il dîné tout seul?
9. Et ces deux femmes, de quoi parlaient-elles? Qu'est-ce que cela rappelait à André?
10. Donnez un petit portrait des deux femmes avec André.
11. Mais André à quoi songeait-il pendant la conversation? De quoi est-ce qu'il ne voulait pas se souvenir?
12. Après le dîner, quelle nouvelle décision a-t-il prise?
13. Qu'est-ce qu'il cherchait en quittant le Club Méditerranée?
14. Quel transport a-t-il choisi pour s'en aller?

Raconter

Au Club Méditerranée

le tennis
    jouer au tennis
    jouer pour le plaisir
    un jeu game
    un match set
    son partenaire
        agressif
        gagner à tout prix to win at all costs
        prendre *qqch.* **au sérieux**

à la plage
    les activités (*f.pl.*)
        un bateau à moteur
        faire de la planche à voile to wind-surf
        prendre le soleil to get some sun
        se bronzer to get a tan
        se boucher les oreilles to plug up his ears
            enfoncer (la tête) dans to stick (one's head) in
            le sable the sand
         porter un maillot de bain to wear a bathing suit
        se reposer to rest
    une radio
        casser les oreilles à *qqn* to hurt s.o.'s ears (with loud noise)
        déranger to bother, disturb
        puissant(e) strong, loud

à table
    des compagnons (*m.*) **de table**
        bavarder to chat
        parler de
    un sujet de conversation
        les actions de bourse stocks
        l'argent (*m.*)
        la bijouterie jewelry
        la politique
        les soldes (*m.pl.*) sales
    André
        s'ennuyer
        songer à *qqch.* to dream about
            une île déserte
            l'océan (*m.*)
            un palmier
            le paradis
        se trouver entre

un départ imprévu unexpected departure
    un canot pneumatique rubber raft
        ramer to row
        des rames (*f. pl.*) oars
    André
        au clair de la lune by moonlight
        se diriger vers — direct yourself towards
        s'enfuir to flee
        fuir *qqch.* to flee sth.

Questions: vocabulaire

1. Le partenaire d'André comment prenait-il le match de tennis?
2. En tennis généralement, combien de jeux faut-il pour gagner un match?
3. De quoi se sert-on pour frapper la balle?
4. Comment est-ce qu'André voulait jouer au tennis?
5. Puis, à la plage, il y avait quelqu'un sur l'eau. Que faisait-il?
6. André ne savait pas nager. Alors, que faisait-il sous le soleil?
7. Pour ne pas entendre le bruit de la radio, qu'a-t-il fait?
8. Que faisait cette radio aux oreilles d'André?
9. À table, plus tard, au restaurant, que faisaient les camarades de table d'André?
10. André ne s'y intéressait pas, alors il... ?
11. Quelle sorte de départ André a-t-il fait?
12. Dans quoi a-t-il fait son départ?
13. Comment est-ce qu'il a fait avancer le canot?

6. Une surprise désagréable

1. Enfin, où est-ce qu'André avait abordé?
2. André y est arrivé en pleine nuit. Imaginez ce qu'il était obligé de faire dans l'obscurité.
3. Le matin, il s'est levé de bonne heure. Qu'a-t-il fait, pensez-vous?
4. Comment se sentait-il sur l'île, à votre avis?
5. Que portait-il?
6. Comment s'est-il amusé?
7. Décrivez la vie à laquelle André s'attendait sur l'île.
8. Mais malheureusement, André n'y était pas seul. Qu'est-ce qui était par terre, caché parmi les plantes tropicales?
9. Quels signes de la vie moderne avait-il ignorés?
10. Et derrière la grosse pierre près d'André, que lisait-on?
11. Qu'est-ce que les ouvriers au chantier s'apprêtaient à faire?
12. Où est-ce que ces ouvriers s'abritaient?
13. Qu'est-ce qu'on construisait sur cette site?

Raconter

Une surprise désagréable

l'île (f.)
    une abeille bee
    du bambou
    désert(e)
    des fleurs (f.) **tropicales**
    une jungle
    un paradis
    un papillon butterfly
    des plantes (f.) **exotiques**

le chantier de construction
    un bulldozer
    une grue crane
    un hôtel touristique
    des matériaux (m.) materials
    un ouvrier/une ouvrière worker
        un casque helmet
        s'abriter to take shelter
            une fosse pit, hole
    faire sauter qqch. **à la dynamite** to blow up sth.

    une explosion
    blesser to wound
    préparer le terrain to prepare the site
    un panneau sign
        défense d'entrer no entrance
        indiquer (que)

André
    aborder dans une île to land on an island
    aller pieds nus to go barefoot
        être tout nu/en état de nudité
    s'amuser à + inf.
        courir
        explorer l'île
        poursuivre qqch. to chase after
            un papillon butterfly
    s'attendre à qqch. ou **ce que** to expect
    ignorer to be unaware of
    porter
        une couronne de fleurs

Questions: vocabulaire

1. Comment s'appelle l'insecte qu'André poursuivait?
2. André ne portait pas beaucoup de vêtements. Comment allait-il?
3. Quelles plantes l'entouraient?
4. Que portait-il sur la tête?
5. Qui préparait le terrain de construction?
6. Comment s'appelle un lieu de construction ou de réparation?
7. Comment s'appelle cette grande machine qui déplace le sol?
8. Et la machine qui lève les objets en haut des bâtiments?
9. Les ouvriers que portaient-ils sur la tête?
10. Quel est un synonyme pour **défendu**?
11. Comment est-ce que les ouvriers allaient faire sauter la grosse pierre?
12. À quoi est-ce qu'André ne s'attendait pas du tout?
13. Qu'est-ce que les ouvriers ont fini par faire?

7. À l'hôpital

1. Quelle était la date?
2. Où se trouvait André? Avait-il l'air de se rappeler l'accident?
3. Comment allait-il? À quoi pensait-il, à votre avis?
4. Qu'est-ce qu'on avait fait à sa jambe?
5. Par quoi était-elle soutenue?
6. Qu'est-ce qu'André avait déjà reçu de ses amis?
7. Comment savez-vous qu'André avait perdu pas mal de sang?
8. Que faisait l'infirmière qui regardait sa montre?
9. André qu'avait-il à la bouche? Pourquoi?
10. Que signifiait le numéro sur la porte de sa chambre?
11. Et le médecin, que faisait-il devant le lit du blessé?
12. Qu'est-ce qu'il se préparait à donner à André?
13. Et qui passait dans le couloir?
14. L'infirmier où allait-il pousser la table roulante?

Raconter

À l'hôpital

une chambre (d'hôpital)
  un calendrier
    au mur
  un lit d'hôpital
  soutenir sa jambe to support his leg
    un poids weight
    attaché à
    une poulie pulley

André
  le malade
  avoir un accident
    des contusions bruises
    une fracture du crâne skull fracture
  avoir de la mauvaise chance to have bad luck
  avoir mal au bras (à la jambe, à la tête)
  avoir la jambe dans le plâtre
  un bandage
    un pansement adhésif an adhesive bandage
  un bouquet de fleurs
  une carte
    souhaiter la bonne santé à *qqn* to wish good health to s.o.
  se casser le bras/la jambe
  être blessé
    couché
    malade

un panier de fruits
perdre connaissance to lose consciousness
reprendre connaissance to regain consciousness
souffrir

l'infirmier (*m.*) nurse, attendant
  pousser une table (d'opération) roulante

l'infirmière (*f.*) nurse
  faire une transfusion de sang à *qqn*
  prendre le pouls de *qqn* to take someone's pulse
  prendre la température de *qqn*
    un thermomètre

le médecin
  une barbiche goatee
  consulter la feuille du malade to look at the patient's chart
  une seringue syringe
    faire une piqûre à *qqn* to give an injection to someone
  un stéthoscope
    écouter battre le cœur de *qqn* to listen to someone's heartbeat

---

Questions: vocabulaire

1. Qu'est-ce qui sert à prendre la température du corps?
2. Qu'est-ce qui sert à faire une piqûre?
3. Qu'est-ce qui sert à écouter battre le cœur?
4. Qu'est-ce qui sert à tenir rigide une jambe cassée?
5. Qu'est-ce qui servait à soutenir la jambe cassée d'André?
6. André où avait-il mal?
7. Après l'explosion, qu'avait-il perdu, André, avant d'arriver à l'hôpital?
8. Qu'avait-il autour de la tête? Et sur le nez?
9. Que consultait le médecin?
10. Que poussait l'infirmier dans le couloir?
11. Qui semblait reprendre conscience à ce moment-là?
12. Décrivez un peu le médecin.
13. Qu'est-ce qui se trouvait sur le lit?
14. Qui allait à une salle d'opération?
15. Qu'est-ce qu'André recevait dans le bras gauche?

8. Métro... boulot... dodo... encore!

1. Qui est arrivé devant l'immeuble d'André?
2. Qui a envoyé la limousine? Pourquoi?
3. Quels vêtements portait le chauffeur du patron?
4. Quel air avait-il?
5. Qu'est-ce qu'il avait apporté à André, apparemment, de la part de son patron?
6. André avait-il l'air d'être prêt à reprendre son travail?
7. Quelle mauvaise habitude est-ce qu'il a reprise?
8. Comment était son appartement? Est-ce qu'André l'avait nettoyé récemment?
9. André marchait à l'aide de quoi?
10. Pourquoi André allait-il avoir des difficultés à faire marcher son ordinateur?
11. Est-ce qu'André a résolu tous ses problèmes? Quels problèmes lui restaient, à votre avis?
12. Comment est-ce que le proverbe, «Plus ça change, plus c'est la même chose», s'applique à l'histoire d'André?
13. André devrait-il se résigner à son sort (*fate*)?
14. Si vous étiez André, retourneriez-vous à votre bureau avec le chauffeur? Pourquoi? Pourquoi pas?

Raconter

Métro... boulot... dodo... encore!

l'appartement
   en désordre
   un gâchis a mess

André
   avoir l'air mécontent to look unhappy
   un cadeau present, gift
      un ruban ribbon
         bienrevenu welcome back
      une nouvelle serviette a new briefcase
   résoudre ses problèmes solve his problems
   devoir qqch. à qqn to owe s.o. sth.
      des dettes (f.)
      payer la note de l'hôpital to pay the hospital bill
         coûter les yeux de la tête to cost an arm and a leg
   être (un peu) guéri to be (a little bit) healed/better
   reprendre son travail to go back to work
      à contre-cœur against his wishes
      sa mauvaise habitude
   sortir de
   les béquilles crutches
   un trousseau de clés ring of keys
   le téléviseur
      une publicité commercial
      une exhortation de

le patron boss
   attendre qqn
   accueillir qqn
      à son poste at his job, desk, etc.
   envoyer chercher to send for, to send to get

le chauffeur du patron
   en bas de l'escalier
   une limousine
      stationner devant l'immeuble park in front of the apartment house
   conduire qqn
   demander à qqn de + inf. to ask someone to
   fumer une cigarette
   s'impatienter
   porter
      une casquette hat with visor
      un manteau de chauffeur
   rendre visite à qqn to visit a person

la voisine the neighbor
   rencontrer qqn meet (s.o.)
      dans le couloir in the hallway
      sur le palier on the landing
   avoir l'air heureux (de + inf.)
   saluer greet

Questions: vocabulaire

1. Avec quelle attitude est-ce qu'André allait reprendre son travail?
2. Quelle sorte de voiture conduisait le chauffeur du patron?
3. Dans quoi André avait-il toujours la jambe?
4. Qu'est-ce qui était écrit sur le cadeau que le chauffeur avait apporté à André?
5. Qu'est-ce qu'il y avait à la télévision? Qu'est-ce qu'on exhortait aux spectateurs de faire?
6. Comment était l'appartement d'André?
7. Quel air avait sa voisine quand elle a rencontré André dans le couloir?
8. Quel jour est-ce qu'André a repris son travail?
9. Qu'est-ce qu'il avait au front?
10. Quels vêtements portait-il? Qu'est-ce qu'ils symbolisaient?
11. Qu'est-ce qui se trouvait dans la serviette probablement?
12. Qu'est-ce qu'André portait à la main gauche?
13. Qu'est ce qu'André se rappelait probablement au moment où il sortait de son appartement?

■ *Préparons-nous*

La narration au passé

À toutes les époques, dans tous les pays, on raconte des histoires. Raconter une histoire, c'est une activité humaine fondamentale. Si vous êtes à table avec votre famille, si vous retrouvez des amis en ville, si vous vous trouvez dans un train avec des gens que vous ne connaissez pas, il est probable que, tôt ou tard, quelqu'un va faire une narration d'une expérience réelle ou imaginaire qu'il a eue. Par conséquent, pour participer à la vie sociale d'un pays francophone, il faut savoir raconter en français vos expériences et les expériences de vos parents et de vos amis. Le but principal de cette unité, c'est de vous donner les structures grammaticales et communicatives nécessaires pour raconter une histoire en français.

LISTE DE CONTRÔLE

Ce qu'il faut savoir	Là où vous pouvez le trouver
l'imparfait	**E.E.**, p. 24
le passé composé	**E.E.**, p. 9
l'imparfait vs le passé composé	**E.E.**, p. 28
le plus-que-parfait	**E.E.**, p. 38
les prépositions *avant de* et *après*	**E.E.**, p. 41
les expressions pour prendre la parole	**E.O.**, p. 46
les expressions pour organiser un récit	**E.O.**, p. 46

A. Qu'est-ce que Gaspar a fait? En vous inspirant des dessins, utilisez les verbes suggérés pour raconter les activités de Gaspar. Puisqu'il s'agit d'*une série d'actions successives*, vous allez mettre tous les verbes au *passé composé*.

1. se sécher les cheveux   **2.** faire des exercices   **3.** mettre une lettre   **4.** faire une excursion

5. bavarder avec   **6.** peindre un portrait   **7.** patiner   **8.** éternuer/attraper un rhume

9. rendre visite à   **10.** aller au cinéma   **11.** oublier son argent   **12.** faire la vaisselle

B. Et vous, qu'est-ce que vous avez fait? Répondez aux questions suivantes en racontant une suite d'actions successives—au moins trois ou quatre actions pour chaque question.

MODÈLE: Qu'est-ce que vous avez fait hier après-midi?

Je suis allée à mon cours de maths, puis j'ai retrouvé des copains au snack-bar. Nous avons pris un Coca et je suis rentrée à ma chambre.

1. Qu'est-ce que vous avez fait hier soir?
2. Qu'est-ce que vous avez fait ce matin?
3. Qu'est-ce que vous avez fait samedi après-midi?
4. Qu'est-ce que vous avez fait dimanche dernier?

VÉRIFICATION: L'imparfait

Ex. A, B and C, **E.E.**, pp. 25–27.

C. J'avais cinq ans... Martine se souvient de l'époque où elle avait cinq ans. Vous jouez le rôle de Martine. Racontez *à l'imparfait* les activités habituelles de sa famille (sa mère, son père, son frère) et celles de ses amis. Inspirez-vous des dessins et utilisez les verbes suggérés.

8. Métro... boulot... dodo... encore!

1. Qui est arrivé devant l'immeuble d'André?
2. Qui a envoyé la limousine? Pourquoi?
3. Quels vêtements portait le chauffeur du patron?
4. Quel air avait-il?
5. Qu'est-ce qu'il avait apporté à André, apparemment, de la part de son patron?
6. André avait-il l'air d'être prêt à reprendre son travail?
7. Quelle mauvaise habitude est-ce qu'il a reprise?
8. Comment était son appartement? Est-ce qu'André l'avait nettoyé récemment?
9. André marchait à l'aide de quoi?
10. Pourquoi André allait-il avoir des difficultés à faire marcher son ordinateur?
11. Est-ce qu'André a résolu tous ses problèmes? Quels problèmes lui restent, à votre avis?
12. Comment est-ce que le proverbe, «Plus ça change, plus c'est la même chose», s'applique à l'histoire d'André?
13. André devrait-il se résigner à son sort (fate)?
14. Si vous étiez André, retourneriez-vous à votre bureau avec le chauffeur? Pourquoi? Pourquoi pas?

Raconter

Métro... boulot... dodo... encore!

l'appartement
  en désordre
  un gâchis a mess

André
  avoir l'air mécontent to look unhappy
  un cadeau present, gift
    un ruban ribbon
      bienrevenu welcome back
    une nouvelle serviette a new briefcase
  résoudre ses problèmes solve his problems
  devoir qqch. à qqn to owe s.o. sth.
    des dettes (f.)
      payer la note de l'hôpital to pay the hospital bill
      coûter les yeux de la tête to cost an arm and a leg
  être (un peu) guéri to be (a little bit) healed/better
  reprendre son travail to go back to work
    à contre-cœur against his wishes
    sa mauvaise habitude
  sortir de
    les béquilles crutches
    un trousseau de clés ring of keys
  le téléviseur
    une publicité commercial
    une exhortation de

le patron boss
  attendre qqn
  accueillir qqn
    à son poste at his job, desk, etc.
  envoyer chercher to send for, to send to get

le chauffeur du patron
  en bas de l'escalier
  une limousine
    stationner devant l'immeuble park in front of the apartment house
  conduire qqn
  demander à qqn de + inf. to ask someone to
  fumer une cigarette
  s'impatienter
  porter
    une casquette hat with visor
    un manteau de chauffeur
  rendre visite à qqn to visit a person

la voisine the neighbor
  rencontrer qqn meet (s.o.)
    dans le couloir in the hallway
    sur le palier on the landing
  avoir l'air heureux (de + inf.)
  saluer greet

Questions: vocabulaire

1. Avec quelle attitude est-ce qu'André allait reprendre son travail?
2. Quelle sorte de voiture conduisait le chauffeur du patron?
3. Dans quoi André avait-il toujours la jambe?
4. Qu'est-ce qui était écrit sur le cadeau que le chauffeur avait apporté à André?
5. Qu'est-ce qu'il y avait à la télévision? Qu'est-ce qu'on exhortait aux spectateurs de faire?
6. Comment était l'appartement d'André?
7. Quel air avait sa voisine quand elle a rencontré André dans le couloir?
8. Quel jour est-ce qu'André a repris son travail?
9. Qu'est-ce qu'il avait au front?
10. Quels vêtements portait-il? Qu'est-ce qu'ils symbolisaient?
11. Qu'est-ce qui se trouvait dans la serviette probablement?
12. Qu'est-ce qu'André portait à la main gauche?
13. Qu'est ce qu'André se rappelait probablement au moment où il sortait de son appartement?

Unité Première

1. se lever

2. prendre le petit déjeuner

3. aller à l'école maternelle

4. venir me chercher

5. visiter le parc zoologique

6. passer le reste de l'après-midi au parc

7. rentrer vers 18.30

8. donner au chien son dîner

9. regarder la télé

10. dîner

11. donner une bise à maman

12. se coucher

D. Quand j'étais enfant... Utilisez l'imparfait pour parler de votre enfance. Évoquez vos habitudes personnelles ainsi que les activités et les traditions familiales.

    MODÈLE: *Quand j'étais enfant, j'habitais à Milwaukee avec ma famille. Mes parents travaillaient tous les deux et moi, j'allais à l'école. Ma mère quittait la maison à 7h pour aller au travail. Par conséquent, mon père m'accompagnait à l'école*, etc.

E. C'était mardi dernier... Utilisez l'imparfait pour décrire le contexte des histoires que vous voulez raconter—c'est-à-dire, indiquez *quand, où, qui*. Mais ne racontez pas l'histoire; il s'agit seulement de préciser la situation.

MODÈLE: *C'était mardi dernier. Mon frère et moi, nous étions dans un petit village à vingt kilomètres de chez nous. Il pleuvait et il faisait assez froid. Nous avions très faim.*

Vous allez raconter:

1. quelque chose qui s'est passé la semaine dernière
2. quelque chose qui s'est passé l'année dernière
3. quelque chose qui s'est passé il y a assez longtemps
4. quelque chose d'amusant qui vous est arrivé
5. quelque chose de mauvais qui vous est arrivé

VÉRIFICATION: L'imparfait et le passé composé

F. La matinée de Gaspar. En vous inspirant des dessins, utilisez les mots donnés pour décrire les activités de Gaspar. Il faut employer une des expressions suivantes pour faire la liaison entre les deux verbes: *quand, pendant que, ensuite.* Attention à l'emploi du *passé composé* et de l'*imparfait*.

Ex. D–I, **E.E.**, pp. 30–38.

MODÈLE: dormir / (le soleil) se lever

Gaspar dormait (toujours) quand le soleil s'est levé.

1. se réveiller / arrêter la sonnerie du réveil

2. se regarder / dire

3. prendre une douche / se brosser les dents / s'habiller

4. s'habiller / penser à

5. prendre le petit déjeuner / (le téléphone) sonner

6. sortir / (il) neiger

7. attendre l'autobus / tomber

8. arriver au bureau / (les autres) travailler depuis une heure

---

G. Échange. Posez les questions suivantes à un(e) camarade de classe. Il/elle vous répondra selon sa propre expérience. Faites attention à l'emploi du *passé composé* et de l'*imparfait*.

1. À quelle heure est-ce que tu t'es réveillé(e) ce matin?
   Tu étais de bonne humeur? Pourquoi (pas)?
   Est-ce que ta chambre était en désordre? Explique.
   Pendant combien de temps est-ce que tu es resté(e) au lit avant de te lever?
   Pourquoi est-ce que tu t'es levé(e) finalement?
2. Est-ce que tu as jamais été à l'hôpital? Quand?
   Est-ce que tu étais blessé(e)?
   Qu'est-ce que le médecin a fait?
   Est-ce que tu as subi une opération?
   Est-ce que les infirmières étaient gentilles?
   Combien de temps es-tu resté(e) à l'hôpital?
3. Où est-ce que tu as fait tes études avant de venir à l'université?
   Combien de temps as-tu passé à …?
   Est-ce que tu aimais tes profs?
   Est-ce qu'ils te donnaient beaucoup de travail?
   En quelle année est-ce que tu as eu ton diplôme?
4. As-tu fait un voyage récemment?
   Où es-tu allé(e)?
   Tu as pris l'avion?
   Est-ce que ton voyage était agréable?
   Qu'est-ce que tu as fait à …?

H. Les souvenirs d'enfance. En suivant les modèles proposés ci-dessous, racontez vos propres souvenirs d'enfance. Faites attention à l'emploi du *passé composé* et de l'*imparfait*.

1. *Mon premier souvenir, c'est quand mon grand-père m'a amené à son travail. J'avais seulement quatre ans. J'étais très content d'être avec mon grand-père. Mais quand il m'a laissé tout seul dans la voiture, j'ai commencé à pleurer.*
   Mon premier souvenir, c'est quand …

2. *J'aimais beaucoup ma grand-mère. Nous allions chez elle chaque été. Elle habitait dans une vieille maison à la campagne. Mon frère et moi, nous passions des heures à jouer derrière la maison. Elle nous donnait toujours de très bonnes choses à manger. Malheureusement, elle est morte en 1975.*
   J'aimais beaucoup...
3. *Je me rappelle mon premier jour au lycée. Quand je suis arrivée, il y avait déjà beaucoup d'élèves qui attendaient devant le bâtiment. Ils avaient l'air si grands! J'avais un peu peur. Puis j'ai vu ma copine Isabelle. Elle était un peu nerveuse aussi. Mais nous avons retrouvé deux autres amies de l'école primaire et nous nous sentions mieux.*
   Je me rappelle mon premier jour...
4. *Pour mes 12 ans, j'ai invité des amis chez moi. C'était le mois de mai. Et il faisait assez beau. Nous avons joué, puis nous avons fait un pique-nique. Ma mère était prête à servir le gâteau quand, tout à coup, il a commencé à pleuvoir. Tout le monde s'est réfugié dans le garage. Mais le gâteau, il est resté sur la table, sous la pluie. C'était le premier anniversaire où je n'ai pas mangé de gâteau!*
   Pour mes ... ans, ... (mon anniversaire)
5. *À l'âge de 14 ans, je suis sorti pour la première fois avec une jeune fille. Nous sommes allés voir un film en ville. C'était un film d'aventure. Moi, j'ai beaucoup aimé le film, mais mon amie l'a trouvé un peu ennuyeux. Après le film, nous avons mangé de la pizza, puis nous sommes rentrés chez elle. Moi, je voulais rester un peu plus longtemps, mais son père nous attendait, et il a dit non.*
   À l'âge de ...

VÉRIFICATION: Le plus-que-parfait

Ex. **J** and **K**, E.E., pp. 39–41.

I. **La journée d'André.** Le 28 juillet n'a pas bien commencé pour André. Mais la situation où il se trouvait et les réactions qu'il a eues à cette situation étaient le résultat de ce qu'il avait fait. Utilisez le *plus-que-parfait* des verbes suggérés pour expliquer pourquoi la journée d'André était si mauvaise.

   MODÈLE: Pourquoi est-ce que tout était sale? (ne pas nettoyer)
   Parce qu'il n'avait pas nettoyé sa chambre.

1. Pourquoi est-ce qu'il ne voulait pas se lever? (se coucher très tard)
2. Pourquoi est-ce que sa chambre était en désordre? (jeter par terre)
3. Pourquoi est-ce qu'il y avait du papier dans la machine à écrire? (ne pas finir son travail)
4. Pourquoi est-ce qu'il y avait des mégots dans les cendriers? (fumer)
5. Pourquoi est-ce qu'il avait l'air si fatigué? (dormir mal)
6. Pourquoi est-ce qu'il a porté une chaussure noire et une chaussure brune? (s'habiller rapidement)

7. Pourquoi est-ce qu'il a raté son autobus? (rester au lit)
8. Pourquoi est-ce que son patron n'était pas content d'André? (être en retard pour son travail)

J. **Les faits divers.** Dans les journaux français il y a souvent une rubrique appelée «Faits divers» où l'on groupe les incidents du jour—crimes, incendies, accidents, etc. Généralement on annonce la nouvelle, puis on donne des précisions sur ce qui avait précédé l'incident en question. Pour cet exercice, utilisez les expressions suggérées pour indiquer ce qui s'est passé précédemment. N'oubliez pas d'utiliser le *plus-que-parfait*.

MODÈLE: Nice: les gens sont moins intelligents que les animaux— Deux touristes ont trouvé leur chien mort dans la voiture (aller à la plage pour échapper à la chaleur / laisser les vitres fermées)

Ils étaient allés à la plage pour échapper à la chaleur. Mais ils avaient laissé les vitres fermées.

1. Carcassonne: le magistrat arrête le criminel en fuite—Un détenu, impliqué dans une affaire de hold-up en 1984, a été arrêté dans les couloirs du Palais de Justice par le substitut du procureur de la République.° (réussir à défaire ses menottes° / sortir en courant de la salle de séances)

2. Montpellier: le voleur aux somnifères° arrêté—Un ressortissant° tunisien polyglotte,° qui depuis près de deux mois gagnait la confiance des voyageurs de la SNCF,° a été interpellé° en gare de Montpellier. (se faire passer pour un cardiologue sud-américain / donner des boissons droguées aux passagers / prendre leur argent et leurs papiers)

3. Marseille: Une femme professeur de maths assassinée—Le cadavre d'une jeune femme, professeur de maths dans un lycée de Marseille, a été retrouvé lundi matin dans un parking en bordure de° la route nationale 8. (aller faire un tour à vélo dans la région samedi / ne pas rentrer samedi soir / sa famille, téléphoner à la police dimanche matin)

4. Annemasse: suicide au sandwich—Un charcutier a réussi à se suicider, par étouffement, en avalant un sandwich dans les locaux du commissariat d'Annemasse. (se disputer avec un associé / tuer son ancien patron / être conduit au commissariat de police où il s'est donné la mort)

5. Venissieux: une petite fille courageuse—Une fillette de huit ans a échappé, grâce à son sang-froid°, au feu provoqué par l'implosion du téléviseur. (être enfermée seule chez elle par ses parents / s'endormir)

le procureur...: state prosecutor
menottes (*m.*): handcuffs

somnifères (*m.*): sleeping pills
un ressortissant: citizen
polyglotte: speaker of several languages
SNCF: French national rail system
interpellé: seized

en ... de: along the side of

sang-froid: cool headedness

K. C'était mardi dernier... (suite). Reprenez ce que vous avez fait pour **l'Exercice E.** Cette fois, ajoutez à la situation deux ou trois actions qui avaient précédé le moment dont vous parliez.

Utilisez le *plus-que-parfait* pour décrire ces actions. Encore une fois: ne racontez pas l'histoire; il s'agit seulement de préciser la situation au début de l'action.

MODÈLE: *C'était mardi dernier. Mon frère et moi, nous étions dans un petit village à vingt kilomètres de chez nous. Il pleuvait et il faisait assez froid. Nous avions très faim. Nous n'avions rien mangé. Nous nous étions perdus dans la forêt et nous avions passé trois heures à tourner en rond.*

Vous vous préparez à raconter:
1. quelque chose qui s'est passé la semaine dernière
2. quelque chose qui s'est passé l'année dernière
3. quelque chose qui s'est passé il y a longtemps
4. quelque chose d'amusant qui vous est arrivé
5. quelque chose de mauvais qui vous est arrivé

VÉRIFICATION: Les prépositions *avant de* et *après*

Ex. L and M, **E.E.**, pp. 42–44.

L. Quand ...? Répondez aux questions sur les dessins en utilisant les prépositions **avant de** (avec l'infinitif) ou **après** (avec le passé de l'infinitif).

MODÈLE:

Quand est-ce que Lulu s'est levée?
Elle s'est levée après être restée au lit pendant une heure.

1. Qu'est-ce que Lulu a fait avant de se maquiller? (prendre un bain)

2. Est-ce qu'elle s'est habillée avant de faire son lit?

Unité Première

3. Quand est-ce que Lulu est sortie?

4. Quand est-ce qu'elle a fait un peu de jardinage? (rentrer chez elle)

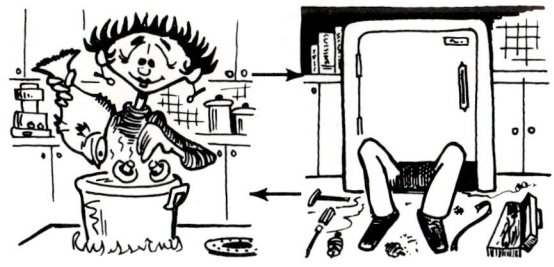

5. Avant de réparer le frigo, qu'a fait Lulu? (préparer une soupe au poisson)

6. Après avoir inséré un programme à l'ordinateur, qu'est-ce que Lulu a fait? (se coucher et lire un roman)

M. La journée d'André. Un(e) de vos camarades de classe est en train de raconter l'histoire d'André (p. 21–p. 36), mais il/elle oublie quelques détails importants. Vous et un(e) autre étudiant(e) l'interrompez donc pour indiquer ce qu'André a fait *avant* ou *après* l'action mentionnée par votre camarade.

MODÈLE: La première chose qu'André a faite, c'est qu'il s'est levé.

> *Mais non. Avant de se lever, il a arrêté son réveil.*
> *Oui, et après avoir arrêté son réveil, il est resté au lit pendant une bonne demi-heure.*

1. Ensuite, il s'est rasé et il s'est habillé.
2. Il a préparé son petit déjeuner et il a quitté la maison pour aller au bureau.
3. Il a décidé de commencer une nouvelle vie, donc il est monté dans un avion pour aller dans un Club Méditerranée.
4. Il a passé l'après-midi sur la plage, puis il est parti pour une autre île tropicale.
5. Il est arrivé dans l'île et il a eu un accident.
6. Il est rentré chez lui et il a repris son travail.

Raconter

N. Et avant... et après... ? Vous demandez à un(e) camarade de classe de vous raconter ses activités (voir les suggestions ci-dessous). Chaque fois qu'il/elle mentionne une activité, vous lui demandez ce qu'il/elle a fait avant ou après cette activité.

MODÈLES: Hier matin je suis allée en ville.

Qu'est-ce que tu as fait avant d'aller en ville?
J'ai aidé mes parents à nettoyer la maison.

Qu'est-ce que tu as fait après avoir aidé tes parents à nettoyer la maison?
Je me suis maquillée et j'ai pris l'autobus pour aller en ville.

Demandez à votre camarade ce qu'il/elle a fait:

1. ce matin
2. hier
3. samedi dernier
4. l'été dernier

Pour communiquer

Comment organiser un récit

Quand vous racontez une histoire, normalement vous voulez que quelqu'un écoute votre histoire. Par conséquent, vous prenez la parole—c'est-à-dire que vous indiquez à l'autre personne que vous avez une histoire à lui raconter. Si cette personne est d'accord, elle vous cède la parole—c'est-à-dire, elle vous indique qu'elle veut bien écouter votre histoire. Voici quelques expressions utiles pour prendre et pour céder la parole.

Vous prenez la parole	Vous cédez la parole
Tu sais ce qui m'est arrivé ...?	Non, dis-moi.
Écoute! Il m'est arrivé quelque chose d'amusant (d'intéressant, d'horrible, etc.) ...	Ah, oui. Qu'est-ce qui s'est passé?
Il faut que je te raconte ce qui est arrivé à ...	Eh bien, raconte.

On peut utiliser les mêmes expressions avec **vous** si on raconte son histoire à un groupe de personnes ou à une personne qu'on ne tutoie pas: ***Vous** savez ce qui m'est arrivé? Non, **dites**-moi. Il faut que je **vous** raconte ... Eh, bien **racontez**.*

O. Il faut que je te raconte... Prenez la parole comme si vous vouliez raconter les histoires suggérées ci-dessous. Votre partenaire vous cédera la parole.

>   **MODÈLE :** une anecdote amusante à votre sujet / l'année dernière—à un(e) ami(e)
>
>   —*Écoute! Il m'est arrivé quelque chose de très amusant l'année dernière.* ou
>   —*Il faut que je te raconte ce qui m'est arrivé l'année dernière. C'était très amusant.*
>   —*Ah, oui. Qu'est-ce qui s'est passé?* ou
>   —*Eh bien, raconte.*

1. une histoire amusante au sujet de votre père / le week-end dernier—à un(e) ami(e)
2. une anecdote intéressante au sujet de votre sœur / hier soir—à un groupe d'amis
3. une histoire bizarre à votre sujet / quand vous étiez à New York—à un(e) ami(e)
4. une anecdote intéressante au sujet de votre professeur / l'été dernier—à votre camarade de chambre (époux, épouse)
5. une histoire amusante à votre sujet / la semaine dernière—à votre professeur

Quand vous avez la parole, vous pouvez raconter votre histoire. D'habitude, vous commencez par la situer—*quand? où? qui?* Bref, vous donnez la situation au début de l'action. Ensuite, vous racontez ce qui s'est passé, souvent selon l'ordre chronologique. Et enfin, vous terminez votre histoire en précisant sa conclusion. Voici des expressions qui vous aideront à organiser votre récit.

Vous situez votre histoire

Quand?	C'était en 19...
	C'était le jour où...
	C'est arrivé il y a...
Où?	Nous étions...
	Je me trouvais...
Situation	(Mon frère et moi) nous étions là pour...
	(Ma sœur) avait décidé de...
	(Mon ami et moi) nous... déjà...

Vous racontez votre histoire

Au commencement	D'abord...	
	Nous avons commencé par...	
	La première chose que j'ai faite, c'est que...	
	Tout d'un coup...	
Au milieu	Puis...	Plus tard...
	Ensuite...	Après avoir (être)...
	(Trois heures) après...	Avant de...
Vous terminez votre histoire	Enfin...	
	Nous avons fini par...	
	Et voilà ce qui est arrivé à...	

P. Gaspar et Lulu. En vous inspirant des dessins, racontez l'histoire de Gaspar et de Lulu. Utilisez quelques-unes des expressions données ci-dessus pour situer, raconter et terminer votre histoire.

MODÈLE: *C'était...*

1. s'ennuyer / regarder
2. sculpter / sonner
3. se parler / inviter à aller faire une promenade
4. se rencontrer devant l'épicerie du coin

5. faire une promenade le long de la Seine
6. s'arrêter / regarder un accident
7. prendre une bière et un sandwich
8. descendre dans le métro

■ À vous, maintenant!

A. Mon paradis perdu. Imaginez que vous êtes André et qu'un(e) ami(e) vient vous rendre visite à l'hôpital. Vous lui racontez ce qui vous est arrivé en commençant par le moment où vous vous êtes réveillé(e) le matin du 28 juillet. Votre ami(e) va vous interrompre pour vous poser des questions. N'oubliez pas de prendre la parole, de bien situer votre histoire et d'utiliser les expressions que vous avez apprises pour raconter une histoire.

B. C'était mardi dernier ... En faisant les Exercices E et K, vous vous êtes préparé(e) à raconter des anecdotes personnelles, mais vous n'avez pas pu les raconter. Maintenant trouvez dans la classe quelqu'un qui accepte d'écouter votre histoire, puis racontez-lui cette histoire en suivant le modèle que vous avez appris. Bien entendu, vous aurez la gentillesse d'écouter l'histoire de votre partenaire ensuite.

Vous racontez:

1. quelque chose qui s'est passé la semaine dernière
2. quelque chose qui s'est passé l'année dernière
3. quelque chose qui s'est passé il y a assez longtemps
4. quelque chose d'amusant qui vous est arrivé
5. quelque chose de bon ou de mauvais qui vous est arrivé

C. Racontez une histoire réelle que vous avez trouvée dans un journal français ou américain, quelque chose qui vous a intéressé(e).

D. Racontez un événement qui a eu lieu sur le campus et dont vous étiez témoin.

E. Racontez la première fois où vous avez essayé de faire quelque chose—faire du ski ou de la voile, faire un discours devant un public, parler français en France, visiter une grande ville inconnue tout(e) seul(e), etc.

F. Racontez l'intrigue de votre film favori ou d'un film que vous avez vu récemment.

«À Bout de souffle», Jean-Luc Godard, 1959.

G. Choisissez une des photos suivantes qui montrent des scènes tirées de films français. Essayez d'imaginer ce qui s'était déjà passé pour arriver à la situation représentée sur la photo. Puis décrivez cette scène «finale».

«Le Lieu du crime», André Techine, 1987.

«Les Jeux interdits», René Clément, 1952.

«Trois Hommes et un couffin», Coline Serreault, 1985.

«Drôle de drame», Marcel Carné, 1937.

■ AU JOUR LE JOUR ■

Numéro spécial sur *le stress*
UNE REVUE SUR LA VIE ACTUELLE
☐ **Numéro 2** ☐

- Le Stress: la définition
- D'Autres Idées
- Gérard Depardieu, un acteur qui travaille comme quatre
- Un Poète maudit
- Le Voisin passager d'un monde en vitesse

- La Fatigue dans la société
- La Médecine et le stress
- Le Stress et le travail
- Quinze Métiers à risque
- Dix Trucs qui aident
- Premiers Symptômes...

Le Stress: la définition

Considérons cette définition du stress trouvée dans **Le Grand Larousse de la langue française**, *p. 5723. Elle nous donne une idée de cette maladie moderne qui semble un problème aussi grand en France qu'ici aux États-Unis.*

stress *n.m.* **1.** État d'un organisme soumis à l'effet d'un choc violent (agression), d'ordre physique, pathologique, psychique, etc., et qui y répond par des réactions de défense, liées aux mécanismes homéostatiques, propre à préserver ou à rétablir son équilibre menacé ou détruit. **2.** Agent de toute nature (bruit, froid, secousse électrique, intoxication, choc infectieux ou chirurgical, traumatisme psychique, etc.) susceptible de produire sur l'organisme un effet d'agression et de compromettre son équilibre homéostatique. **3.** *Par extension.* Tout fait ou toute situation qui ont un caractère éprouvant ou traumatisant pour l'individu.

D'Autres Idées:

«La maladie la plus répandue aujourd'hui est la fatigue.»—(Theodore Zeldin, *Les Français*)

«Qui est mécontent des autres est toujours mécontent de soi; nos flèches° rebondissent° sur nous.» — (Alphonse Alain, *Propos d'un Normand*)

flèches: arrows
rebondissent: fall back

«L'homme est une création du désir, non pas une création du besoin.» — (Gaston Bachelard, *La Psychanalyse du feu*)

«Il n'y a pas de rose sans épines.» — (Proverbe)

«Comprendre. Toujours comprendre. Moi, je ne veux pas comprendre.» — (Jean Anouilh, *Antigone*)

«L'homme est né pour vivre dans les convulsions de l'inquiétude ou dans la léthargie de l'ennui.» — (Voltaire, *Candide*)

«Nous sommes dans un univers où il y a de plus en plus d'informations et de moins en moins de sens.» — (Jean Baudrillard, *Simulacres et simulation*)

«Ce monde, tel qu'il est fait, n'est pas supportable. J'ai donc besoin de la lune, ou du bonheur, ou de l'immortalité, de quelque chose qui soit dément peut-être, mais qui ne soit pas de ce monde.» — (Albert Camus, *Caligula*)

«Quelque chose m'est arrivé, je ne peux plus en douter. C'est venu à la façon d'une maladie, pas comme une certitude ordinaire, pas comme une évidence. Ça s'est installé sournoisement°, peu à peu; je me suis senti un peu bizarre, un peu gêné° voilà tout. Une fois dans la place ça n'a plus bougé, c'est resté coi° et j'ai pu me persuader que je n'avais rien°, que c'était une fausse alerte. Et voilà qu'à présent cela s'épanouit°.» — (Jean-Paul Sartre, *La Nausée*)

sournoisement: stealthily
gêné: embarrassed
coi: quiet
je n'avais rien: nothing was wrong
s'épanouit: is expanding

Gérard Depardieu, un acteur qui travaille comme quatre

Depuis ses débuts de comédien à la fin des années soixante, il (Gérard Depardieu) avait toujours repoussé à plus tard ce face-à-face avec soi-même, ce «mal nécessaire» que redoutent tous les comédiens. Pendant vingt ans, il ne s'était jamais arrêté: une dizaine de téléfilms (de 1966 à 1972), une quinzaine de pièces de théâtre (à partir de° 1968) et près de soixante films, dont quarante «en vedette°».

Marc Esposito, «Depardieu inédit: Renaissance», dans Studio Magazine, septembre 1987

à partir de: beginning in
en vedette: as star

Un Poète maudit

Nous vivons une époque probablement unique dans l'histoire du monde, où le monde passé au crible° voit ses vieilles valeurs s'effondrer°. La vie calcinée° se dissout par la base°. Et cela, sur le plan moral ou social, se traduit par un monstrueux déchaînement° d'appétits, une libération des plus bas° instincts, un crépitement° de vies brûlées et qui s'exposent prématurément à la flamme.

Antonin Artaud, «Troisième Lettre sur la langue», dans Le Théâtre et son double

passé au crible: scrutinized, examined
s'effondrer: collapse
calcinée: dried up
se dissout...: dissolves from the bottom up
déchaînement: unleashing
bas: low
crépitement: crackling

Artaud attaque «une culture qui n'a jamais coïncidé avec la vie, et qui est faite pour régenter° la vie.»

Artaud, «Préface: Le Théâtre et la culture», dans Le Théâtre et son double

régenter: to rule

Le Voisin passager d'un monde en vitesse

Nous vivons aujourd'hui dans cette accoutumance° dramatique à la métastabilité° urbaine et nul apparemment ne s'inquiète de fréquenter à chaque instant des fantômes: telle femme aperçue dans la rue ne sera vraisemblablement° jamais revue et ainsi de la quasi-totalité de ceux qui nous entourent°, la rencontre d'une relation de voisinage n'étant qu'une brève rencontre... .

   Prenons un exemple (de l'habitant passager°): 80% des habitants du XIVe arrondissement° de Paris sont en fait de simples passagers et encore convient-il° de se souvenir que de ce chiffre est exclus le flot de ceux qui y passent en rentrant ou en sortant de Paris par les portes d'Orléans ou de Châtillon... . Néanmoins, parmi le nombre de ceux qui prétendument° y demeurent°, 80% n'y restent pas, soit qu'ils° y demeurent pour travailler sans y loger, soit qu'ils y logent mais le quittent chaque matin pour travailler au-dehors et souvent fort loin... .

accoutumance: habituation
métastabilité: instability
vraisemblablement: probably
entourer: surround
passager: passing, transitory
arrondissement: district (of Paris)
convient-il: it is necessary
prétendument: supposedly
demeurer: remain
soit qu'ils: they either... (or)

Unité Première

Aux résidents privilégiés, titulaires° du «droit de cité»° d'un État démocratique, succéderont des *visiteurs,* citoyens transitoires, touristes, spectateurs d'un État démocratique où la vue, c'est la vie... . Si hier dans l'unité de voisinage°, l'autre était à la fois connu et reconnu dans le répétition, le rituel des rencontres et des manifestations, avec la révolution du transport, ce «voisin» deviendra un *spectre* que l'on ne reverra plus qu'accidentellement... cette *présence passagère°.*

Paul Virillio, *L'Horizon négatif: Essai de dromoscopie*

titulaires: owners
droit de cité: citizenship

voisinage: neighborhood

passager: passing, transitory

La Fatigue dans la société

Jean Baudrillard nous présente une nouvelle explication de la source de la fatigue dans la société moderne. Est-ce que vous acceptez cette idée que la fatigue est une révolte de l'organisme contre une vie monotone et ennuyeuse, où l'individu a très peu de contrôle sur le système dans lequel il s'engage?

Baudrillard nous parle de la fatigue qui, selon lui, est «l'apanage des° sociétés riches,... comme syndrome collectif des sociétés post-industrielles... .» Il écrit que cette fatigue signifie au moins une chose: «c'est que cette société qui se donne et se voit toujours en progrès continu vers l'abolition de l'effort, la résolution des tensions, vers plus de facilité et d'automatisme, est en fait une société de stress, de tension, de doping, où le bilan° global de satisfaction accuse° un déficit de plus en plus grand, où l'équilibre individuel et collectif est de plus en plus compromis à mesure même que° se multiplient les conditions techniques de sa réalisation.

«La fatigue... sera alors interprétée comme réponse, sous forme de refus passif, de l'homme moderne à ces conditions d'existence... . Fatigue, dépressivité, névrose° sont toujours convertibles en violence ouverte et réciproquement. La fatigue du citoyen de la société post-industrielle n'est pas loin de la grève° larvée°, du freinage°, du *slowing down* des ouvriers° en usine°, ou de l'ennui scolaire. Toutes sont des formes de résistance passive, incarnée au sens où l'on parle d'un ongle incarné°, qui se développe dans la chair°, vers l'intérieur.

«... L'élève fatigué, c'est celui qui subit° passivement le discours du professeur. L'ouvrier, le bureaucrate fatigué, c'est celui à qui on a ôté° toute responsabilité dans son travail. L'indifférence politique, cette catatonie du citoyen moderne, c'est celle de l'individu à qui toute décision échappe, ne conservant que la dérision du suffrage universel. Et il est vrai que ceci passe aussi par la monotonie physique et psychique du travail à la chaîne° et au bureau par la catalepsie musculaire, vasculaire, physiologique des stations debout° ou assises° imposées, des gestes stéréotypés, de toute l'inertie et du sous-emploi chronique du corps dans notre société. Mais là n'est pas l'essentiel, et c'est pourquoi on ne guérira pas la fatigue pathologique par le sport et l'exercice musculaire, comme le disent les spécialistes naïfs (pas plus que par des tranquillisants ou des stimulants)

est l'apanage des: is the prerogative of

bilan: balance sheet
accuse: reveals
à mesure... : in direct proportion as

névrose: neurosis
grève: strike
larvée: latent, hidden
freinage: slow-down
ouvriers: workers
usine: factory
ongle incarné: ingrown nail
chair: flesh

subit: submits to
ôté: removed

à la chaîne: assembly line

debout: standing up
assises: seated

... . La vraie passivité est dans la conformité joyeuse au système, chez le cadre° dynamique, l'œil vif et l'épaule large, parfaitement adapté à son activité continuelle. La fatigue, elle, est une activité, une révolte latente, endémique, inconsciente d'elle-même. Ainsi s'éclaire° sa fonction: *le slowing down* sous toutes ses formes est (comme la névrose) la seule issue° pour éviter° le total et véritable *break down.* Et c'est parce qu'elle est une activité (latente) qu'elle peut soudainement se reconvertir en révolte ouverte... . Citons la révolte des étudiants français en mai 1968 comme un exemple de cette contagion spontanée.»

Jean Baudrillard, *La Société de consommation*

cadre: manager

Ainsi s'éclaire: this explains
issue: way out
éviter: avoid

La Médecine et le stress

Cet article-ci nous indique le lien° qui existe entre l'esprit et le corps en ce qui concerne les maladies. Que pensez-vous de cette idée psychosomatique de la médecine? Croyez-vous que le manque° d'imagination puisse bien exacerber la souffrance d'un dépressif?

lien: link

manque: lack

... Robert Ader, du département de psychiatrie de l'école de médecine de Rochester, aux États-Unis, le pionnier de la psycho-neuro-immunologie, a découvert que la réponse du système immunitaire pouvait être conditionnée, devenir réflexe, comme l'est la salivation chez le chien de Pavlov. En

Unité Première 55

voici la preuve expérimentale. Dans un premier temps, on oblige des rats, en les assoiffant°, à boire de l'eau mélangée° à de la saccharine, produit dont ils détestent le goût. Simultanément, ce qui n'a rien à voir°, on leur injecte une substance qui fait baisser leurs défenses immunitaires.

Deuxième temps. Quelques semaines plus tard, on représente aux mêmes rats, de nouveau assoiffés, de l'eau à la saccharine. Mais, cette fois, on ne leur injecte pas la substance immunosuppressive. Qu'à cela ne tienne°: le stress, en rappelant à l'organisme le choc de la première expérience, suffit, par réflexe conditionné, à déprimer l'immunité des animaux!

Proust, paraît-il, ne réagissait pas autrement lorsqu'il était submergé d'asthme à la seule vue de ces «Tournesols°» de Van Gogh incapables de libérer des pollens, causes bien connues d'allergies. Autre exemple: ces patients qui tombent malades à chaque anniversaire d'une expérience douloureuse°, accident, deuil°, séparation, etc. L'effet placebo, qui voit l'état d'un malade s'améliorer après absorption d'un faux médicament, pourrait procéder du même mécanisme.

... À l'heure actuelle°, les biologistes ne sont pas en mesure d'°aller plus loin dans la description de la chaîne stress-cerveau°-système immunitaire-maladie (ou guérison°). D'autant plus que°, chez l'homme, la réponse au stress apparaît individualisée à l'extrême. Chacun réagit de façon différente aux chocs. Ainsi, la perte d'un proche qui chez celui-ci entraînera° le naufrage° de ses défenses immunitaires n'aura chez celui-là aucun effet somatique.

... Pourtant, la psychosomatique, cette médecine de l'esprit et du corps, estime que la psycho-neuro-immunologie est en train de découvrir les bases biologiques des maladies qu'elle soigne° très empiriquement depuis des années en partant du genre d'observations suivantes. Pour nous psychosomaticiens, nombre de somatisations pathologiques sont précédées par un état dépressif, explique le docteur Jacques Gorot, attaché à l'hôpital Bichat. Il ne s'agit pas ici° d'atteintes° maniaco-dépressives, mais de dépressions dites° masquées ou encore a priori. Le docteur Gorot poursuit: Ceux qui somatisent le plus sont des gens très adaptés dans le réel, le conformisme. Ils ont oblitéré toute vie imaginaire. Ils n'ont pas de possibilité de se défouler°. Placés dans une situation d'impasse psychologique, ils somatisent° en développant des maladies qui peuvent être graves. J'ai connu le cas d'un jeune homme dont le mariage était désapprouvé par sa famille. Il en a fait une maladie mortelle. À l'inverse, les asthmatiques, les allergiques sont des gens au caractère ouvert, qui extériorisent leur sentiments.

... Si elles sont encore loin de parler le même langage, la psychosomatique et la psycho-neuro-immunologie plaident en faveur d'une approche globale du patient. Ce n'est pas tel ou tel organe qui est malade, c'est l'homme soumis° aux difficultés de la vie.

«La Chimie du stress», dans
Le Point, le 30 janvier 1989

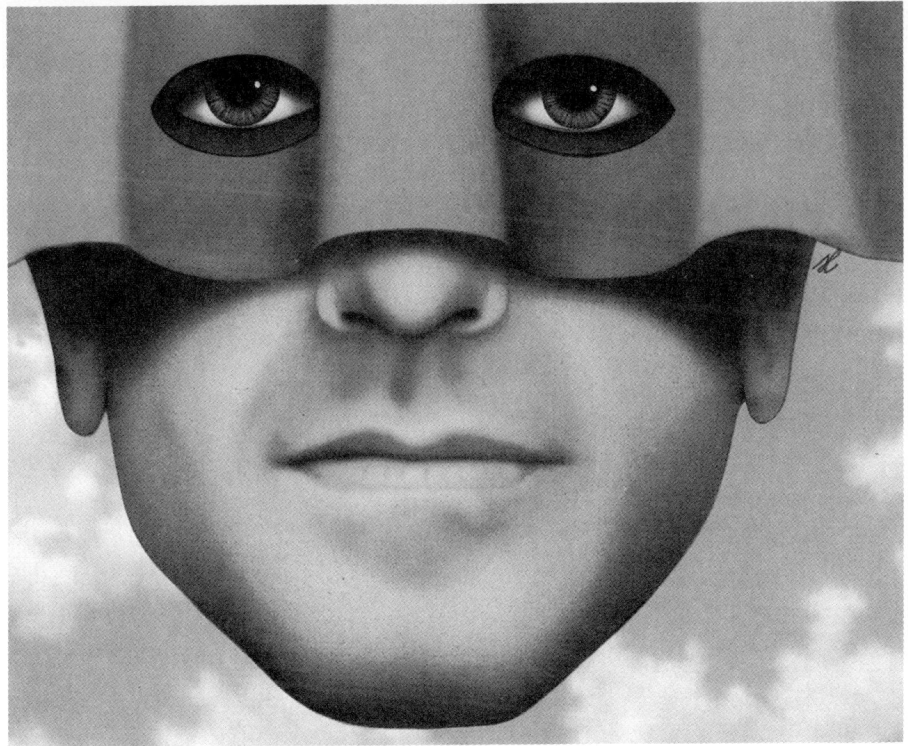

Le Stress et le travail

Enfin, voici des extraits d'un article qui nous présente à quel degré les Français aussi prennent au sérieux la question du stress. Quel rôle y jouent le travail et le rapport entre celui qui travaille et celui qui dirige le travailleur? Avant de continuer, faites une petite liste des métiers où vous jugez le stress d'être un problème sérieux.

Selon le Dr Bernard Seitz, médecin en région parisienne, «...depuis cinq ans,... on assiste à° une épidémie de dépressions nerveuses et de tentatives° de suicides, hélas! parfois réussies°... .

«Accusé n° 1: le stress. Ce stress qui propulse les battants°, soutient° les bourreaux de travail°, alimente° les ambitieux, transforme la fatigue en énergie, et balayant sur son passage° petites appréhensions et grandes peurs, permet tous les exploits quand on aime son travail. Même celui, tout bête, de supporter, jour après jour, un voisin de bureau imbuvable°. Mais le stress, aussi, brouille° l'esprit, brûle le corps et bouscule° l'équilibre jusqu'au crash. Le boulot° triture les méninges°, titille les nerfs, sape le moral, bref, pompe l'air dès qu'il n'offre plus de gratification narcissique, comme disent les psy°. Ça passe et, parfois, ça casse. Il arrive même qu'on en meure.

on assiste à: we have been observing
tentatives: attempts
parfois réussies: sometimes successful
battants: fighters
soutient: sustains
bourreaux... : workaholics
alimente: feeds
balayant... : riding roughshod over
imbuvable: unbearable
brouille: scrambles
bouscule: upsets
boulot: job, work
triture... : overworks the brain
les psy: *les psychologues (fam.)*

Unité Première

«... une personne sur quatre, en France, est victime au cours de sa vie active de troubles mentaux, bénins° ou majeurs: deux fois plus qu'il y a vingt-cinq ans... .

«Aux yeux des médecins, le stress désigne la réponse globale de l'organisme à toutes les contraintes de son environnement physique, affectif ou social, un phénomène d'emballement° de la machine humaine qui peut être agréable, pénible, utile ou dangereux. Face aux agressions, l'animal n'a qu'une réaction: la fuite. S'il ne peut fuir, il tente de lutter°... . S'il ne peut ni fuir ni lutter, il reste tétanisé°, et souffre. C'est le fameux système inhibiteur de l'action défini par le Pr. Henri Laborit, biologiste[1]. «Ce système l'empêche° d'agir, explique-t-il. Notez, dans certaines situations, cela peut lui sauver la vie. Un mulot° qui aperçoit un faucon° ferait mieux de rester tapi° dans l'herbe plutôt que de courir à travers champs. Le problème, dans la vie, c'est qu'il n'y a pas que° des faucons. Il y a aussi de vrais cons°: et quand un contremaître° tyrannise un ouvrier, celui-ci ne peut ni démissioner° ni lui casser la figure°. Alors, il fait un ulcère. Le système inhibiteur de l'action est à l'origine de toute la pathologie.»

Quinze Métiers à risque

Contrôleur aérien.
Pilote d'avion.
Conducteur de train.
Enseignant de collège° ou lycée°.
Instituteur°.
Trader des salles de marché financier°.
Standardiste°.
Mineur.
Dentiste.
Garçon de café.
Dirigeant d'entreprise.
Caissière de supermarché.
Policier.
Claviste d'ordinateur.°
Journaliste.

Liste non exhaustive, établie par Jean-Benjamin Stora, spécialiste de stress

---
[1]À voir le film *Mon Oncle d'Amérique*, réalisé par Alain Renais, basé sur les théories de Laborit.

Dix Trucs° qui aident

Faites du sport (doux) régulièrement.
Cultivez votre sens de l'humour.
Abandonnez l'espoir de plaire à° tout le monde.
Faites-vous dorloter°, au pis° par un masseur.
Tournez sept fois votre langue dans votre bouche avant d'exploser.
Moins de café, de tabac, d'alcool, mais n'abusez pas l'ascétisme.
Si le travail vous déçoit°, dégustez°, entretenez° votre vie privée.
Quoi qu'il arrive°, gardez la face au boulot°:
Déléguez, travaillez en équipe°.
Résistez à votre patron.

Jean-Benjamin Stora

trucs: tricks, things

plaire à: to please
dorloter: pamper
au pis: at least, at worst

déçoit: disappoints
dégustez: enjoy
entretenez: keep up, maintain
quoi qu'il arrive: no matter what happens
gardez... : keep a stiff upper lip on the job
équipe: team

Premiers Symptômes...

Vous êtes irritable.
Vous vous sentez persécuté par vos collègues immédiats.
Vous êtes victime de trous° de mémoire.
Votre chef n'a pas beaucoup d'estime pour vous, du moins croyez-vous le deviner°.
Vous avez des palpitations.
Vous vous réveillez systématiquement deux heures trop tôt.
Vous ne vous sentez plus à la hauteur°.
Vos mains sont moites° avant chaque réunion°.
Vous avez soudain des maux de tête°.
Vous êtes anxieux sans cause précise.
Vous avez mal au dos°.
Vous avez de brutales envies de chocolat, d'alcool ou de tabac.
Vous ne parvenez° à bien travailler qu'à la fin de la journée, sous pression°.
Vous avez trop envie de manger, ou plus du tout.
Votre appétit sexuel devient obsédant ou s'éteint°.
Vous digérez mal.
Vous vous sentez vaguement oppressé.
Si vous cumulez tous ces symptômes, attention! vous allez disjoncter°.

Jean-Benjamin Stora
«Le Stress au Boulot», dans L'Express International, le 30 septembre 1988

trous: lapses

deviner: guess

à la hauteur: up to it
moites: moist
réunion: meeting
maux de tête: headaches
mal au dos: backache

parvenez: succeed
pression: pressure

s'éteint: fades out

disjoncter: to come apart

───────────── ■ **ACTIVITÉS** ■ ─────────────

A. Considérez les idées citées aux pages 52-54.
  1. Trouvez-vous que toutes les idées soient négatives?
  2. Considérez chaque idée séparément.
  3. Que pensez-vous de Gérard Depardieu et de son travail frénétique? Souffre-t-il du stress? Pourquoi/Pourquoi pas?

    4. L'attitude d'Antonin Artaud: a-t-il raison ou est-ce qu'il exagère? Défendez votre réponse.

    5. Qu'est-ce que Paul Virilio veut nous dire au sujet de la vie moderne? Avez-vous éprouvé l'effet de cette présence passagère? Considérez un peu le monde avant les moteurs, l'électricité et la capacité de se déplacer rapidement. Comment la vie était-elle différente? Que veut dire un monde qui se base sur la vitesse?

B. Les Images

    1. Regardez de près chaque image dans *Au Jour le jour* et expliquez ce que l'image nous dit au sujet de la vie moderne.

C. Qu'est-ce que *l'Express* nous dit?

    1. Cherchez dans un journal ou dans un magazine que vous lisez un article qui indique le stress dans la société moderne.

    2. Notez que l'article dans *l'Express* parle aussi du côté positif du stress. Est-ce que vous y croyez? Pourquoi ou pourquoi pas?

    3. Pourquoi, croyez-vous, est-ce qu'il y a de plus en plus de symptômes du stress dans la société? Artaud a-t-il raison, que la culture régente la vie? Qu'est-ce que c'est que la culture et quelle fonction sert-elle dans la vie?

    4. Considérez les idées du biologiste Henri Laborit à la page 58. Que pensez-vous de son interprétation du stress dans la société?

    5. Donnez votre opinion sur l'idée que la détresse psychologique peut produire des maladies physiques. Si c'est vrai, comment est-ce que cette vérité doit influencer la médecine?

    6. Pourquoi est-ce que les métiers choisis sont à risque du stress?

    7. Considérez les moyens qui aident à réduire le stress. Pourquoi sont-ils efficaces, pensez-vous?

D. Activité à faire comme résumé de l'unité

La classe se divise en groupes de deux. Un(e) étudiant(e) sera le médecin et l'autre sera André. André est venu voir le médecin parce qu'il ne pouvait pas comprendre pourquoi il était si peu satisfait de sa vie. Étant donné ce que vous savez maintenant du stress et en considérant la liste des premiers symptômes, le médecin va interviewer André sur sa vie. À la fin, le médecin lui donnera son diagnostic et ses conseils. Inventez le dialogue qu'ils auront et soyez prêt(e)s à le présenter devant la classe.

UNITÉ DEUX

Se renseigner

- *Histoire en images:* Le château dans le bois
- *Préparons-nous!:* L'interrogation
- *Pour communiquer:* Comment demander et donner des renseignements
- *À vous, maintenant!*

Au jour le jour: L'Identité et les Français

«Regardez cet homme si distingué à la barbiche noire dans ce tableau. C'est mon arrière-grand-père Adolphe Châtelet, le Duc de... »

Les personnages du «Château dans le bois»

Le maître du château

La maîtresse du château

La bonne

Le beau-frère

Le conservateur

La vieille dame

Le jardinier

Se renseigner

Histoire en images

Le château dans le bois

1. Dix heures du soir: sur les lieux du crime

1. Quelle heure est-il d'après l'horloge? Et selon la montre cassée qui reste par terre? Comment peut-on expliquer cette différence?
2. Qui se trouve sur le tapis au centre de la pièce? Qu'est-ce qui lui est arrivé?
3. À droite du mort se trouvent plusieurs personnages. Identifiez-les. Que font-ils? Quel air ont-ils?
4. Pourquoi, croyez-vous, y a-t-il des valises dans la pièce?
5. Qu'est-ce qu'il y a sur la table?
6. Quels personnages sont debout derrière la table? Que font-ils?
7. Décrivez la maîtresse.
8. Que fait la bonne?
9. À votre avis, quels objets est-ce qu'on aurait pu utiliser pour tuer le maître?
10. Qui examine la bouteille de cognac? Pourquoi ce nouvel-arrivé est-il sur les lieux du crime?
11. Inventez la personnalité de l'inspecteur. Quelle sorte d'homme est-ce?
12. Faites un portrait du caractère des témoins que vous trouvez suspects.

Unité Deux

Dix heures du soir: sur les lieux du crime

la salle d'armes
  accroché(e)(s) au mur hanging on the wall
    des poignards (*m. pl.*) daggers
  une boîte de bonbons
  une bouteille de cognac
  une horloge de parquet a grandfather clock
  une montre de poche pocket watch
    cassé(e) broken
  un revolver
  un tableau
  une valise
  un sac de voyage
  un verre renversé overturned glass

les personnages (*m. pl.*) characters
  avoir l'air attentif to look attentive
    coupable guilty
    désolé very sorry
    indifférent
    innocent
    malin, maligne clever, sly
    navré(e) brokenhearted
    satisfait
    surpris
    suspect suspicious

regarder *qqn* **avec intérêt**
  avec indifférence
  d'un air satisfait
  d'une façon distraite absentmindedly

le beau-frère the brother-in-law
  être debout to be standing up

la bonne maid
  consoler *qqn*

le conservateur du musée museum curator
  avoir *qqch.* **à la main**
  laisser des traces (*f. pl.*) to leave footprints

l'inspecteur (*m.*)
  arriver sur les lieux du crime
    venir de + *inf.* to have just (done something)
  contempler la scène
  examiner
  interroger les témoins (*m. pl.*) to question the witnesses
    découvrir qui a tué to discover who killed

le jardinier
  regarder d'un air stupéfait
  tenir *qqch.* **dans les mains**

le maître owner of the château
  avoir été tué to have been killed

Questions: vocabulaire

1. Nommez six objets qui se trouvent dans la salle d'armes.
2. Qu'est-ce qui se trouve à côté de la table?
3. Qu'est-ce qui se trouve à côté du verre de cognac renversé?
4. Qui a l'air navré? malin? satisfait? innocent? indifférent? surpris? stupéfait? distrait?
5. Qu'est-ce qui indique que quelqu'un était prêt à quitter le château?
6. Qui vient d'arriver sur les lieux du crime?
7. Quels vêtements porte le maître?
8. Qu'est-ce que le conservateur a laissé par terre?
9. Comment s'appelle une personne qui a vu des événements qui ont précédé un crime?
10. Comment est-ce qu'on a tué le maître du château? Y a-t-il plusieurs possibilités? Lesquelles?
11. Quels personnages sont debout? Lesquels sont assis?
12. Que fait la vieille dame? Et la bonne?

Se renseigner

2. Aux deux bouts du couloir, cet après-midi-là...

1. Quelle heure était-il?
2. Qu'est-ce que la bonne essayait de faire à ce moment-là?
3. Pourquoi est-ce qu'elle n'a pas pu le faire?
4. Il y avait un message, un mot écrit sur la petite table. Pouvez-vous le lire? Alors, que voulait faire la bonne?
5. Pendant ce temps-là, qui se trouvait à l'autre bout du couloir?
6. À qui parlait le beau-frère? Comment est-ce qu'ils se parlaient?
7. Qu'est-ce qu'ils ont échangé? Avez-vous des idées à propos de ce qui s'est passé entre ces deux personnages?
8. Comment est-ce que l'inconnu était vêtu?
9. Quel air avait le beau-frère?
10. À votre avis, qui avait coupé le fil téléphonique? Qui avait écrit le message sur la table?
11. Comment est-ce que le beau-frère et l'inconnu se comportaient?

Unité Deux

Aux deux bouts du couloir, cet après-midi-là...

l'entrée (*f.*) the entrance
   à l'autre bout de at the other end of
   un tapis a carpet, rug

le beau-frère
   accepter (*qqch.*)
   des billets (*m. pl.*) notes; bills (money)
   (se) chuchoter to whisper (to each other)
   clandestinement
   recevoir (*qqch.*)

la bonne
   couper *a été coupé*
     le fil (téléphonique) (telephone) wire
   décrocher to pick up (telephone receiver)
   l'appareil (*m.*) **(de téléphone)** receiver
   l'écouteur (*m.*) ear piece
   raccrocher to hang up

essayer de + *inf.* to try to
un minitel computerized French telephone system
   un moniteur display unit
un mot a written note
observer/surveiller
un tablier apron

l'inconnu (*m.*) stranger
   donner *qqch.* **à** *qqn*
   échanger *qqch.* **contre** *qqch.*
   livrer to deliver
   un petit paquet a little package
   rester sur le seuil to remain on the threshold
     dehors outside

Questions: vocabulaire

1. Quelle sorte d'appareil téléphonique est-ce?
2. Avant de parler au téléphone, on décroche l'écouteur. Et quand on termine la conversation, que fait-on?
3. Comment s'appelle un petit message écrit?
4. Est-ce que l'inconnu est entré dans le château?
5. Qu'est-ce qu'on avait coupé?
6. Que portait la bonne afin de protéger sa robe?
7. Qu'est-ce que l'inconnu a donné au beau-frère?
8. Qui a reçu des billets?

3. Une entrée fâcheuse en plein jour, cet après-midi-là

1. Quelle heure était-il à ce moment-là?
2. Décrivez l'endroit où cette scène a eu lieu.
3. Juste avant l'entrée fâcheuse, que faisaient le maître et la bonne?
4. Le maître et la bonne étaient debout devant la cheminée. À votre avis, de quoi parlaient-ils?
5. Qui est entré dans la salle à manger à ce moment-là?
6. Quelle a été la réaction de la bonne quand elle a vu la maîtresse? Qu'est-ce qu'elle a fait?
7. La maîtresse s'est arrêtée derrière la table. Quelle pose a-t-elle prise?
8. Comment est-ce qu'elle a regardé ce couple?
9. Le maître avait-il l'air gêné? Décrivez son attitude et ses vêtements.
10. Quelle est votre interprétation du rapport entre le maître et la bonne?

Unité Deux

Une entrée fâcheuse en plein jour, cet après-midi-là

la salle à manger
    une cheminée fireplace
    un feu
    un plateau de fruits et de fromage
    un vase
    du vin rouge
        une bouteille de (vin)
        déboucher to uncork
        un tire-bouchon corkscrew

avoir une liaison amoureuse
    bavarder to chat
    causer to chat
    être amoureux(se) de *qqn*
    être découvert(e)(s) to be caught (doing something)
    être en train de to be in the process of
    se réchauffer to get warm
    trinquer to clink glasses
    tromper *qqn* to deceive, cheat on

la bonne
    être gênée to be embarrassed
    laisser tomber *qqch*.
    rougir to blush

le maître
    un sweater à col roulé

être de bonne humeur
    fumer un cigare
    une veste sport
    faire la cour à *qqn* to court s.o.

la maîtresse
    avoir les mains sur les hanches to have one's hands on one's hips
    des boucles d'oreilles — earrings
    un collier — necklace
    une entrée fâcheuse unfortunate entrance
    entrer
        sans bruit noiselessly
        soudain suddenly
    être fâchée contre *qqn* to be mad at
    être fardée to be made up (with cosmetics)
    être maquillée to be made up (with cosmetics)
    être jalouse (*de qqn*) to be jealous (of s.o.)
    haïr *qqn* to hate s.o.
    lancer un regard plein de colère à *qqn*
    se mettre en colère à to get angry
    regarder *qqn* fixement to stare at s.o.
    une robe collante tight-fitting dress

se fâcher — to get angry

Questions: vocabulaire

1. Avant de verser du vin d'une bouteille, que faut-il faire?
2. De quoi se sert-on pour le faire?
3. Dans quoi est-ce qu'on met des fleurs d'habitude?
4. Qu'est-ce qu'il y avait sur le plateau sur la table?
5. Quelles sont deux expressions ou deux verbes qui décrivent l'acte de parler de sujets quotidiens ou peu importants?
6. Si le maître et la bonne avaient vraiment une liaison amoureuse, comment décririez-vous ce que le maître faisait à sa femme, la maîtresse?
7. S'il fait froid dehors et on rentre chez soi, que peut-on faire devant le feu dans une cheminée?
8. Décrivez le regard que la maîtresse a lancé à la bonne.
9. Qu'est-ce qui est arrivé au verre de vin rouge que tenait la bonne?
10. Où est-ce que la maîtresse avait les mains?
11. Qu'est-ce que la maîtresse portait aux oreilles?
12. Quand la maîtresse a fait son entrée fâcheuse, qu'est-ce que le maître et la bonne étaient en train de faire?
13. Qui semblait être bien maquillé?

Se renseigner

4. Où allait le maître ce soir-là?

1. Quelle heure la pendule indiquait-elle?
2. Situez cette scène par rapport au meurtre.
3. Où était la bonne? Que faisait-elle? Pourquoi, croyez-vous?
4. Décrivez le maître. Quels vêtements portait-il? Où allait-il, apparemment?
5. En considérant ces détails, qu'est-ce que le maître pensait faire ce soir?
6. Quelle sorte d'animal se trouvait devant lui sur l'escalier? Qu'est-ce qu'il représente?
7. Le maître, savait-il que la bonne l'épiait? Pourquoi dites-vous cela?
8. Est-ce qu'il avait l'air d'un homme qui savait qu'il était menacé? Pourquoi ou pourquoi pas?

Unité Deux

Où allait le maître ce soir-là?

l'escalier
    une horloge de parquet
        les aiguilles (*f. pl.*) hands (of clock)
        indiquer l'heure
    au premier étage on (to) the second floor
    au rez-de-chaussée on (to) the first floor

la bonne
    se cacher derrière
        la porte de la cuisine
    être cachée
    épier *qqn* to spy on s.o.
    s'occuper de *qqch.* to take care of s.th.

le chat
    traverser devant to cross in front of
        avoir de la mauvaise chance to have bad luck
        être superstitieux(se)

le maître
    avoir envie de + *inf.* to feel like
    avoir l'habitude de + *inf.*
    avoir l'intention de + *inf.*
    changer de vêtements
        des pantoufles (*f. pl.*)
        une robe de chambre
    monter l'escalier (*conj. avec* **avoir**)
        à pas feutrés softly, with noiseless tread
    prendre un verre avant de
    regarder du coin de l'œil furtivement
    se reposer to rest
    sourire
    tenir *qqch.*
        une boîte de bonbons
        un bouchon cork
        une bouteille de cognac

Questions: vocabulaire

1. Qu'est-ce que le maître montait à ce moment-là?
2. Qu'est-ce qu'il tenait aux mains?
3. De quoi est-ce que le maître venait de changer avant de monter à la salle d'armes?
4. Quelle arme primitive se trouvait en bas de l'escalier?
5. Si on descend un escalier du premier étage, où va-t-on?
6. Dans quelle pièce se cachait la bonne?
7. Si on marche soigneusement, sans faire de bruit, comment marche-t-on?
8. Sur une pendule, qu'est-ce qui indique l'heure?
9. Comment est-ce que le maître regardait de côté?
10. Qui s'occupe de la cuisine?

Se renseigner

5. Ce matin-là, la vieille dame observait...

1. Quelle heure était-il?
2. Où était le maître?
3. Qui s'approchait du château? Qu'est-ce qu'on livrait?
4. Comment savons-nous que le conservateur du musée lui livrait quelque chose de précieux?
5. Quel air avait le maître? Pourquoi?
6. Où se trouvait la vieille dame?
7. Qu'est-ce qu'elle faisait semblant de faire? Que faisait-elle vraiment?
8. Pendant que la vieille dame était assise dans le fauteuil, qui est entré dans la salle de séjour?
9. Où est-il allé et qu'est-ce qu'il s'est mis à faire?
10. Décrivez son attitude. À votre avis, pourquoi avait-il cette attitude? Et que cherchait-il?
11. Imaginez ce que la vieille dame pensait de tout cela.
12. Comment est-ce que nous savons que la vieille dame avait des goûts macabres?
13. À votre avis, à quoi la vieille dame s'intéressait-elle le plus?

Unité Deux

Ce matin-là, la vieille dame observait...

la salle de séjour living or family room
    une armoire de classement a filing cabinet
    une chaise longue lawn (lounge) chair
    donner sur la terrasse
    une porte fenêtre French door

le beau-frère
    s'affoler to panic
    avoir contracté des dettes (*f. pl.*) to have run up debts
    être préoccupé de + *qqch.* to be concerned with s.th.
    fouiller dans *qqch.* to search in, ransack
    jeter *qqch.* **en l'air**
        nerveusement
    perdre
        un billet doux love letter
        une enveloppe
        une facture bill (for payment)
        une lettre

le conservateur du musée
    apporter *qqch.*
    un nœud papillon a bow-tie
        à pois polka dot
    livrer *qqch.* to deliver
        une caisse box
        un objet de valeur something valuable
    recevoir *qqch.*

le maître
    accepter *qqch.*
    donner *qqch.*
    ignorer to be unaware of
    se reposer to rest, relax

le gendarme
    accompagner
    armé(e) armed
    assurer

la vieille dame
    avoir des soupçons (*m. pl.*) (**à l'égard de** *qqn*) to be suspicious (of s.o.)
        un(e) complice accomplice
        un complot plot, conspiracy
        conspirer, comploter to plot
    se demander to wonder
    faire semblant de + *inf.* to pretend to
    des goûts (*m. pl.*) **macabres** gruesome tastes
    une imagination active
    s'intéresser à *qqch.*
    lire
        un roman policier detective novel
    des lunettes (*f. pl.*)
    surveiller *qqn ou qqch.* to watch over, observe
    la toxicologie science of poisons
        faire des recherches (*f. pl.*) **sur** to do research on

---

Questions: vocabulaire

1. Sur quoi donnait la porte-fenêtre de la salle de séjour?
2. Quelles idées est-ce que la vieille dame avait à l'égard du beau-frère?
3. Comment s'appelle l'étude des poisons?
4. Qu'est-ce que le conservateur portait dans les mains?
5. Si vous devez de l'argent à une compagnie, qu'est-ce que la compagnie vous envoie pour demander le paiement?
6. Qu'est-ce que le beau-frère faisait dans l'armoire de classements?
7. Quelle expression verbale décrit son attitude? Ses actions?
8. Comment s'appelle une petite lettre d'amour?
9. Quels objets se trouvaient dans la salle?
10. Si on doit de l'argent à beaucoup de créditeurs, qu'est-ce qu'on a fait?
11. Trouvez le «faux-ami» de «prétendre» (*to claim*) dans la liste de vocabulaire. Formez deux phrases qui illustrent l'usage de chaque expression.

Se renseigner

6. Tard dans l'après-midi, dans la cave...

1. Où se trouvait la vieille dame?
2. En y entrant, qu'est-ce qu'elle avait fait à la porte?
3. Décrivez un peu l'ambiance de la cave. Est-ce qu'on pouvait bien y voir?
4. Qu'est-ce qu'il y avait sur le tonneau devant elle?
5. Que faisait-elle, croyez-vous? (Donnez au moins deux possibilités.)
6. Qui d'autre se trouvait dans la cave à ce moment-là?
7. Quel avait été son reflexe, apparemment, quand il avait entendu la vieille dame à la porte?
8. Est-ce que la vieille l'a vu?
9. Que faisait le jardinier dans la cave? Que tenait-il à la main?
10. Si la vieille dame a ajouté un médicament au cognac, pouvez-vous nous donner une raison pour laquelle elle l'a fait?

Unité Deux

Tard dans l'après-midi, dans la cave...

la cave wine cellar
  une bougie
  il fait noir (obscur, sombre)
  une lampe à huile oil lamp
    éclairer to light
    illuminer to light
    suspendu(e) du plafond suspended from the ceiling
  obscur(e) dark
  un porte-bouteilles wine rack
  un rat
  dans les ténèbres (*f. pl.*) in the dark
  une toile d'araignée spider web
  des tonneaux (*m. pl.*) **(de vin)** casks

le jardinier
  des bottes (*f. pl.*) boots

un chapeau de paille a straw hat
dans l'obscurité (*f.*)
voler *qqch.* to steal s.th.

la vieille dame
  ajouter to add
    un liquide
    un médicament medicine
    du poison some poison
  un capuchon a hooded cape
  se croire seule to believe she is alone
  descendre l'escalier à la cave
  marcher à l'aide d'une canne
  préparer *qqch.*
  verrouiller la porte to bolt the door
  verser to pour

Questions: vocabulaire

1. Qu'est-ce qui se trouvait au-dessus de la tête de la vieille dame?
2. De quoi est-ce que la vieille dame se servait comme source de lumière quand elle est entrée dans la cave?
3. Où avait-on mis les bouteilles de vin dans la cave?
4. Et avant d'être mis dans des bouteilles, où est-ce que le vin vieillissait?
5. Quelle sorte d'animal se trouvait dans l'obscurité de la cave? Quelle sorte d'insecte s'y trouvait aussi?
6. Que fabrique cet insecte?
7. Comment faisait-il dans la cave?
8. Comment marchait la vieille dame?
9. Si on a un liquide dans une bouteille et qu'on veuille le mettre dans une autre bouteille, qu'est-ce qu'on fait pour le transférer?
10. Pourquoi est-ce que la vieille dame se croyait seule?

Se renseigner

7. Des activités suspectes cet après-midi-là

1. À quatre heures cinq, où était le jardinier?
2. Qui est-ce qu'il a vu par la fenêtre?
3. Est-ce que le beau-frère venait de s'habiller?
4. Où était-il? Quel air avait-il?
5. À quoi est-ce qu'il pensait, croyez-vous?
6. Décrivez l'image accrochée au mur à côté du lit du beau-frère.
7. À ce moment-là, dans quelle pièce entrait la vieille dame?
8. Qui est-ce qu'elle y a rencontré?
9. Qu'est-ce qu'il était en train de faire? Considérez ce qu'il tenait aux mains.
10. Qu'avait-il trouvé dans l'étagère?
11. Quand il a vu la vieille dame, comment a-t-il réagi?
12. À votre avis, est-ce que la vieille dame avait raison de se méfier du conservateur du musée? Pourquoi (pas)?

Unité Deux

Des activités suspectes cet après-midi-là

la chambre
  un lit
  une table de chevet bedside table

le beau-frère
  se déshabiller to undress
    être déshabillé
  faire un voyage
  filer à l'anglaise to leave without notice (to take "French" leave)
  un sous-vêtement (un tricot de corps) undershirt

le jardinier
  monter sur une échelle
    pouvoir regarder par la fenêtre
  nettoyer les fenêtres to clean the windows

la bibliothèque library
  un coffre-fort safe
    une serrure de sûreté lock
    la combinaison
  une étagère set of shelves

des masques africains
des rayons (*m. pl.*) shelves
  une lampe de poche flashlight

le conservateur du musée
  embarrassé perplexed, confused
  éviter le regard de *qqn* to avoid someone's look
  faire l'innocent to act innocent
  feuilleter (un livre) to browse in
  grincer des dents to gnash his teeth
  une lampe de poche

la vieille dame
  s'approcher de *qqn* **ou de** *qqch.* to approach s.o. or s.th.
    à pas déterminés determinedly
  un gros châle a large shawl
  être exaspéré(e)
  interroger *qqn*
  se méfier de *qqn* to mistrust s.o.
  surprendre *qqn* **en train de** + *inf.*
  traverser *qqch.*

Questions: vocabulaire

1. Sur quoi se trouvait le réveil du beau-frère?
2. Que portait le beau-frère assis sur le lit?
3. Le jardinier probablement était en train de laver les fenêtres. Sur quoi était-il monté pour le faire?
4. Quelle est l'expression qui décrit l'acte de s'enfuir clandestinement sans le dire à personne? Quelle est l'expression en anglais? Pourquoi, croyez-vous?
5. Puisque le conservateur avait découvert la combinaison, qu'est-ce qu'il aurait pu ouvrir?
6. Où se trouvaient les livres?
7. Quelle sorte de masques se trouvaient sur le mur?
8. Quel est le verbe qui décrit l'acte de regarder rapidement le contenu d'un livre?
9. Comment est-ce que la vieille s'approche du conservateur?
10. Quelle est l'expression qui est l'opposé de «se fier à»?
11. Est-ce que le conservateur a regardé fixement la vieille dame?
12. Combien de rayons avait l'étagère?

8. Ce jour-là, dans la cour

1. Décrivez la cour où se trouvait le jardinier.
2. Qu'est-ce que le jardinier était en train de faire?
3. Où est-ce que le jardinier gardait ses outils?
4. Qui s'est approché du jardinier?
5. Celui-ci a-t-il continué à travailler?
6. Le jardinier a indiqué la cabane à outils. Pourquoi, croyez-vous?
7. Quelle heure était-il?
8. Est-ce que quelqu'un a observé le conservateur et le jardinier en train de se parler dans le jardin? Qui?
9. Pourquoi le beau-frère les observait-il sans vouloir se montrer, à votre avis?
10. Est-ce que le maître et son beau-frère se sont vus?

Unité Deux

Ce jour-là, dans la cour

le jardin
    des abrisseaux (*m. pl.*) shrubs
    une cabane à outils toolshed
        des outils (*m. pl.*)
            une fourche (à foin) pitchfork
            une hache ax
                du bois à brûler firewood
            une pelle shovel
            un râteau rake
            un sécateur shears
            une tondeuse lawn mower
            un transplantoir trowel
                un sac d'engrais sack of fertilizer
    la cour courtyard
    la pelouse lawn
    des rosiers (*m. pl.*) rosebushes
        pousser to grow
    un sentier en dalles a path made out of flagstones
    une souche tree stump
    une statue de Diane
        un arc et des flèches (*f. pl.*) a bow and arrows
        les cheveux en queue de cheval hair in a pony tail
    des tulipes (*f. pl.*)
    le toit roof

le conservateur du musée
    demander des renseignements à *qqn* to ask s.o. for information
    interrompre *qqn ou qqch.* to interrupt s.o. or s.th.

le jardinier
    arracher les mauvaises herbes to pull out weeds
    s'arrêter de + *inf.*
    une cisaille shears
    écouter *qqn*
    engraisser *qqch.* to fertilize s.th.
    être à genoux to be kneeling
    faire du jardinage to garden
        cultiver
        planter
        tailler to trim
    indiquer *qqch.* à *qqn*
        le chemin road, way

le beau-frère
    se cacher derrière
    se méfier de
    vouloir suivre

le maître
    s'informer de
        être au courant de
    regarder par
    surveiller

Questions: vocabulaire

1. Dans quoi est-ce qu'on avait enfoncé la hache?
2. Qu'est-ce qui se trouvait par terre à côté de la souche?
3. Qu'est-ce que le jardinier tenait à la main?
4. De quoi se sert-on pour tondre la pelouse?
5. À quoi sert un râteau?
6. À quoi sert une pelle?
7. Est-ce que le jardinier était debout? Comment était-il?
8. Qu'est-ce que le conservateur demandait au jardinier?
9. Que faisait le jardinier aux rosiers?
10. Nommez cinq outils qui se trouvaient dans la cour.

9. Midi: l'oiseau de proie

1. Quelle heure était-il à ce moment-là?
2. Dans quelle pièce se trouvaient le maître, la maîtresse et le beau-frère?
3. Qu'est-ce qu'il y avait par terre?
4. Est-ce que vous avez vu cette caisse auparavant? Où? Quand?
5. Qu'est-ce qu'on a sorti de la caisse?
6. Décrivez l'attitude du maître, du beau-frère et de la maîtresse.
7. Décrivez la statuette.
8. Apparemment la statuette était importante. Donnez des raisons possibles.
9. Comment est-ce qu'ils fêtaient l'arrivée de l'oiseau?
10. Qui les regardait? D'où? Que faisait-il?

Unité Deux

Midi: l'oiseau de proie

les conspirateurs
   admirer une statuette
   célébrer l'arrivée
   être à l'aise to be at ease
     décontracté(e)(s) relaxed
   faire entrer *qqch.* **en contrebande** to smuggle in
     de la contrebande smuggled goods
     un contrebandier, une contrebandière
     peut-être perhaps
   forcer la caisse
   déclouer *qqch.* to pull nails out from
     des clous (*m. pl.*) nails
     une ficelle string
     un levier crowbar
     un marteau hammer
     des pinces (*f. pl.*) pliers
     un tournevis screwdriver
   se réunir (pour + *inf.*) to meet (to)
   réussir à + *inf.* to succeed in

le beau-frère
   s'accouder sur to lean his elbow on
   croiser les jambes to cross his legs
   goûter les plaisirs de la vie

le jardinier
   jeter un coup d'œil sur to glance at
   passer par to pass by
     en portant des outils

le maître
   s'asseoir sur
   boire du scotch
   porter un foulard to wear a scarf
   savourer le whisky

la maîtresse
   boire un verre
     des boucles d'oreille
   un collier
     un pendantif en pierre fine a jewel pendant
   être debout
   une robe du soir décolletée a low-cut evening gown
   verser l'apéritif

Questions: vocabulaire

1. Quel est un synonyme pour être «à l'aise»?
2. Si on fait entrer une chose de manière illégale, comment est-ce qu'on fait entrer l'objet?
3. Nommez les quatre objets sur la table.
4. Avec quoi est-ce qu'on avait fermé la caisse?
5. Comment est-ce que le beau-frère avait les jambes?
6. À quoi sert un tournevis?
7. À quoi sert un marteau?
8. Combien de personnes se réunissaient dans la salle d'armes?
9. Qu'est-ce qu'on a réussi à ouvrir?
10. Qu'est-ce que la statuette représentait?
11. Comment est-ce qu'on a réussi à ouvrir la caisse?

10. Huit heures: l'inconnu dans le bois

1. Quelle heure était-il quand le jardinier a regardé sa montre?
2. Où était-il?
3. À cette heure-là, est-ce que le maître était toujours en vie?
4. Qu'est-ce que le jardinier a vu de soupçonneux?
5. L'inconnu, comment était-il vêtu? Pourquoi portait-il un tel vêtement?
6. L'inconnu, que portait-il dans la main droite? Et dans la main gauche?
7. Pourquoi pénétrait-il dans le bois? Quelle intention avait-il?
8. À votre avis, qu'avait-il dans le sac?
9. Avez-vous une idée pourquoi le jardinier était dans le bois à cette heure-là?
10. Comment était le sentier, bien sec?

Unité Deux

Huit heures: l'inconnu dans le bois

le bois woods
    des arbres (*m. pl.*)
    des arbustes (*m. pl.*) bushes
    le champignon mushroom
    une chauve-souris bat
        suspendue d'une branche
    un hibou owl
    l'herbe (f.)
    un lapin rabbit
    le lierre ivy
    le pissenlit dandelion
    le sentier path

dans le ciel
    le clair de lune moonlight
    des étoiles (*f. pl.*)
    la lune
    il fait nuit

l'inconnu (*m.*)
    un capuchon hood

chercher un lieu isolé pour + *inf.*
se déguiser to disguise himself
enterrer *qqch.* **ou** *qqn* to bury s.o. or s.th.
pénétrer dans to go into
un sac
    jeté sur l'épaule
salir les chaussures (*f. pl.*) to dirty one's shoes
une silhouette

le jardinier
    reconnaître *qqn* to recognize s.o.
    suivre *qqn* to follow s.o.
    vérifier l'heure (*f.*) to check the time
        à sa montre-bracelet électronique by his digital watch

---

Questions: vocabulaire

1. À quoi sert une pelle?
2. Nommez les trois animaux qui regardaient aussi la scène.
3. Et quel oiseau observait l'inconnu?
4. Il faisait nuit. Que voyait-on dans le ciel?
5. Quelle sorte de lieu cherchait l'inconnu probablement?
6. Où avait-il le sac?
7. Pourquoi est-ce que le jardinier a regardé sa montre?
8. Sur quoi courait l'inconnu?
9. Qu'est-ce qu'il faisait à ses chaussures?
10. Quelles plantes se trouvaient dans le bois?

■ *Préparons-nous!*

L'Interrogation

Encore une activité humaine fondamentale: poser des questions. Pourquoi est-ce que nous posons tant de questions? Simple curiosité? Parfois, oui. Mais les questions servent aussi des fonctions plus essentielles. Tout d'abord, nous posons des questions pour nous renseigner dans les situations pratiques: nous voulons savoir l'heure qu'il est, le prix de quelque chose qu'on pense acheter, le nom d'une personne à qui on doit s'adresser. Puis, nous posons aussi des questions pour nous informer de ce qui se passe autour de nous: on demande les résultats d'un examen, on veut savoir ce qu'est devenu(e) un(e) ami(e) qu'on n'a pas vu(e) depuis longtemps, on s'informe des événements politiques du jour. Et enfin, nous posons des questions pour faciliter nos entretiens° avec les autres: les questions alimentent les conversations et encouragent les gens à s'ouvrir les uns aux autres. Bref, poser des questions, c'est un moyen de nous engager dans le monde et d'entrer en contact avec autrui. Dans cette unité, nous allons donc vous donner les structures grammaticales et communicatives nécessaires pour vous renseigner, pour vous informer et, par extension, pour faire commencer et continuer les conversations.

entretiens: exchanges

LISTE DE CONTRÔLE

Ce qu'il faut savoir	Là où vous pouvez le trouver
Les questions auxquelles on peut répondre *oui* ou *non*	**E.E.**, p. 8
Les questions qui demandent une information	**E.E.**, p. 8
Les questions qui ont pour réponse une personne	**E.E.**, p. 52
Les questions qui ont pour réponse une chose	**E.E.**, p. 57
Les questions qui posent un choix	**E.E.**, p. 63
Les questions qui demandent une définition ou une explication	**E.E.**, p. 68
Les expressions pour préparer une demande d'information	**E.O.**, p. 94
Les expressions pour répondre ou ne pas répondre à une question	**E.O.**, p. 98

Unité Deux

A. Leur premier voyage en Europe. Complétez la conversation suivante en utilisant les expressions suggérées pour poser des questions en phrases complètes. Tenez compte des réponses qui suivent chaque question.

MODÈLE: Nous avons fait notre premier voyage en Europe. (comment)

Comment avez-vous voyagé? ou
Comment avez-vous fait le voyage?

1. **En avion.** Nous avons fait nos réservations longtemps à l'avance. (depuis combien de temps / avoir les billets)
2. Nous les avions **depuis des mois.** Nous sommes allés en France et en Angleterre. (combien de temps / passer en France)
3. **Huit jours** en France. (aimer)
4. **Oui,** moi, j'ai beaucoup aimé la France, mais mon mari a préféré l'Angleterre. (pourquoi)
5. **Parce que mon mari ne parle pas français.** Vous savez, nous avons vu vos parents. (quand)
6. **Le jour de notre départ pour Londres.** (où / être)
7. **À l'aéroport.** Nous partions et eux, ils arrivaient. (d'où)
8. Ils arrivaient **de Francfort.** (avoir l'air content)
9. **Non,** pas vraiment. Je crois qu'ils étaient très fatigués. Il était 8h du soir et leur avion avait du retard. (à quelle heure / devoir arriver)
10. **À midi,** je pense. De toute façon, nous n'avons pas eu beaucoup de temps à leur parler.

B. Les vacances de Lulu et de Gaspar. Lulu, l'amie de Gaspar, vous montre leurs photos de vacances. Utilisez les mots suggérés pour poser des questions au sujet des photos. Un point d'interrogation (**?**) indique une question à laquelle on peut répondre oui ou non.

MODÈLE: où / pourquoi / ?

Où est-ce que Lulu et Gaspar ont passé leurs vacances?
Pourquoi ont-ils choisi... ?
Est-ce qu'ils se sont bien amusés?

1. qu'est-ce que / où / ?   **2.** comment / pourquoi / ?   **3.** pourquoi / est-ce que / ?

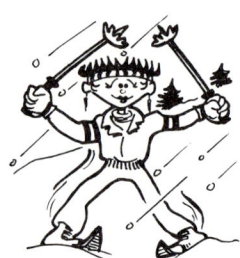 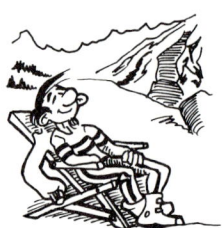 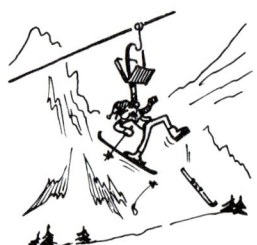

Se renseigner

4. comment / combien de / ? **5.** où / quand / ? **6.** à quelle heure / comment / ?

VÉRIFICATION: Les questions qui ont pour réponse une personne

Ex. A, B and C, **E.E.**, pp. 54–57.

C. Il a du mal à parler. Un ami vous raconte l'histoire d'André, le héros du «Paradis perdu». Malheureusement, cet ami rentre de chez le dentiste et a beaucoup de mal à parler. Par conséquent, vous avez de la difficulté à comprendre ce qu'il dit. En particulier, vous n'entendez pas clairement les noms des personnes. Posez des questions pour préciser l'identité des noms en italique.

MODÈLE: Le matin du 28 juillet *mon ami André* s'est levé très tard.

Qui s'est levé très tard?

1. Pendant qu'il allait au travail, *un camionneur* l'a engueulé.
2. Quand il est arrivé au travail, il a dit bonjour à *son assistante,* mais elle ne lui a pas répondu.
3. Puis André a insulté *le fils du patron.*
4. À midi, il a fait une promenade. En traversant le pont des Arts, il a vu *deux amoureux* appuyés contre la balustrade.
5. À ce moment-là il a décidé de quitter son travail et de changer sa vie. Après avoir acheté des vêtements de sport, il est allé à l'aéroport, où *le contrôleur de passeports* l'a regardé d'un air méfiant.
6. Quand il est monté dans l'avion, l'hôtesse de l'air *lui* a parlé très gentiment. Il a pensé qu'il avait bien fait de partir.
7. Au Club Méditerranée André a dîné avec *deux femmes* très ennuyeuses.
8. Puis *son partenaire* voulait gagner au tennis à tout prix.
9. Et ce partenaire a invité André à passer la semaine suivante chez *lui.*
10. André n'en pouvait plus. Il s'est enfui vers une île déserte. Hélas! En arrivant dans l'île, il n'a pas remarqué *les ouvriers* qui se préparaient à faire exploser de la dynamite! Et voilà pourquoi André est à l'hôpital.

Unité Deux

D. Échange. En variant les formes de questions, demandez à un(e) camarade de classe les questions suivantes. Votre camarade vous répondra selon sa situation personnelle.

MODÈLES: qui il/elle cherchait ce matin

—*Qui cherchais-tu ce matin?* ou
—*Qui est-ce que tu cherchais ce matin?*
—*Je cherchais mon professeur de maths (ma sœur, etc.).*

1. qui il/elle a vu ce matin
2. chez qui il/elle va passer la soirée
3. avec qui il/elle aime faire ses devoirs
4. qui il/elle admire beaucoup
5. pour qui il/elle a beaucoup de respect
6. qui parle le plus rapidement de sa famille
7. à qui il/elle ressemble le plus dans sa famille
8. qui est le(la) meilleur(e) étudiant(e) de sa famille
9. qui il/elle va retrouver après la classe

E. Je ne comprends pas très bien... Vous regardez les images 2 et 3 du «Château dans le bois» (pages 65 et 67), mais vous ne comprenez pas exactement ce qui se passe. Utilisez les verbes suivants et la forme convenable de **qui** pour formuler des questions que vous pourriez poser au sujet de l'histoire. Attention: il est souvent possible de poser plus d'une question avec le même verbe. N'oubliez pas de tenir compte des prépositions qui suivent certains verbes.

MODÈLES: essayer de téléphoner

Qui essaie de téléphoner?
À qui est-ce qu'elle (la bonne) essaie de téléphoner?

Image 2 (Aux deux bouts du couloir...)

1. parler
2. donner
3. chuchoter

Image 3 (Une entrée fâcheuse en plein jour...)

4. bavarder
5. faire la cour
6. découvrir
7. être jaloux(se)
8. tromper
9. être amoureux(se)
10. être fâché(e)

VÉRIFICATION: Questions qui ont pour réponse une chose

Ex. D-G, **E.E.**, pp. 30–34

F. Lui aussi a du mal à parler. Cette fois c'est André (le héros du «Paradis perdu», pages 21–36) qui parle. Vous lui rendez visite chez lui, où il est en train de récupérer. Mais il ne parle pas très clairement et vous n'entendez pas les choses qu'il mentionne. Posez des questions pour préciser les noms de choses en italique.

MODÈLE: Quand je me suis réveillé ce matin, j'ai jeté *mon réveil* par terre.

Qu'est-ce que tu as jeté par terre?

1. Je me suis levé, mais je n'ai pas pu trouver *mon rasoir électrique.*
2. Par conséquent, j'ai dû me raser avec *mon vieux rasoir à lames.* Je me suis coupé une dizaine de fois.
3. Je me suis enfin habillé et je me suis préparé quelque chose à manger. Mais pendant que je regardais le journal, *le lait* a débordé et je n'ai pas pu prendre mon café au lait.
4. J'ai oublié *ma serviette* et j'ai dû retourner à la maison. Par conséquent, je n'ai pas été à l'heure pour mon travail.
5. Quand je suis arrivé au bureau, *l'ordinateur* était en panne. Donc, je me suis dit: «C'est pas la peine de rester. Je vais m'en aller.»
6. Je suis allé au grand magasin où je me suis acheté *un masque sous-marin.*
7. Puis je me suis embarqué dans *un Boeing 737* pour le Club Méditerranée.
8. J'espérais pouvoir me reposer sur la plage, mais il y avait *des radio-cassettes* qui me cassaient les oreilles.
9. Le soir je me trouvais à table avec deux femmes très ennuyeuses. Pendant qu'elles parlaient, moi, je songeais à *une île déserte où je serais seul.*
10. Donc, je me suis enfui dans un canot pneumatique et j'ai trouvé mon paradis—une petite île avec des palmiers, des plantes tropicales, des papillons. Hélas! Je n'ai pas vu *le panneau qui disait: Défense d'entrer: Chantier.* Et me voici dans mon fauteuil roulant!

G. Échange. Demandez à un(e) de vos camarades de classe:

MODÈLES: ce qu'il/elle cherchait ce matin

—*Qu'est-ce que tu cherchais ce matin?* ou
—*Que cherchais-tu ce matin?*
—*Je cherchais mon livre de géologie.*

1. ce qu'il/elle a fait ce matin avant de venir en classe
2. ce qu'il/elle a vu ce matin en quittant sa chambre(maison)
3. ce qui s'est passé hier
4. ce qui lui fait peur

5. à propos de quoi il/elle aime discuter
6. ce qu'il/elle aime faire le dimanche
7. à quoi il/elle pense souvent
8. ce qu'il/elle s'est acheté récemment
9. avec quoi il/elle préfère écrire

H. Je ne comprends pas très bien... Vous regardez les images 5 et 6 du «Château dans le bois» (pages 71 et 73), mais vous ne comprenez pas exactement ce qui se passe. Utilisez les verbes suivants et la forme convenable de **que** pour formuler des questions que vous pourriez poser au sujet de l'histoire. Attention: il est souvent possible de poser plus d'une question avec le même verbe. N'oubliez pas de tenir compte des prépositions qui suivent certains verbes.

MODÈLES: chercher

Qu'est-ce que le beau-frère cherchait dans le bureau? ou
Dans quoi est-ce que le beau-frère cherchait la lettre perdue?

Image 5 ... (la vieille dame observe...)

1. lire
2. s'intéresser
3. livrer
4. être
5. être préoccupé
6. donner

Image 6 ... (dans la cave...)

7. voler
8. préparer
9. ajouter
10. éclairer

I. L'information journalistique. Quand un(e) journaliste raconte un événement, il/elle doit répondre généralement aux questions: **où, quand, quoi, comment, qui.** Lisez l'article suivant, puis répondez aux questions là-dessus.

Amiens: elle meurt avec ses trois filles dans un incendie

Une mère et trois de ses filles âgées de dix à quinze ans ont péri dans l'incendie de leur maison, vraisemblablement accidentel, dans la nuit de samedi à dimanche à Corbie, près d'Amiens (Somme). Le père, choqué, et la dernière des filles du couple, légèrement brûlée, ont été transportés au C.H.U.° d'Amiens. «Aucun° élément suspect» n'a été relevé° près de l'habitation d'un étage de M. Jean-Louis Harzic, quarante-trois ans, qui n'exerce pas de profession précise, mais qui amassait chez lui des cartons qu'il récupérait.

C.H.U.: university hospital
aucun: no
relevé: found

Le Figaro, lundi 3 mars 1986

1. Qui est mort?
2. Comment est-ce qu'elles ont péri?
3. Quand est-ce qu'elles sont mortes?
4. Où est-ce qu'elles habitaient?
5. Où se trouve Corbie?
6. Est-ce que l'incendie était un accident?
7. Qui est-ce qu'on a transporté à l'hôpital?
8. Comment s'appelle le père?
9. Qu'est-ce que le père faisait comme profession?
10. Qu'est-ce qu'il ramassait chez lui?

Maintenant, lisez les deux articles suivants et posez autant de questions que possible à leur sujet. Utilisez les différentes sortes d'expressions interrogatives que vous avez étudiées.

LE FIGARO
premier quotidien national français

Hauts-de-Seine: il blesse son voleur

Un chef de chantier° de trente-neuf ans, Georges Levasseur, a blessé d'un coup de carabine° un jeune homme de dix-neuf ans, mardi soir à Antony (Hauts-de-Seine), qui s'apprêtait à lui dérober° sa voiture. Le jeune homme, Pascal Milliez, domicilié à Antony, blessé à la cuisse gauche, a été retrouvé par les policiers dans un hôpital de Massy (Essonne) où il s'était présenté pour recevoir des soins. M. Levasseur a été laissé en liberté.

Le Figaro, jeudi 10 avril 1986

chantier: construction site

carabine: rifle
dérober: steal

Zucco repéré° en Haute-Provence

Les gendarmes ont repéré samedi à deux reprises le «*nouvel ennemi numéro un*», l'Italien Roberto Zucco, vingt-six ans, dans les Alpes-de-Haute-Provence avant de perdre complètement sa trace hier, malgré la multitude de barrages° mis en place dans la région. Le «*tueur fou*», auteur du meurtre d'un policier à Toulon le 21 janvier dernier et de nombreuses agressions, aurait été aperçu° par un particulier au volant d'une Opel noire, immatriculée° dans les Hautes-Alpes, dans un parking de Sainte-Tulle, non loin de Manosque, avant d'être formellement identifié par un gendarme, près du Peyruis.

Depuis, les patrouilles° de toutes les unités de la gendarmerie de Château-Arnoux et Sisteron, dans la vallée de la Durance, restent en alerte tandis que la surveillance se poursuit dans les Hautes-Alpes, l'Isère, la Vaucluse et la Savoie. Rappelons que c'est à Château-Arnoux que Roberto Zucco, alias «*André*», aurait enlevé°, en avril 1987, le Dr Astoul dont on a retrouvé le corps, en octobre dernier, à Epersy (Savoie).

Le Figaro, lundi 22 février 1988

repéré: spotted

barrages: roadblocks

aurait été aperçu: was allegedly seen
immatriculée: registered

patrouilles: patrols

aurait enlevé: supposedly kidnapped

Unité Deux

VÉRIFICATION: Questions qui posent un choix

Ex. H, I, and J, **E.E.,** pp. 65–67.

J. Le cousin de votre ami(e). Votre ami(e) vous parle de son cousin, Mathias. Vous réagissez à ce que dit votre ami(e) en posant une question avec la forme convenable de **quel** ou de **lequel**.

MODÈLES: —*Mathias fait ses études à une université très connue.*
—*Ah, oui! À quelle université (fait-il ses études)?*

—*Quand il y est arrivé, il hésitait entre deux spécialités—l'histoire et la philosophie.*
—*Ah, bon! Laquelle est-ce qu'il a choisie?*

1. La résidence où il habite a un nom très amusant.
2. Cette résidence a vingt étages. Mathias habite en haut.
3. On peut avoir une chambre à deux personnes ou une chambre à trois personnes.
4. Il a un téléphone dans sa chambre. Tu peux lui téléphoner si tu veux.
5. Tu ne vas pas croire le prix d'un repas au restaurant universitaire. C'est vraiment très bon marché.
6. Il y a certains cours qui sont obligatoires pour tous les étudiants.
7. Au lycée Mathias étudiait le français et l'espagnol. À l'université il n'a pas le temps d'étudier les deux langues. Il a fallu choisir.
8. Normalement Mathias n'aime pas les cours qui se réunissent à 8h du matin. Lui, il se couche très tard d'habitude.
9. Il y a trois cours de psychologie pour les débutants. Un des cours est meilleur que les autres.
10. Il y a aussi trois cours de mathématiques pour les débutants. On a besoin d'un de ces cours si on veut se spécialiser en sciences économiques.

Se renseigner

K. Échange. D'abord, posez des questions à un(e) camarade à propos des sujets suivants. Votre camarade vous répondra selon sa situation personnelle.

MODÈLE: la capitale de l'état où il/elle est né(e)
—*Quelle est la capitale de l'état où tu es né(e)?*
—*Olympia (St. Paul, Harrisburg, etc.).*

1. le sport qu'il/elle préfère
2. l'heure de son lever ce matin
3. son adresse et son numéro de téléphone
4. le journal qu'il/elle lit d'habitude
5. le prénom de son père
6. le nom de famille de sa mère
7. les cours qu'il/elle suit ce semestre (trimestre)
8. sa chanson favorite
9. son chanteur préféré
10. la couleur des yeux de son (sa) meilleur(e) ami(e)

Ensuite, proposez à votre camarade les choix indiqués ci-dessous. Il/elle choisira selon ses préférences.

MODÈLE: trois pays à visiter
—*Lequel de ces trois pays est-ce que tu aimerais visiter—l'Espagne, l'Italie ou la Grèce?*
—*Moi, j'aimerais bien visiter la Grèce.*

11. trois voitures à avoir
12. trois groupes musicaux à entendre
13. trois films à voir
14. trois villes (pays) à visiter
15. trois restaurants où dîner

L. Un portrait: Chris Isaak. Les revues françaises et canadiennes s'intéressent beaucoup aux célébrités américaines. Le portrait suivant du chanteur américain Chris Isaak a paru dans une revue de musique populaire canadienne, *Fan Club*. Lisez ce portrait, puis composez au moins dix questions que le(la) journaliste a sans doute posées à Chris Isaak en cherchant des renseignements pour son article.

Chris Isaak

Chris Isaak est né à Stockton, Californie, durant l'été 1956, seulement trois mois après qu'Elvis Presley connaît son premier grand succès avec *Heartbreak Hotel*. À l'âge de 5 ans, Isaak imite déjà le King en utilisant un morceau de bois que son père avait taillé° en forme de guitare. À 8 ans, il portait une perruque° Beatles confectionnée à partir d'un vieux tapis, prétendant être Ringo Starr et s'imaginant être poursuivi° par des jolies filles.

Chris Isaak atteint la maturité en découvrant *The Sun Sessions*, les enregistrements classiques de Presley des années 50; il pense alors, «Je peux

taillé: carved
perruque: wig
poursuivi: pursued

aussi le faire.» À 23 ans, sa mère l'aide à louer un appartement d'une pièce délabré° à San Francisco; il y forme son premier groupe, et encore celui qu'il possède aujourd'hui, nommé d'après le nom de l'une de ses guitares, *Silvertone*. À 24 ans, Isaak rencontre Erik Jacobsen, le réalisateur° de l'un des meilleurs groupes des années 60, *The Lovin' Spoonful*.

délabré: dilapidated

réalisateur: producer

Chris a maintenant 30 ans, et il est réellement poursuivi par les jolies filles. Ses deux albums sont acclamés par tous les critiques d'Europe et des États-Unis. Il a été approché par des réalisateurs d'Hollywood, et plus d'un journal à sensations l'a surnommé le «Nouveau Elvis». Parmi ses fans les plus endurcis°, on retrouve les sommités° de la pop contemporaine: Madonna, Ricky Lee Jones, Emmylou Harris, John Fogerty, et même le célèbre photographe de la maison Calvin Klein, Bruce Weber, qui a accepté de réaliser la pochette° de son récent disque pour une somme plus modique° que son habituel tarif de 10 000 dollars par jour.

endurcis: devoted
sommités: top figures

pochette: cover
modique: modest

C'est dire à quel point brille la bonne étoile° de Chris Isaak. Même après avoir refusé un rôle pour le film de Jonathan Demme, *Something Wild*, et celui de David Lynch, *Blue Velvet* (il avait son album à terminer), il semble avoir toujours fait les bons choix. Son dernier microsillon°, intitulé *Chris Isaak*, reconstitue l'esprit des Beatles, Elvis Presley et Roy Orbison—surtout lors de ses chansons tristes—mais dans un contexte radicalement modern et approprié aux années 80.

brille...: lucky star is shining

microsillon: record

Fan Club, 31 octobre 1987

VÉRIFICATION: Questions qui demandent une définition ou une explication

Ex. K and L, **E.E.,** pp. 69–70.

M. Vous voulez savoir... Choisissez une des expressions interrogatives suivantes—**que veut dire, que signifie, qu'est-ce que c'est que**—et posez des questions à partir des mots suivants:

1. superstitieux
2. le socialisme
3. l'urbanisation
4. en avoir marre
5. un ordinateur
6. des palmes
7. bâiller
8. rater
9. une poêle
10. à contre-cœur

N. Des mots à définir, des mots à expliquer. Un(e) camarade de classe va vous demander de définir ou d'expliquer les mots et les expressions qui suivent. Utilisez les extraits des dictionnaires pour donner une réponse convenable.

MODÈLES: chuchoter

—*Que veut dire le mot «chuchoter»?*
—*«Chuchoter» veut dire «parler bas, indistinctement».*

un poignard

—*Qu'est-ce que c'est qu'un poignard?*
—*Un poignard? C'est un couteau. Il est blanc et il a une lame courte et assez large. La lame est pointue.*

1. épier
2. un tire-bouchon
3. la toxicologie
4. faire la cour à
5. un complot
6. coupable
7. ignorer
8. de la contrebande

complot, *n.m.* Projet concerté secrètement contre la vie, la sûreté de *qqn*, contre une institution.

contrebande, *n.f.* **1.** Trafic par lequel on introduit clandestinement dans un pays des marchandises prohibées ou sur lesquelles on n'acquitte pas les droits de douane   **2.** Marchandises ainsi introduites.

coupable, *adj. et n.* Se dit d'un être animé qui est l'auteur ou le responsable d'une faute.

cour, *n.f.* Ensemble des personnages qui entourent un souverain (un roi, une reine). **faire la cour à,** chercher à plaire à une femme, à gagner son cœur par toutes sortes d'attentions

épier, *v. tr.* Observer attentivement et secrètement (*qqn*, un animal).

ignorer, *v. tr.* Ne pas connaître, ne pas savoir.

tire-bouchon, *n.m.* Instrument formé d'une hélice de métal et d'un manche qu'on enfonce en tournant dans le bouchon d'une bouteille pour le tirer, pour le fair sortir.

toxicologie, *n.f.* Science relative aux poisons, à leurs effets sur l'organisme.

Larousse de la langue française

O. Vous cherchez des précisions. Quand on vous raconte une histoire, vous aimez interrompre la personne qui la raconte pour montrer votre intérêt et pour chercher des précisions. Lisez l'histoire suivante; chaque fois que vous voyez un astérisque (*), posez une question convenable. Utilisez toutes les formes interrogatives que vous avez étudiées. Il est souvent possible de poser plus d'une question à l'endroit indiqué.

MODÈLES: C'était quelques semaines après mon voyage. (*)

—*Quand est-ce que tu as fait un voyage?*
—*Où est-ce que tu es allé(e)?*
—*Je ne savais pas que tu avais fait un voyage. Est-ce que tu t'es bien amusé(e)?*

J'étais à la maison et je lisais. Tout d'un coup le téléphone a sonné. (*) C'est ma fille qui a répondu. (*) C'était pour elle. (*) C'est toujours pour elle. Son petit ami lui téléphone plusieurs fois par jour. (*) J'ai donc repris mon livre, mais il ne m'intéressait pas beaucoup. Je m'ennuyais. (*) J'ai donc décidé de proposer quelque chose à ma femme (mon mari). (*) Elle(Il) était d'accord pour organiser un dîner, donc nous avons fait une liste d'amis à inviter. (*) Ma femme (mon mari) devait sortir avec quelqu'un ce soir-là. (*) Donc, c'était à moi de téléphoner aux amis pour faire les invitations. Mais téléphoner, ce n'était pas la première chose à faire. (*) D'abord, il fallait que je pense à quelque chose de sensationnel à préparer. Mais pour faire ça, j'avais besoin de quelque chose. (*)

Après avoir beaucoup cherché, j'ai retrouvé le vieux livre de cuisine de ma mère. (*) Je voulais regarder une recette dont je me souvenais. (*) Ah, quel plaisir! Je pouvais donc inviter les amis pour samedi soir et je pourrais goûter encore une fois à mon plat favori. Maintenant, il fallait téléphoner. J'étais sûr(e) que ma fille aurait fini de parler avec son ami. Ils étaient au téléphone depuis très longtemps. (*) Mais quand je lui ai demandé de raccrocher, sa réponse n'était pas très gentille! (*) Elle a dit qu'ils faisaient leurs devoirs au téléphone et qu'ils avaient un examen le lendemain sur le SMIC°. (*) À ce moment-là, je me suis fâché(e) et je lui ai donné encore un quart d'heure à parler. Enfin, j'ai pu me servir du téléphone. Je devais appeler les Croizé, les Bietry et les Abonneau. Mais je n'ai pas eu de chance! Les uns n'étaient pas à la maison, les autres n'étaient pas libres. (*) J'étais au désespoir! Que faire? Alors, tu peux deviner ce que j'ai décidé de faire? (*) Non? Eh bien, je me suis préparé la recette de ma mère et j'ai tout mangé moi-même. (*) Ah! Ma femme (mon mari) n'était pas encore rentré(e) et ma fille, elle était de nouveau au téléphone.

SMIC: *salaire minimum interprofessionnel de croissance*

■ *Pour communiquer*

Comment demander et donner des renseignements

En général, il n'est pas très poli de commencer une conversation par une question sans aucun préambule°. Normalement, dans la situation la plus banale, on commence toujours par entrer en contact avec la personne à qui on va poser la question. Voici des expressions qu'on peut utiliser pour aborder° quelqu'un dans l'intention de lui demander un renseignement.

préambule: preliminaries

aborder: to approach

Se renseigner

Vous abordez un(e) inconnu(e) dans la rue

Pardon, (Monsieur, Madame, Mademoiselle)...
Excusez-moi, (Monsieur, Madame, Mademoiselle)...
S'il vous plaît, (Monsieur, Madame, Mademoiselle)...

Vous abordez quelqu'un que vous connaissez

Dis donc, tu peux me dire...
Dis, tu ne sais pas...

Vous vous apprêtez à interviewer quelqu'un

Je m'appelle... Je suis journaliste (étudiant(e))... Je fais un reportage (prépare un devoir) sur... Est-ce que vous auriez le temps de répondre à quelques questions?

P. Situations pratiques. Commencez la conversation dans les situations suivantes en utilisant une expression convenable pour aborder la personne indiquée. Posez aussi votre première question.

MODÈLE: Vous êtes dans la rue. Vous cherchez la gare routière (*bus station*). Vous voyez un homme au coin qui attend un feu vert.

Pardon, Monsieur. Est-ce que vous pourriez me dire où se trouve la gare routière?

1. Vous êtes dans la rue. Vous cherchez la rue Vaillant. Vous voyez une femme qui attend à un arrêt d'autobus.
2. Vous êtes au marché. Vous voulez chercher un marchand de fromages. Vous voyez un homme qui a plusieurs fromages dans son filet.
3. Vous êtes au café avec un(e) ami(e). Vous voulez savoir l'heure du prochain film au cinéma Michelet.
4. Vous n'avez pas été au cours. Vous téléphonez à un(e) camarade de cours pour apprendre les devoirs à préparer pour le lendemain.
5. Vous faites une enquête pour votre cours de français. Il s'agit de trouver les styles de peinture que préfèrent des Français d'âges différents. Vous êtes dans le hall d'un musée où vous voyez un monsieur et une dame qui attendent quelqu'un.
6. Vous devez interviewer un(e) étudiant(e) francophone pour votre cours de français. Vous voyez un(e) étudiant(e) qui vient de la Côte-d'Ivoire. Il/elle déjeune au restaurant universitaire.

Il existe, bien entendu, un grand nombre de contextes où on pose des questions afin de se renseigner. Il serait impossible de les examiner toutes en détail. Nous allons donc en choisir trois et nous essaierons de vous donner une idée de la variété des questions qu'on peut poser.

Vous êtes dans la rue

Vous avez l'heure, s'il vous plaît?
Vous pourriez me dire l'heure qu'il est?

Où est la gare (le musée, l'arrêt des autobus), s'il vous plaît?
Est-ce qu'il y a un bureau de poste (une pharmacie, une banque) près d'ici (dans le quartier)?
L'avenue Sémard, elle est près d'ici?
À quelle heure ouvre (ferme) le musée?
Est-ce que le magasin est ouvert (fermé) le lundi?
Est-ce qu'il faut payer pour entrer? Est-ce que l'entrée est gratuite?

Vous êtes dans un magasin

(Est-ce que) vous avez... ?
Vous en avez (en une autre couleur, dans une autre taille)?
Vous ne savez pas où je pourrais trouver... ?

C'est combien?
Vous pourriez me dire le prix de... ?
C'est en solde?

Vous interviewez quelqu'un

D'où êtes-vous?
C'est où (... se trouve où) exactement?
Quel temps fait-il... ?
Où est-ce que vous habitez actuellement?
Vous retournez à (au, en) ... souvent?

Vous êtes combien dans votre famille?
Quel est le métier de votre... ?
Que fait... ?
Quel âge a (ont)... ?

Quel(le)(s) est (sont) votre (vos)... préféré(e)(s)?
Quel(le)(s)... aimez-vous particulièrement?

Q. Encore des situations. Avec un(e) camarade de classe, jouez de petites scènes qui correspondent aux situations suivantes. Une personne va demander des renseignements; l'autre va répondre à ses questions en utilisant l'information donnée. Ne vous limitez pas aux questions suggérées ci-dessus.

1. Vous attendez à la gare d'Avignon depuis plusieurs minutes. Vous n'avez pas de montre. Il est important que vous soyez à la gare de Marseille-St.-Charles dans une heure. Il arrive une autre personne qui attend le train.

Numero du train		617	1502/3	289	3537/6	5053	621	805	821	671	4927	625	5024/5
Notes a consulter		1	2	3	4	5	6	7	8	9	10	11	12
Paris-Gare-de-Lyon	D	12.00				12.39	13.00	13.24	13.24	13.34		14.00	
Dijon-Ville	D		12.20			15.45							
Macon-Ville	D		13.29			17.01							
Lyon-Part-Dieu	D	14.02	14.11			17.49	15.10			15.38		16.08	16.15
Lyon-Perrache	D	14.10				18.12	15.18			15.46	16.12	16.15	
Valence	D		15.10			20.01		16.17	16.17		17.28		17.15
Orange	D					21.05							
Avignon	D		16.13	16.25		21.20		17.17	17.14				18.17
Arles	D		16.34	17.20	17.46								
Marseille-St-Charles	D		17.33		18.44			18.10					19.13

2. En vous promenant dans la ville, vous vous perdez. Vous vous trouvez dans un parking, mais vous ne savez pas où vous êtes exactement. Vous voulez trouver un bon restaurant, puis vous voulez regagner votre hôtel. Vous voyez quelqu'un assis sur un banc en train de lire son journal.

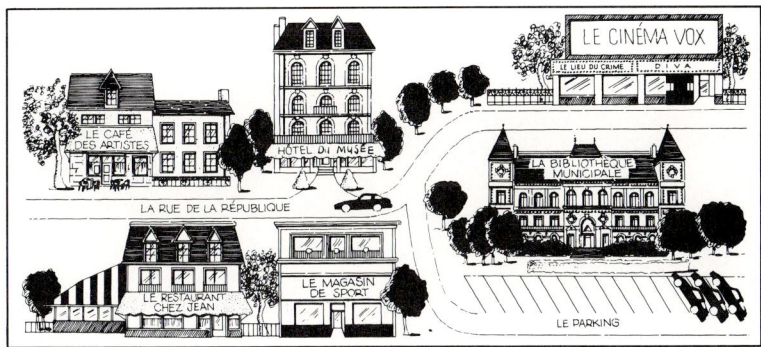

3. Vous venez d'arriver en avion, mais on a perdu votre valise. Vous allez à un magasin. Vous avez besoin d'un jean, de quelques tee-shirts et d'un pull. Vous trouvez un vendeur (une vendeuse).
4. Vous devez interviewer un(e) étudiant(e) nouvellement arrivé(e) de France pour le journal de votre université. Il faut vous renseigner sur sa ville d'origine, sur sa famille, sur ses intérêts et sur ses premières impressions des États-Unis.

Unité Deux

Jusqu'ici nous avons supposé qu'on réponde à toutes les questions que vous posez. Mais il arrive souvent qu'on ne peut pas ou qu'on ne veut pas répondre à une question. En effet, avant de répondre ou de ne pas répondre, d'habitude on signale son attention par une petite expression. Voici quelques expressions qui permettent de préciser votre intention quand on vous pose une question.

Vous pouvez et vous voulez répondre à la question

Pourriez-vous me dire... ?
   Oui, bien sûr...
   Mais oui...
S'il vous plaît, où est... ?
   Je pense que...
   Attendez, il me semble que...
   Voyons... si je ne me trompe°...

si je ne me trompe: unless I'm mistaken

Vous voulez répondre, mais vous ne pouvez pas

Est-ce que vous pourriez me dire... ?
À quelle heure... ?
   Je suis désolé(e), mais je ne sais pas.
   J'aimerais bien vous aider, mais je ne peux pas vous le dire.
Je regrette... je l'ignore...

Vous ne pouvez pas répondre

La rue... , est-elle près d'ici?
Dis donc, tu ne pourrais pas me dire... ?
   Je ne sais pas du tout.
   Aucune idée.

Vous ne voulez pas répondre

Quel âge... ?
Dis, tu ne veux pas me dire... ?
   Je préfère ne pas répondre à cette question.
   Franchement, cela (ça) ne vous (te) regarde pas.

R. **Comment allez-vous répondre?** Imaginez qu'on vous pose les questions suivantes. Répondez ou ne répondez pas aux questions en signalant votre attitude à l'égard de la question.

> MODÈLE: Dis, tu sais quel âge a Martine?
> *Mais oui, elle a 21 ans.* ou
> *Aucune idée.*

1. Dis-moi, tu peux me dire à quelle heure finit cette classe?
2. Excusez-moi, pourriez-vous me dire où sont les toilettes?
3. S'il vous plaît, est-ce qu'il y a un petit hôtel pas trop cher près du campus?
4. Pardon, voudriez-vous bien me donner le numéro de téléphone de votre professeur?
5. S'il vous plaît, l'avenue Centrale, elle est près d'ici?
6. Pardon, pourriez-vous me dire l'heure qu'il est?

■ *À vous, maintenant!*

A. **Débrouillez-vous!** Vous et un(e) camarade de classe allez jouer les situations décrites sur les fiches qu'on vous donnera. Une personne va demander des renseignements; l'autre va en donner.

B. **Une scène à jouer.** Avec des camarades, en vous inspirant du «Château dans le bois» (page 63), préparez et jouez pour la classe une des scènes suivantes:

1. L'enquête de l'inspecteur: L'inspecteur arrive sur le lieu du crime et interroge les témoins afin de trouver le(la) coupable. Les témoins s'accusent les uns les autres.
2. Le procès°: On a accusé quelqu'un d'avoir tué le maître du château. Le procureur° et l'avocat interrogent les témoins. C'est à la classe de décider de l'innocence ou de la culpabilité de l'accusé(e).   **procès**: trial
    procureur: prosecutor
3. Le meurtre: Vous montrez à vos camarades de classe ce qui est arrivé dans la salle d'armes à 19h50 la nuit du meurtre. Vous pouvez leur montrer d'autres scènes qu'ils n'ont pas vues pour qu'ils comprennent mieux ce qui s'est passé.

C. **Une histoire.** Un(e) de vos camarades de classe vous raconte une histoire—quelque chose d'amusant ou d'intéressant ou d'effrayant°—qui lui est arrivé (ou qui est arrivé à une personne qu'il/elle connaît). Vous interrompez continuellement l'histoire pour préciser tous les détails qui vous intéressent.   **effrayant**: frightening

Unité Deux

D. Une interview. On vous a demandé de faire une enquête° sur les gens qui parlent français. Vous interviewez un membre de votre classe ou, si vous pouvez, vous invitez un(e) étudiant(e) française(e) ou francophone à venir en classe pour être interviewé(e).

enquête: report

E. Un cocktail. Vous jouez le rôle de la personne indiquée sur la fiche qu'on vous a donnée. Vous avez été invité(e) à un cocktail. Vous êtes parmi les premiers à y arriver et l'hôtesse, Mme Delaforte, veuve et patronne des arts, n'est pas encore arrivée. Sa voiture est tombée en panne. La bonne vous a fait entrer et c'est à vous de vous présenter aux autres invités. Vous devez faire la connaissance d'au moins deux personnes et découvrir certaines choses sur leur vie: profession, goûts, passé, désirs, rêves, etc. Ensuite, on va vous demander de faire un petit reportage sur ce que vous avez appris.

F. Le paradis perdu. Vous êtes au café avec André, qui est maintenant en bonne forme. Vous l'interrogez afin d'apprendre ce qu'il pense de son travail, des vacances, et du stress de la vie moderne.

G. Une narration collective. Avec quelques camarades de classe, vous choisissez une des photos qui montrent des scènes tirées de films français à la page 50. Vous faites une liste de questions inspirées par cette photo, puis vous donnez votre liste à un autre groupe d'étudiants, qui doit composer une histoire cohérente capable de répondre à toutes vos questions.

R. **Comment allez-vous répondre?** Imaginez qu'on vous pose les questions suivantes. Répondez ou ne répondez pas aux questions en signalant votre attitude à l'égard de la question.

MODÈLE: Dis, tu sais quel âge a Martine?
Mais oui, elle a 21 ans. ou
Aucune idée.

1. Dis-moi, tu peux me dire à quelle heure finit cette classe?
2. Excusez-moi, pourriez-vous me dire où sont les toilettes?
3. S'il vous plaît, est-ce qu'il y a un petit hôtel pas trop cher près du campus?
4. Pardon, voudriez-vous bien me donner le numéro de téléphone de votre professeur?
5. S'il vous plaît, l'avenue Centrale, elle est près d'ici?
6. Pardon, pourriez-vous me dire l'heure qu'il est?

■ *À vous, maintenant!*

A. **Débrouillez-vous!** Vous et un(e) camarade de classe allez jouer les situations décrites sur les fiches qu'on vous donnera. Une personne va demander des renseignements; l'autre va en donner.

B. **Une scène à jouer.** Avec des camarades, en vous inspirant du «Château dans le bois» (page 63), préparez et jouez pour la classe une des scènes suivantes:

1. L'enquête de l'inspecteur: L'inspecteur arrive sur le lieu du crime et interroge les témoins afin de trouver le(la) coupable. Les témoins s'accusent les uns les autres.
2. Le procès°: On a accusé quelqu'un d'avoir tué le maître du château. Le procureur° et l'avocat interrogent les témoins. C'est à la classe de décider de l'innocence ou de la culpabilité de l'accusé(e).
3. Le meurtre: Vous montrez à vos camarades de classe ce qui est arrivé dans la salle d'armes à 19h50 la nuit du meurtre. Vous pouvez leur montrer d'autres scènes qu'ils n'ont pas vues pour qu'ils comprennent mieux ce qui s'est passé.

procès: trial
procureur: prosecutor

C. **Une histoire.** Un(e) de vos camarades de classe vous raconte une histoire—quelque chose d'amusant ou d'intéressant ou d'effrayant°—qui lui est arrivé (ou qui est arrivé à une personne qu'il/elle connaît). Vous interrompez continuellement l'histoire pour préciser tous les détails qui vous intéressent.

effrayant: frightening

Unité Deux

D. Une interview. On vous a demandé de faire une enquête° sur les gens qui parlent français. Vous interviewez un membre de votre classe ou, si vous pouvez, vous invitez un(e) étudiant(e) française(e) ou francophone à venir en classe pour être interviewé(e).

enquête: report

E. Un cocktail. Vous jouez le rôle de la personne indiquée sur la fiche qu'on vous a donnée. Vous avez été invité(e) à un cocktail. Vous êtes parmi les premiers à y arriver et l'hôtesse, Mme Delaforte, veuve et patronne des arts, n'est pas encore arrivée. Sa voiture est tombée en panne. La bonne vous a fait entrer et c'est à vous de vous présenter aux autres invités. Vous devez faire la connaissance d'au moins deux personnes et découvrir certaines choses sur leur vie: profession, goûts, passé, désirs, rêves, etc. Ensuite, on va vous demander de faire un petit reportage sur ce que vous avez appris.

F. Le paradis perdu. Vous êtes au café avec André, qui est maintenant en bonne forme. Vous l'interrogez afin d'apprendre ce qu'il pense de son travail, des vacances, et du stress de la vie moderne.

G. Une narration collective. Avec quelques camarades de classe, vous choisissez une des photos qui montrent des scènes tirées de films français à la page 50. Vous faites une liste de questions inspirées par cette photo, puis vous donnez votre liste à un autre groupe d'étudiants, qui doit composer une histoire cohérente capable de répondre à toutes vos questions.

AU JOUR LE JOUR

L'Identité et les Français

Numéro 3

- Des Idées diverses
- D'Autres Idées
- L'Identité d'un couple
- Les Autres Races en France

Des Idées diverses

D'abord, regardons quelques définitions du Grand Larousse de la langue française:

identité   *n.f.*   **1.** Qualité de deux ou plusieurs choses identiques qui sont exactement de la même nature, qui présentent les mêmes caractères.   **2.** Caractère de ce qui est permanent, demeure° fondamentalement le même dans le temps. En psychologie, la conscience d'être durant toute sa vie, malgré tous les changements, le même être pensant.

demeure: remains

culture   *n.f.*   **1.** Action d'enrichir ses connaissances et de développer ses facultés par l'étude des lettres, des sciences, des arts. Enrichissement intellectuel et moral qui en résulte, et qui s'ajoute au savoir et à l'expérience, en développant de façon durable le jugement et le goût.°   **2.** Forme particulière du savoir, connaissances relatives à un domaine ou à une discipline; aspect particulier des connaissances d'une personne. *Culture générale,* ensemble de connaissances, appartenant° à tous les domaines de la pensée.   **3.** Ensemble des valeurs spirituelles, des productions de l'esprit qui constituent le patrimoine intellectuel d'une communauté humaine.

goût: taste

appartenant: belonging

préjugé   *n.m.*   **1.** Ce qui a été jugé auparavant° dans un cas analogue et peut influer sur une décision future.   **2.** Opinion favorable ou défavorable qu'on se fait par avance, sur quelqu'un ou quelque chose, d'après certains faits qu'on interprète.   **3.** (*Sens péjoratif*) Opinion adoptée sans examen, par généralisation hâtive° d'une expérience personnelle ou imposée par le milieu, l'éducation.

auparavant: previously

hâtive: hasty

race   *n.f.*   **I.1.** Ensemble des ascendants et des descendants d'une même famille, d'un même peuple.   **II.1.** En biologie, terme général désignant une subdivision de l'espèce, à caractères héréditaires, représentée par un certain nombre d'individus.   **2.** Groupe d'individus apparentés° par intermariage, c'est-à-dire population qui se distingue d'autres populations par la fréquence relative de certains traits héréditaires.

apparentés: related

racisme   *n.m.*   Théorie établissant une hiérarchie des races en en faisant dépendre l'état social, et qui prétend préserver l'intégrité de la race dite supérieure par n'importe quel moyen, fût-ce° au détriment des minorités raciales existant à son côté.

fût-ce: even

tolérance   *n.f.*   **1.** Disposition d'esprit et de cœur de celui qui supporte, admet de la part d'autrui des sentiments, des idées, un comportement différents des siens.   **2.** (*Tolérance théologique*) Indulgence de l'église envers ceux qui professent une opinion différente de la sienne touchant des points qu'elle considère comme n'étant pas essentiels.   **3.** (*Tolérance civile*) Liberté accordée par un gouvernement de pratiquer sur le territoire de l'état une religion autre que la religion officielle.

«La culture, c'est ce qui reste quand on a tout oublié.»

D'Autres Idées

«Il nous arrive à tous de nous considérer dans un miroir et de nous demander qui nous sommes, quel est notre véritable visage. C'est que nous en avons plusieurs, nous changeons fréquemment de visage... nous sommes multiples.» — (Michel de Ghelderode, *Les Entretiens*)

«La culture, c'est ce qui reste quand on a tout oublié.» — (Herriot)

«La communauté de culture intellectuelle a toujours été le meilleur moyen° de fonder la tolérance.» — (Renan)

moyen (*m.*): means

«Quelques fous se sont dit à table: Il n'y a que nous qui soyons bonne compagnie; et on les croit.» — (Vauvenargues)

«De notre naissance à notre mort, nous sommes un cortège d'autres qui sont reliés° par un fil ténu°.» — (Cocteau, *Poésie critiques*)

reliés: linked
fil ténu: slender thread

«C'est faux de dire: Je pense. On devrait dire: On me pense.» — (Rimbaud, *Correspondance*)

«L'identité du moi°. C'est la mémoire qui fait votre identité; si vous avez perdu la mémoire, comment serez-vous le même homme?»

moi: the self, the ego

«Il est affreux d'enseigner° que la tolérance est dangereuse.» — (Voltaire)

enseigner: teach

«Un homme se possède par éclaircies°, et même quand il se possède, il ne s'atteint pas tout à fait. Il ne réalise pas cette cohésion constante de ses forces sans laquelle toute véritable création est impossible. Cet homme cependant° existe. Je veux dire qu'il a une réalité distincte et qui le met en valeur°. Veut-on le condamner au néant° sous le prétexte qu'il ne peut donner que des fragments de lui-même?» — (Artaud)

éclaircies: flashes
cependant: however
le met en valeur: sets him off, gives him value
néant: void

«Ce que je sens divers, c'est toujours moi.» — (Gide, *Les Nouvelles Nourritures*)

«Le *moi* est haïssable°.» — (Pascal, *Pensées*)

haïssable: hateful, detestable

«Le moi est haïssable, dites-vous. Pas le mien.» — (Gide, *Journal*)

«Je dis *je* en sachant que ce n'est pas moi.» — (Beckett, *L'Innommable*)

L'Identité et les Français

«Je me demandais pourquoi j'étais là et ce que c'était que d'être là. Et en quoi la question se pose et pourquoi se poser la question, oui, pourquoi se poser la question d'être ou de n'être pas lorsque l'on vit et qu'on est là. Je ne me demande pas qui respire, mais je me demande ce qui est *moi*, non pas moi au milieu de mon corps, car je sais que c'est moi qui suis moi, dans ce corps et non un autre, et qu'il n'y a pas d'autre moi que le corps, ni dans mon corps, mais en quoi peut consister ce moi qui se sent ce qu'on appelle être, être un être parce que j'ai un corps?»

— (Artaud, *Je n'ai jamais rien étudié*)

«Mais si l'on veut les séparer,
Le coudrier° meurt promptement,
Le chèvrefeuille° mêmement°.
Belle amie, ainsi est de nous;
Ni vous sans moi ni moi sans vous.»

— (Marie de France, *Lai du chèvrefeuille*)

coudrier: hazel tree
chèvrefeuille: honeysuckle
mêmement: likewise

Un Homme, une Femme, Alchimie d'une rencontre.

Appelez-nous au 47.22.39.50.
Préférence
8 bis, rue Deves 92200 **NEUILLY**

L'Identité d'un couple

Nous avons l'idée, nous les touristes, les étrangers, que les Français se trouvent bien dans leur peau°, qu'ils n'éprouvent° jamais ce sentiment étranger parmi d'autres Français. Mais ce portrait de Monique et d'Alain révèle que tout ne va pas toujours sans problèmes. Cette histoire de Monique et d'Alain présente l'exemple de deux Français qui cherchent leur identité. Alain venait d'une famille méridionale°, bourgeoise et athée. Les parents de Monique étaient bretons, paysans et catholiques fervents. Essayez de déterminer les causes des difficultés auxquelles ce jeune couple fait face. Est-ce que ce portrait renforce ou affaiblit l'idée d'une forte identité française nationale?

Alain avait accepté de se marier à l'église à condition que leurs enfants soient élevés° hors la religion. Mais son père était d'origine juive, et sa mère, protestante renégate, membre du parti communiste, avait l'impression que cette mascarade perdait° son fils. De leur côté, les parents de Monique crurent aussi avoir perdu leur fille.... Monique avait cinq frères mais était la seule fille; elle avait toujours détesté tout ce qui était féminin,

bien dans leur peau: comfortable with themselves
éprouvent: feel, experience

méridionale: from southern France

élevés: brought up

perdait: was the ruin of

et notamment les travaux ménagers°... . [À la fin, elle a rejeté sa famille, cependant, la famille de son mari ne lui offrait aucune compensation au rejet de la sienne; elle ne s'y sentait pas davantage à sa place.] «Elle avait des goûts différents», déclare Alain. «On se battait», raconte Monique. «J'ai été souvent sur le point de partir. Maintenant, on a appris à cultiver des intérêts communs; mais la lutte° continue, la partie° n'est jamais gagnée. Je n'ai pas un caractère soumis°. Il y en a toujours un des deux qui pousse. Mais il y a un échange, ce n'est pas toujours le même qui gagne. Je ne crois pas qu'il y ait de couples sans problèmes—ceux qui en ont l'air, c'est seulement en surface. On discute beaucoup. Je provoque des crises.» Et c'est à travers ces crises que Monique s'est forgé une façon de vivre qui lui convient.

travaux ménagers: housework

lutte: struggle
partie: game
soumis: submissive

Elle a commencé par être secouée° par leur déménagement° à Marseille, où Alain avait trouvé une place. Il tenait à retourner dans le Sud, car, n'aimant pas Paris, tout l'argent qu'il pouvait y gagner lui paraissait une consolation insuffisante. Pour elle, ce fut une grande crise. «Je suis arrivée dans le Midi° sans famille, sans amis, sans travail, et avec un enfant que je désirais à peine°. J'avais vingt-deux ans. Je n'étais jamais sortie de chez moi, mes parents n'avaient pas d'amis. Ce n'est que très lentement que j'ai appris à connaître Marseille. J'y étais une étrangère. On me demandait: qui êtes-vous? Il fallait que je m'explique. Alors, je me suis inventé une personnalité. Au début, j'avais un complexe—je me sens toujours inférieure face à des gens plus cultivés que moi.» Elle a obtenu un diplôme technique de chimie. Alain a créé un syndicat° parmi ses collègues, ce qui leur a valu° de nouveaux amis. Elle s'est mise à écrire pour les journaux; maintenant, elle gagne sa vie comme journaliste. Mais elle n'a rien dit à ses employeurs du milieu dont elle vient. «Je veux d'abord faire mes preuves; on en parlera après.»

secouée: shaken
déménagement: move

Midi: south of France
à peine: hardly

syndicat: trade union
leur a valu: won them

Deux crises récentes l'ont amenée à prendre plus clairement conscience de ce qu'elle attend de la vie. Ils s'étaient acheté un chien, un collie écossais°, qui est bientôt devenu comme le troisième enfant de la famille. Refusant d'en être esclaves, ils le laissaient aller et venir à sa guise°. Le chien s'est fait écraser°. Cette mort a profondément affecté Monique; pour elle, ce fut° comme de perdre un des siens. Puis son médecin lui annonça qu'elle avait un cancer, ou plutôt que la chose était possible. Elle s'en est inquiétée pendant six mois, jusqu'au moment où il s'est révélé que c'était une fausse alerte. Pourtant, ces deux rencontres avec la mort l'ont décidée à vivre pleinement, à saisir toutes les occasions. Elle affirme, par exemple, qu'elle ne veut pas se sacrifier pour ses enfants. «Ma fille aînée° était contre l'idée que je travaille. Mais il n'y avait pas de raisons que j'y renonce pour ça: elle sera partie dans deux ans. Mes parents se sont sacrifiés pour nous; ils étaient d'origine modeste; leur seul but était qu'on réussisse, c'est-à-dire qu'on étudie et qu'on devienne bourgeois, comme mes frères. Mais on les méprisait, on les exploitait. Si vos parents ont été sévères avec vous, vous réagissez en laissant vos propres enfants se débrouiller°. Mes parents ne nous ont pas vraiment éduqués; ils ne nous ont pas appris à les respecter; parce qu'envers nous, ils étaient comme des domestiques. Moi,

écossais: Scottish
à sa guise: at will
s'est fait écraser: got run over
fut: was

aînée: elder

se débrouiller: fend for themselves

L'Identité et les Français

je ne tolérerai pas ça de mes enfants.» Monique ne se laisse pas facilement effrayer°. En tant que journaliste, elle a fait de loin les meilleurs reportages sur l'assassinat du juge Michel, à Marseille, car elle n'a pas craint de se faire l'écho de tout ce qu'elle entendait dire; alors que tant de ses confrères se contentaient de faire l'éloge du juge, elle a rendu public ce que les gens rapportaient en privé.

Sur le mariage, les enfants, la famille, Monique et Alain n'ont pas d'idées déterminées: leurs conceptions ont évolué au gré des événements°. Alain dit qu'il ne croit pas au couple en tant qu'institution, mais plutôt au clan, c'est-à-dire au couple entouré d'un ensemble d'amis affectivement très proches, «un tissu de relations qui se régénèrent tout le temps», et que lient la fidélité, la confiance mutuelle. Il voit la famille comme une sorte de mafia. Mais peut-être ne s'agit-il là que d'une façon de théoriser, car il a abandonné son travail dans la publicité pour devenir un théoricien ou artiste de la vie méditerranéenne. Son père était photographe; son frère aîné est cameraman; avec lui, il a fondé une compagnie, dont il est le directeur commercial, pour faire des films qui «montrent ce qu'est la Méditerranée». La Méditerranée est le lieu de rencontre de nombreuses civilisations. Il a organisé un festival de musique méditerranéenne, avec la participation de l'Espagne et du Maroc. Aujourd'hui, on joue à Marseille de la musique rock algérienne sur des instruments algériens. Il a quitté le mouvement occitan° parce qu'il le trouve trop intellectuel, trop éloigné de la vie quotidienne, trop peu accueillant° à l'égard des étrangers: Monique a beau vivre° à Marseille depuis quinze ans, parce qu'elle est bretonne, elle est toujours considérée comme une étrangère. Alain voudrait que ses films soient vus par les Arabes autant que par les Français. Peut-être est-ce ainsi que se créent de nouvelles civilisations, et cependant, une fille de Bretagne et un gars° des Cévennes peuvent fonder un foyer° et garder l'impression d'appartenir à des civilisations différentes.

Theodore Zeldin, Les Français

effrayer: frighten

au gré des événements: along with events

occitan: southern French cultural movement
peu ...: unfriendly
a beau ...: even though (Monique) has lived

gars: guy
foyer: family

Les Autres Races en France
Les Immigrés

On doit essayer de comprendre les différences qui existent entre l'Occident tel que nous le connaissons et les peuples arabes qui se trouvent de plus en plus en France. On doit aussi se rappeler que les immigrés qui sont venus en France pendant les années vingt et trente sont arrivés d'Espagne, du Portugal et d'Italie. En considérant ce fait, quels sont les problèmes de compréhension qui se révèlent dans les extraits ci-dessous? Qui sont ces nouveaux immigrés? D'où viennent-ils? Et quelle est leur situation actuelle en France?

L'une des conséquences sociales majeures des années de crise est la montée du racisme et de la xénophobie. Les immigrés de la première comme de la seconde génération sont tenus° par un nombre croissant° de Français pour les principaux responsables du chômage et de la délinquance. Deux maux° qui arrivent au tout premier plan des angoisses tant individuelles que collectives.

tenus: considered
croissant: increasing
maux: evils

Les étrangers représentent 7% de la population totale.
—La proportion a peu varié depuis le début de la crise.
—Elle est la même qu'en 1931.

L'Identité et les Français **107**

Plusieurs mouvements distincts se sont produits dans l'évolution de la population étrangère. Les principales vagues° d'immigration se sont produites en 1931, 1946 et 1962. La proportion des différentes nationalités s'est beaucoup modifiée. Depuis 1954, ce sont les Maghrébins° qui ont fourni l'essentiel des nouveaux immigrants, alors que le nombre d'étrangers en provenance des pays d'Europe diminuait.

Pourtant, la stagnation apparente du nombre d'étrangers (en particulier par rapport aux années trente) ne signifie pas que les flux d'immigration ont cessé, mais que beaucoup d'étrangers sont devenus Français, par naturalisation ou, à la deuxième génération, par intégration automatique.

Il faut noter également que les chiffres° établis par le ministère de l'Intérieur sont sensiblement° plus élevés que ceux émanant de l'INSEE° (à l'occasion des recensements°). Il y avait, selon le ministère, 4.470.000 d'étrangers résidant en France au premier janvier 1984, soit 8,1% de la population totale. Quarante-neuf pourcent d'entre eux étaient d'origine européenne (19% étaient Portugais) et 37% d'origine maghrébine.

Gérard Mermet; *Francoscopie 1989*

vagues: waves

Maghrébins: North Africans

chiffres: figures
sensiblement: appreciably
INSEE: *Institut national de la statistique et des études économiques*
recensements: censuses

Le Vrai Visage

Gisèle Halimi est une avocate française célèbre qui a beaucoup lutté pour les droits des femmes et des nord-africains. Née en Tunisie de parents juifs, elle représente un problème d'identité complexe. Elle est trois fois minorité: avocate-femme, Tunisienne, juive. Ici, on doit déterminer le rôle que la France a joué dans sa formation. Quelle influence française est-ce qu'on peut voir dans cette mémoire? Dans le texte suivant, elle exprime la confusion qu'elle a ressenti après avoir gagné en 1958, pendant la crise en Algérie, la première confession du gouvernement français qu'on a torturé des gens en Algérie. Cette confession a été reçue en France par le silence de la presse... et l'indifférence de l'opinion publique. Donc, elle se questionne ainsi:

Mon milieu naturellement inculte°, en français comme en arabe, ne pouvait me transmettre que des traditions, d'ailleurs° contradictoires. Beaucoup de superstitions, à la fois folkloriques et religieuses, et de tabous hérités de la Diaspora° et de l'anti-colonisation. De l'écrit, point. Du parler, nous n'utilisions que l'arabo-tunisien, un dialecte impur où certains mots d'origine italienne faisaient bon ménage° avec le maltais et l'hébreu.

À coups de° concours° et de bourses°, je m'étais jetée dans les livres. Mes nuits et mes jours passés avec Villon, Descartes, Molière et Voltaire, m'avaient livrée à la France. Je ne réalisais pas encore la signification—dans le processus colonisateur—de mon aliénation. Aucune trace en moi d'autre culture, puisque je n'avais rien appris de différent. J'offrais donc à l'occupant ma disponibilité°. Je succombais à l'invasion du génie français. À sa langue, à ses poètes, à ses philosophes. Avec délices. Entre eux et moi

inculte: uncultured
d'ailleurs: moreover

Diaspora: Ensemble des communautés juives hors de Palestine
faisaient bon ménage: coexisted peaceably
À coups de: because of
concours: competitions
bourses: scholarships

disponibilité: availability

Les Autres Races en France
Les Immigrés

On doit essayer de comprendre les différences qui existent entre l'Occident tel que nous le connaissons et les peuples arabes qui se trouvent de plus en plus en France. On doit aussi se rappeler que les immigrés qui sont venus en France pendant les années vingt et trente sont arrivés d'Espagne, du Portugal et d'Italie. En considérant ce fait, quels sont les problèmes de compréhension qui se révèlent dans les extraits ci-dessous? Qui sont ces nouveaux immigrés? D'où viennent-ils? Et quelle est leur situation actuelle en France?

L'une des conséquences sociales majeures des années de crise est la montée du racisme et de la xénophobie. Les immigrés de la première comme de la seconde génération sont tenus° par un nombre croissant° de Français pour les principaux responsables du chômage et de la délinquance. Deux maux° qui arrivent au tout premier plan des angoisses tant individuelles que collectives.

tenus: considered
croissant: increasing
maux: evils

Les étrangers représentent 7% de la population totale.
—La proportion a peu varié depuis le début de la crise.
—Elle est la même qu'en 1931.

L'Identité et les Français **107**

Plusieurs mouvements distincts se sont produits dans l'évolution de la population étrangère. Les principales vagues° d'immigration se sont produites en 1931, 1946 et 1962. La proportion des différentes nationalités s'est beaucoup modifiée. Depuis 1954, ce sont les Maghrébins° qui ont fourni l'essentiel des nouveaux immigrants, alors que le nombre d'étrangers en provenance des pays d'Europe diminuait.

Pourtant, la stagnation apparente du nombre d'étrangers (en particulier par rapport aux années trente) ne signifie pas que les flux d'immigration ont cessé, mais que beaucoup d'étrangers sont devenus Français, par naturalisation ou, à la deuxième génération, par intégration automatique.

Il faut noter également que les chiffres° établis par le ministère de l'Intérieur sont sensiblement° plus élevés que ceux émanant de l'INSEE° (à l'occasion des recensements°). Il y avait, selon le ministère, 4.470.000 d'étrangers résidant en France au premier janvier 1984, soit 8,1% de la population totale. Quarante-neuf pourcent d'entre eux étaient d'origine européenne (19% étaient Portugais) et 37% d'origine maghrébine.

Gérard Mermet; Francoscopie 1989

vagues: waves
Maghrébins: North Africans
chiffres: figures
sensiblement: appreciably
INSEE: *Institut national de la statistique et des études économiques*
recensements: censuses

Le Vrai Visage

Gisèle Halimi est une avocate française célèbre qui a beaucoup lutté pour les droits des femmes et des nord-africains. Née en Tunisie de parents juifs, elle représente un problème d'identité complexe. Elle est trois fois minorité: avocate-femme, Tunisienne, juive. Ici, on doit déterminer le rôle que la France a joué dans sa formation. Quelle influence française est-ce qu'on peut voir dans cette mémoire? Dans le texte suivant, elle exprime la confusion qu'elle a ressenti après avoir gagné en 1958, pendant la crise en Algérie, la première confession du gouvernement français qu'on a torturé des gens en Algérie. Cette confession a été reçue en France par le silence de la presse... et l'indifférence de l'opinion publique. Donc, elle se questionne ainsi:

Mon milieu naturellement inculte°, en français comme en arabe, ne pouvait me transmettre que des traditions, d'ailleurs° contradictoires. Beaucoup de superstitions, à la fois folkloriques et religieuses, et de tabous hérités de la Diaspora° et de l'anti-colonisation. De l'écrit, point. Du parler, nous n'utilisions que l'arabo-tunisien, un dialecte impur où certains mots d'origine italienne faisaient bon ménage° avec le maltais et l'hébreu.

À coups de° concours° et de bourses°, je m'étais jetée dans les livres. Mes nuits et mes jours passés avec Villon, Descartes, Molière et Voltaire, m'avaient livrée à la France. Je ne réalisais pas encore la signification—dans le processus colonisateur—de mon aliénation. Aucune trace en moi d'autre culture, puisque je n'avais rien appris de différent. J'offrais donc à l'occupant ma disponibilité°. Je succombais à l'invasion du génie français. À sa langue, à ses poètes, à ses philosophes. Avec délices. Entre eux et moi

inculte: uncultured
d'ailleurs: moreover
Diaspora: Ensemble des communautés juives hors de Palestine
faisaient bon ménage: coexisted peaceably
À coups de: because of
concours: competitions
bourses: scholarships
disponibilité: availability

se noua° une histoire d'amour infinie. D'elle naquirent° mes certitudes que la dialectique, le matérialisme et l'existentialisme ne purent° entamer°. Hegel, Marx ou même Sartre ne changeaient rien à cette vérité universelle: la France montrait au monde les chemins de la liberté, du respect et des droits de l'autre. La civilisation, je la situais en haut sur la carte, légèrement à gauche. Paris enrhumée°, le monde ne pouvait qu'éternuer°. Paris torturait, le monde se noyait°.

Terrible fut le choc. Ainsi ces livres avaient menti. Ainsi l'intelligence, la générosité de ce peuple, façade. *Liberté, Égalité, Fraternité*, façade... pour les mairies°.

Et l'on voyait marcher ces va-nu-pieds° superbes sur le monde ébloui°... . La Révolution avait triché° pour faire frémir° l'univers. Mais depuis quand? comment? où avait commencé le dérèglement° de toutes nos valeurs?

Telle une midinette° éprise° qui ne se résout pas à la rupture, je tournais et retournais le dilemme. Je refusais la trahison. Un système que je ne connaissais pas liait les deux réalités, celle qui faisait ce pays et celle qui le défaisait. Le vrai visage de la France se brouillait°, mes émotions s'y perdaient.

Gisèle Halimi, Le Lait des orangers

se noua: formed
naquirent: were born
ne purent: could not
entamer: wear down

Paris enrhumée: if Paris caught cold
ne pouvait qu'éternuer: had to sneeze
se noyait: was drowning
mairies: city halls
va-nu-pieds: barefoot urchins
ébloui: dazzled
triché: cheated
frémir: tremble
dérèglement: disordering
midinette: unsophisticated young woman
éprise: in love, infatuated
se brouillait: grew hazy

■ ACTIVITÉS ■

1. Relisez le passage de Paul Virilio à la page 54 et les textes dans cette unité. Considérez comment une société si passagère présente plusieurs problèmes d'identité pour ceux qui s'y trouvent.

2. Vous êtes reporter. Vous devriez préparer des questions pour une interview. Choisissez un des sujets suivants:
   a. Monique et ses problèmes avec la famille et avec sa vie dans le Midi
   b. Alain et les problèmes de sa femme
   c. Gisèle Halimi et l'influence de la France sur sa vie

3. Supposez que vous soyez français(e) et faites le portrait de l'Américain(e) stéréotype vu par un(e) Français(e).

4. À discuter: vous êtes touriste dans un pays étranger et vous ne parlez pas la langue de ce pays. Vous confrontez un cas d'urgence et vous ne pouvez pas vous exprimer. La personne à qui vous parlez s'impatiente. Quel est l'effet sur votre personnalité, votre identité? Pourquoi? Quel rôle est-ce que la langue joue dans votre identité?

5. Considérez le dilemme exprimé par Gisèle Halimi. Quels aspects de sa jeunesse, de son éducation, de ses origines sont en conflit? Quelle sorte de rupture la tourmente et pourquoi? Comment est-ce que la réalité ne se conforme pas à ses idées et quel en est l'effet?

6. Faites un portrait de l'équivalent américain de Gisèle Halimi.

UNITÉ TROIS

Désigner et décrire

- *Histoire en images:* Les amateurs d'art
- *Préparons-nous!:* La désignation, la qualification, la différentiation
- *Pour communiquer:* Comment faire une description
- *À vous, maintenant!*

Au jour le jour: L'Art moderne et le passé

«Et ça alors! On appelle cette déformation de l'art, de *l'Art*! Et vous comprenez cela, vous?

Histoire en images

Les amateurs d'art

1. Devant le musée des Beaux-Arts anciens et modernes

1. C'est dimanche après-midi. La famille Belœil fait sa promenade habituelle. Qu'est-ce que la famille va faire aujourd'hui?
2. Où se trouve la famille à ce moment-ci?
3. Décrivez ce que Mme Belœil porte. Ce que M. Belœil porte.
4. Qui a l'air d'être un expert? Vous vous fiez à lui?
5. Où se trouve le fils, Mathieu? Comment est-ce qu'il y est arrivé? Que va-t-il faire?
6. Comment s'appelle la statue? Et celle sur le guide que lit Mme Belœil? Qui l'a sculptée?
7. Décrivez un peu la foule devant le musée.
8. Qui voit-on devant la famille Belœil?
9. Que fait cette personne pour passer le temps?
10. Où se trouve le bébé? Que fait-il?
11. Pourquoi y a-t-il des pigeons devant le banc où la vieille dame est assise, à votre avis?

Unité Trois

Devant le musée des Beaux-Arts anciens et modernes

le musée
    un édifice building
        de style (*m.*) **classique**
        des colonnes (*f.*)
    le gazon the lawn, grassy area
        un écureuil a squirrel

la statue
    moderne
        lisse smooth
        lignes courbes curved lines

un guide aux musées
    la couverture the cover
        «Le Penseur»
    la sculpture
    en marbre (made of) marble
    sculpter
    un sculpteur
    Rodin

la famille Belœil
    passer l'après-midi (à + *inf.*)
    visiter *qqch.*

Mme Belœil
    porter
        un chapeau à large rebord a wide-brimmed hat
        des chaussures (*f.*) **à hauts talons** high-heeled shoes
        une jupe à carreaux checked skirt
            court, -e short
        un manteau de fourrure fur coat
        un sac en bandoulière slung across the shoulder

Mathieu, le fils
    s'amuser à + *inf.* to have a good time
    avoir l'air espiègle to look mischievous
    grimper sur to climb on

M. Belœil
    des lunettes (*f.*)
    un pantalon
    un pull, un tricot
    une veste

la vieille dame
    donner à manger à to feed
        des miettes (*f.*) crumbs
    être assise sur un banc
    garder le bébé
        un landau carriage
        une sucette a pacifier
            faire ses dents to cut his/her teeth
            sucer to suck
    tricoter
        des aiguilles (*f.*) **à tricoter** knitting needles
        une pelote de laine ball of yarn

la foule the crowd
    un musicien de la rue
    un joueur du violon
    un marin et sa petite amie a sailor and his girlfriend

Questions: vocabulaire

1. De quel style est l'édifice?
2. Sur quelle sorte de sculpture se trouve Mathieu?
3. Que fait un sculpteur?
4. De quel instrument joue le musicien?
5. Quelle sorte de chaussures porte Mme Belœil?
6. Que regarde Mme Belœil?
7. Quelle sorte de jupe porte Mme Belœil?
8. Quel air a Mathieu?
9. Qui est assis sur le banc derrière la famille?
10. Qu'est-ce que la vieille dame donne aux pigeons?
11. Avec quoi est-ce que la vieille dame tricote?
12. Qu'est-ce que le bébé a dans la bouche?
13. Qu'est-ce qui court à travers le gazon?

Désigner et décrire

2. Dans le hall du musée

1. Où se trouve la famille maintenant?
2. Est-ce que Mme Belœil s'occupe des billets? Qui le fait? Que fait-elle?
3. Est-ce que l'employé qui vend les billets a l'air de s'amuser?
4. Combien coûte un billet d'entrée pour adultes? Pour enfants de 7 à 18 ans? Pour enfants de moins de 7 ans?
5. Qu'est-ce qu'il y a accroché au mur à côté du guichet?
6. En quel siècle peignaient les Impressionnistes? Les Classiques? Les Cubistes? Les Romantiques? Les Surréalistes?
7. Qu'est-ce que M. Belœil vient d'acheter?
8. Que veut Mathieu? Comment démontre-t-il ce désir à son père?
9. Est-ce que les deux employés derrière le comptoir s'intéressent à la famille Belœil?
10. Qu'est-ce que l'homme assis à l'entrée de l'exposition pense de Mathieu?
11. Est-ce que M. Belœil semble être capable de contrôler facilement Mathieu? Pourquoi (pas)?

Unité Trois

Dans le hall du musée

le vestibule entrance hall
  le guichet ticket window
    un employé, une employée
      s'ennuyer to be bored
      vendre des billets (*m. pl.*)
  les objets (*m. pl.*) **d'art**
  le plan du musée museum floor plan
    accroché au mur

Mme Belœil
  se maquiller (le visage) to put on make-up
  se regarder (dans)
    un miroir
    un poudrier compact
    se poudrer to powder her nose

Mathieu
  avoir envie de *qqch.* to desire s.th.
    une statuette d'un oiseau noir
  demander *qqch.* **à** *qqn*

embêter *qqn* to bother
tirer *qqn* **par la main** to pull s.o. by the hand

M. Belœil
  acheter un guide
    coûter
    venir de
  s'arrêter devant
  être irrité (contre *qqn***)**

le vendeur/la vendeuse salesperson
  derrière le comptoir behind the counter
  la caisse
  vendre
    un guide du musée
    des souvenirs (*m. pl.*)

le gardien du musée museum guard
  regarder
    d'un air désapprobateur

Questions: vocabulaire

1. Comment s'appelle l'endroit où on peut acheter des billets?
2. Derrière quoi se trouvent les deux employés qui bavardent?
3. Qu'est-ce qu'on vend au comptoir?
4. Où se trouve le plan du musée?
5. De quoi se sert Mme Belœil pour se maquiller?
6. Quel verbe exprime l'effet que Mathieu a sur le gardien du musée?
7. Contre qui est-ce que M. Belœil va bientôt être irrité?
8. Quel regard est-ce que le gardien du musée jette sur la famille Belœil?
9. De quoi est-ce que Mathieu a envie?
10. Qu'a-t-il fait aux brochures sur le comptoir?
11. Qu'est-ce que M. Belœil laisse tomber par terre?
12. Quel est un synonyme pour «l'entrée»?

3. Dans la salle des Romantiques: Mme Beloeil défendant son fils

1. Qui a peint le tableau dans cette salle? Quel est le titre du tableau?
2. Quel événement historique est-ce que cette peinture représente?
3. Qui est le personnage principal sur le tableau? Décrivez-le.
4. Que porte la Liberté dans les mains?
5. Qui marche à côté d'elle? Qu'est-ce qu'il symbolise?
6. Pourquoi est-ce que M. Beloeil regarde par dessus l'épaule de l'artiste et a l'air perplexe?
7. Que peint le peintre du dimanche? Soyez très précis.
8. Est-ce que la présence de M. Beloeil fait plaisir au peintre? Pourquoi (pas)?
9. Où court Mme Beloeil? Quel air a-t-elle?
10. Le gardien du musée, de quoi accuse-t-il Mathieu? Comment le traite-t-il?
11. Qu'est-ce que Mathieu a fait?

Unité Trois   115

Dans la salle des Romantiques: Mme Belœil défendant son fils

la salle des Romantiques
    Delacroix, «La Liberté guidant le peuple»

le tableau
    les blessés (*m. pl.*) wounded men
        regarder avec espoir to look with hope
        saigner to bleed
    la femme
        avoir les seins (*m. pl.*) **découverts** to be barebreasted
        une tunique déchirée torn tunic, dress
        un drapeau
        un fusil rifle
            une baïonnette
    peint en 1830
        l'armée (*f.*) **révolutionnaire**
            s'avancer sur l'armée du roi to advance on the king's army
            vaincre l'ennemi to conquer the enemy
        le peuple contre la monarchie
    les soldats (*m. pl.*)
        une épée
        un képi French military cap
        un pistolet

Mme Belœil
    courir pour (+ *inf.*)
    défendre *qqn*
    être surprise que + *subjonctif*

Mathieu
    un casse-pieds pain-in-the-neck
    dessiner sur le mur
    obliquement, de travers askew

le gardien du musée
    accuser *qqn* **de** + *inf.*
    attraper *qqn* to catch s.o.
    avoir des ennuis to have problems
    saisir *qqn* **au collet** to grab s.o. by the collar

M. Belœil
    ne pas comprendre
    se gratter la tête to scratch his head
    regarder par-dessus l'épaule de *qqn* to look over s.o.'s shoulder

le peintre du dimanche amateur painter
    un béret
    une blouse smock
    une boîte de couleurs
    un chevalet easel
    copier *qqch.*
    une palette
    peindre
    un pinceau paintbrush
    un tabouret stool
    une toile canvas
        une croix cross

Questions: vocabulaire

1. Considérez l'image de la Liberté. Comment a-t-elle les seins? La tunique? Que symbolise ce qu'elle porte dans la main gauche? Dans la main droite?
2. Sur qui est-ce que la Liberté s'avance?
3. Contre qui lutte le peuple sur ce tableau?
4. Quelle expression est-ce que le gardien du musée peut employer pour décrire Mathieu?
5. Nommez les outils dont ce peintre se sert.
6. Sur quoi est-ce que le peintre du dimanche est assis?
7. Qu'est-ce qu'il porte?
8. Nommez trois armes employées par les soldats.
9. Qu'est-ce que Mathieu a fait sur le mur? Avec quoi?
10. Comment est le grand tableau derrière le gardien?
11. Qu'est-ce que Mme Belœil a laissé sur le banc?

4. Dans la salle des Classiques

1. Comment s'appelle le type de tableau dans cette salle?
2. Qui a peint ce tableau? Qui est représenté sur le tableau?
3. Que porte le roi? Est-ce qu'on peut voir son corps? Sinon, qu'est-ce qu'on voit? Est-ce important?
4. Notez tous les détails et le mouvement créé par les plis° dans les vêtements. Est-ce qu'on trouve ce même mouvement visuel dans le tableau de Delacroix?
5. Mais il y a une différence. Louis XIV a une pose complètement statique. Dans le tableau de Delacroix ces lignes courbes nous donnent quelle impression de la Liberté?
6. Quel style est employé dans les deux tableaux? Fantaisiste? Expressionniste? Réaliste? Cubiste? Impressionniste?
7. Que fait M. Belœil devant le portrait du roi?
8. Est-ce que Mathieu prend son père au sérieux? Expliquez.
9. Que fait Mme Belœil? Quel air a-t-elle?

plis folds

Unité Trois

Dans la salle des Classiques

la salle des Classiques
    Rigaud, «Portrait de Louis XIV»

le tableau
    des glands (*m. pl.*) tassels
    le roi
        des bas (*m. pl.*) stockings
        des boucles (*f. pl.*) buckles
        une culotte
        de la dentelle lace
        des fleurs de lis (*f. pl.*) emblem of the French monarchy
          un manteau robe, cape
          bordé de fourrure (*f.*) trimmed with fur
        une perruque wig
        des souliers (*m. pl.*) **à hauts talons**

le portrait
    un homme distingué
        solitaire
    une pose (une attitude) rigide, statique
    mettre *qqch.* **en valeur** to bring out

l'élégance (*f.*)
la richesse

Mme Belœil
    prendre une photo
        calculer la distance
        lire le photomètre

Mathieu
    être juché sur to be perched on
        un pilier
    se moquer de *qqn* **en** (+ *part. prés.*) to make fun of s.o. by

M. Belœil
    avoir l'air prétentieux
    être grotesque (ridicule, sot) silly
    faire l'idiot to act foolish
    imiter *qqn*
    poser comme *qqn*
    prendre une pose

Questions: vocabulaire

1. Nommez les vêtements du roi.
2. Quelle fleur symbolisait la monarchie française?
3. Que porte le roi sur la tête? Et M. Belœil?
4. De quoi est-ce que le manteau est bordé?
5. Qu'est-ce que les vêtements du roi mettent en valeur?
6. Avant de faire la photo, qu'est-ce que Mme Belœil doit calculer?
7. Et comment a-t-elle mesuré la lumière dans la salle?
8. Qu'est-ce que Mathieu fait à son père?
9. Où se trouve-t-il?
10. Quel air a M. Belœil?
11. Est-ce qu'il ressemble vraiment à Louis XIV?
12. Quels adjectifs décrivent les actions de M. Belœil?

5. Dans la salle des Impressionnistes

1. Qui a peint le tableau qu'indique Mme Belœil? Quelle sorte de tableau est-ce? Quel est son titre?
2. Qu'est-ce qui est représenté sur ce tableau? Quelle vie y est représentée?
3. Devant quelle sorte de peinture se trouvent M. Belœil et Mathieu?
4. Décrivez un peu ce tableau. Qui l'a peint?
5. Quelle inspiration est-ce que M. Belœil et Mathieu ont trouvé dans cette peinture?
6. Pourquoi est-ce que le gardien du musée est irrité contre eux?
7. M. Belœil est en train de manger une pomme. Et Mathieu? Qu'est-ce qui en restera après qu'il l'aura mangée?
8. Mme Belœil est-ce qu'elle apprécie l'art de Van Gogh?
9. Qu'est-ce qu'elle est en train de dire à son interlocuteur, à votre avis?
10. De qui est le portrait à côté du tableau de Van Gogh? Qui était-ce?
11. L'homme à qui parle Mme Belœil, qu'a-t-il perdu?

Dans la salle des Impressionnistes

la salle des Impressionnistes
    Cézanne, «Nature morte»
    Van Gogh, «La Route aux cyprès»

la nature morte still life
    une assiette plate
    une cruche pitcher
    une nappe tablecloth
    des poires (*f. pl.*)
    des pommes (*f. pl.*)
    un sucrier sugar bowl

le paysage landscape
    briller to shine
        au ciel
        la lune
        le soleil
    une charrette cart
        un cheval
        traîner *qqch.* to drag, pull s.th.
    une chaumière thatched hut
    un chemin
    passer devant un cyprès to go past a cypress tree

passer à travers les champs (*m. pl.*) **de blé** to go through the wheat fields
des paysans (*m. pl.*) peasants

Mme Belœil
    critiquer
    prétendre que to claim that

Mathieu
    insouciant careless
    jeter *qqch.* **par terre**
    un trognon core (of pear or apple)

le gardien
    rappeler to remind
    il est interdit de + *inf.*
    taper *qqn* **sur l'épaule** to tap s.o. on the shoulder
    une casquette

M. Belœil
    s'intéresser à *qqch.* to be interested in s.th.
    manger

Questions: vocabulaire

1. Nommez quatre choses représentées sur la nature morte.
2. Sur le paysage, qu'est-ce qui brille au ciel?
3. Qu'est-ce que le cheval traîne sur le chemin?
4. Comment est-ce que Mme Belœil voit l'artiste de ce paysage?
5. Quels champs est-ce qu'on voit derrière les promeneurs?
6. Est-ce une scène urbaine?
7. Est-ce que Van Gogh était un peintre français?
8. Comment est-ce que le gardien du musée attire l'attention de M. Belœil?
9. Quelles fleurs sont représentées sur le petit tableau entre les deux grands tableaux?
10. Qu'est-ce que Mme Belœil pense de Van Gogh?
11. Que porte M. Belœil autour du cou?
12. Quelle sorte de chapeau porte le gardien?

Désigner et décrire

6. Dans la salle des Surréalistes

1. Au fond à droite se trouve un tableau de Joan Miró. Quels deux éléments sont reliés par l'échelle?
2. Est-ce que ce tableau vous semble complexe? Intéressant? Énigmatique? Puéril? Troublant? Sot?
3. Apparemment, Mme Belœil est troublée par le tableau qu'elle regarde. Pourquoi est-elle perplexe?
4. Regardez autour de vous. Est-ce qu'il y a des objets qui attirent votre regard plus que d'autres? Qu'est-ce que cela peut nous dire au sujet de ce tableau et de notre manière de voir le monde?
5. André Breton, chef du mouvement surréaliste, a dit que le surréalisme se trouve au point où le rêve et la réalité se joignent. Peut-on voir cette idée exprimée sur ces tableaux?
6. Pourquoi le gardien du musée a-t-il encore des ennuis?
7. Décrivez l'objet qui semble amuser Mathieu.
8. Pourquoi M. Belœil ne regarde-t-il plus de tableaux? Que vient-il de faire? Pour quelle raison?
9. Est-ce que les autres visiteurs à cette salle ont l'air d'apprécier les peintures?
10. Voyez-vous d'autres phénomènes surréalistes sur cette image?

Unité Trois

Dans la salle des Surréalistes

la salle des Surréalistes
les tableaux de Magritte
    déformer la réalité
    juxtaposer des objets hétéroclites to juxtapose disparate objects
        une allumette match
        un lit
        des nuages (*m. pl.*)
        un peigne comb
        un plafond ceiling
        un plancher
        un tapis
        un verre à pied stemmed glass
le tableau de Miró
    un chien
        aboyer to bark
    une échelle ladder
    des espaces (*m. pl.*)
    des formes (*f. pl.*)
    la solitude
    la terre earth

Mme Belœil
    contempler
    rester debout
        en face de

Mathieu
    s'amuser à + *inf.*
        faire tourner
        une roue de bicyclette
        montée sur

le gardien
    surveiller *qqn* to keep an eye on s.o.

M. Belœil
    avoir mal aux pieds
    enlever *qqch.*
    être épuisé to be worn out
    se frotter le pied to rub his foot
    n'en pouvoir plus to be exhausted
    transpirer

Questions: vocabulaire

1. Nommez trois objets déformés qui se trouvent sur le tableau du peintre belge, Magritte.
2. Quelle sorte d'objets est-ce que Magritte a juxtaposés sur son tableau?
3. Sur le tableau de Miró, il y a un chien. Qu'est-ce qu'il semble faire? Qu'est-ce que l'échelle peut représenter?
4. Qu'est-ce que Mathieu fait tourner?
5. Sur quoi est-ce qu'on a monté la roue de bicyclette?
6. Est-ce que Mathieu a l'air de s'ennuyer?
7. Qui surveille Mathieu?
8. Où est-ce que M. Belœil a mal?
9. Qu'est-ce qu'il a fait à son soulier?
10. Qu'est-ce qu'il va faire à son pied?
11. Veut-il continuer son tour du musée? Pourquoi (pas)?
12. Quel est un synonyme pour le mot **suer**?

7. Dans la salle des Cubistes

1. Regardez le mur. Un artiste est en train de peindre un mural. En quelle forme est cette peinture?
2. Que veut dire «tromper»? «Se tromper»?
3. Quels artistes sont représentés sur ce mural?
4. Que dit le petit mot attaché au mur? Est-ce que l'artiste l'a attaché sur le mur ou est-ce qu'il l'a fait partie du mural?
5. Comment s'appelle le tableau de Picasso qu'on y voit représenté? Il est de quelle période dans la vie de Picasso?
6. La femme qui semble marcher sous l'arche, en quoi ne ressemble-t-elle pas à une femme ordinaire?
7. Décrivez l'homme qui semble sortir de la porte.
8. Il y a combien de «réalités» représentées ici?
9. Quelle est la réaction de M. et Mme Belœil? De Mathieu? De l'artiste?
10. Qui est vraiment trompé par le trompe-l'œil?
11. Pourquoi est-ce qu'un trompe-l'œil nous déconcerte, nous désoriente?

Dans la salle des Cubistes

la salle des Cubistes
    Picasso, «La jeune femme dans le miroir»

le tableau
    bizarre
    étrange
    une femme
        les seins
            l'un au-dessus de l'autre
        le ventre stomach
        le visage irrégulier
    un miroir
    du papier peint wallpaper
    à losanges diamond-patterned

la jeune femme
    un manteau coat
    passer sous une arche
    se promener to walk along
        d'une façon naturelle
    ressembler à *qqn*
        être le double de *qqn*

le monsieur
    une béquille crutch

une horloge
    accrochée au mur attached to the wall
    tordue twisted
un serpent

Mme Bel œil
    se cacher derrière
    se cramponner à *qqn* to cling to s.o.
    être stupéfaite to be amazed

Mathieu
    montrer *qqn* du doigt to point to s.o.
    ricaner to sneer

M. Bel œil
    ne pas en croire ses yeux not to believe his eyes
    être étonné de + *inf.* to be astonished to
    laisser tomber *qqch.* to drop s.th.

le peintre artist, painter
    un trompe-l'œil
    peindre to paint

Questions: vocabulaire

1. Sur le tableau de Picasso, quelle sorte de papier peint trouve-t-on sur le mur?
2. Sous quoi passe la femme bizarre?
3. À qui est-ce qu'elle ressemble?
4. Mme Belœil est stupéfaite. Comment manifeste-t-elle cette stupéfaction?
5. Est-ce que M. Belœil en croit ses yeux?
6. Nommez les objets associés à l'homme derrière la porte.
7. Qu'est-ce que Mathieu montre du doigt?
8. Est-il aussi étonné que son père et sa mère? Pourquoi (pas), croyez-vous?
9. Quel sens est-ce que le trompe-l'œil met en question?
10. Qu'est-ce qui se trouve par terre?
11. Décrivez l'artiste. Est-ce un homme que M. Belœil voudrait connaître? Pourquoi (pas)?

8. Sur la place du Tertre

1. La famille Belœil passe du temps sur quelle place?
2. Quel monument peut-on voir de cette place?
3. Dans quelle partie de Paris se trouve cette place?
4. Qui la fréquente? Les vrais artistes? Les Parisiens? Les touristes? Les peintres du dimanche?
5. Que fait le dessinateur à gauche? Comment le représente-t-il?
6. À qui est-ce que M. Belœil veut ressembler?
7. Et que fait Mme Belœil? Ce sera quelle sorte de représentation que l'appareil-photo de Mme Belœil va faire de son mari?
8. Et Mathieu, qu'est-ce qu'il fait? Son dessin ressemble à ceux de quel peintre?
9. Qui s'est amusé le plus dans cette visite au musée?
10. On peut dire que Mathieu a vraiment participé à l'art au musée tandis que ses parents sont restés assez passifs devant les œuvres d'art. Vous êtes d'accord ou non? Défendez votre opinion en considérant tous les dessins.
11. À considérer: est-ce que la culture doit être statique ou dynamique? Discutez en considérant le sens de ces deux mots.
12. Comment vous sentez-vous devant les grandes œuvres d'art? Statique ou dynamique?

Unité Trois

Sur la place du Tertre

Montmartre
    la basilique du Sacré-Cœur
    le peintre
        exposer ses tableaux
           en plein air
           sur la place
        gagner sa vie en + *part. prés.* to earn his living by
        vendre des tableaux aux touristes

le tableau
    bon marché cheap
        coûter... francs
    un portrait
        une caricature
           exagérer les traits

    le tricolore
        ressembler à

Mme Belœil
    faire une photo de son mari

Mathieu
    indiquer *qqch.* **du doigt** to point out

M. Belœil
    être fier to be proud
    orgueilleux proud (*adj.*)
    avoir un gros sourire
    être satisfait de soi
    prendre la pose de Napoléon

Questions: vocabulaire

1. Qu'est-ce qui entoure la place du Tertre?
2. Quelle sorte de tableaux est-ce que les touristes aiment acheter?
3. Où est-ce que M. Belœil a la main droite?
4. Avec quoi dessine l'artiste? Quelle sorte de dessin est-il en train de faire?
5. Expliquez ce que doit être le résultat d'une telle caricature?
6. Comment est-ce que M. Belœil réagira quand il verra la caricature de l'artiste?
7. Et quand il regardera le dessin de son fils? Pourquoi? Que pensera-t-il?
8. Est-ce qu'une caricature est une représentation fidèle de la réalité?
9. Pourquoi est-ce qu'on fait des photos?
10. Alors, quelles différences y a-t-il entre la photo, la caricature et un dessin tel que celui de Mathieu?
11. Qu'est-ce que vous préférez? Pourquoi?
12. Qui pourrait bien être notre prochain Picasso? Pourquoi? Qu'a-t-il que les autres manquent?

■ *Préparons-nous!*

La désignation, la qualification et la différentiation

Dans les deux premières unités nous avons mis l'accent sur les actions et sur les événements. Dans cette unité nous allons fixer notre attention sur les noms—choses et personnes—qui jouent, eux aussi, un rôle essentiel dans nos conversations. Quand vous voulez parler de quelque chose ou de quelqu'un, il suffit souvent de présenter et de désigner cette chose ou cette personne d'une façon très simple. Dans d'autres cas, vous voulez ou vous devez caractériser cette chose ou cette personne—c'est-à-dire, indiquer une qualité ou une quantité. Enfin, il existe de nombreuses occasions où, étant donné le grand nombre de choses et de personnes dans le monde, il faut distinguer parmi plusieurs choses ou personnes qui se ressemblent. Nous allons donc étudier les articles, les adjectifs, les pronoms et les autres expressions qui servent à désigner, à qualifier et à différencier les choses et les personnes. Ce faisant, nous explorerons aussi comment faire des descriptions.

LISTE DE CONTRÔLE

Ce qu'il faut savoir	Là où vous pouvez le trouver
Les articles	**E.E.**, p. 81
Les expressions de qualité: les adjectifs	**E.E.**, p. 88
Les expressions de quantité	**E.E.**, p. 98
Les expressions pour indiquer la possession	**E.E.**, p. 101
Les expressions démonstratives	**E.E.**, p. 107
Les expressions relatives	**E.E.**, p. 112
Les expressions pour faire la description d'une chose	**E.O.**, p. 140
Les expressions pour faire la description d'une personne	**E.O.**, p. 142

A. Le sac de Lulu. En vous inspirant du dessin, indiquez ce qu'il y a dans le sac de Lulu.

MODÈLE: *Dans son sac Lulu a une calculatrice.*
Dans son sac il y a aussi des crayons.

VÉRIFICATION: Les articles indéfinis, définis et partitifs

Ex. A, B and C, pp. 84–87.

B. Vous rappelez-vous? Répondez aux questions suivantes sur les deux premières histoires en images (voir pages 53 et 63) en utilisant les mots suggérés et un article indéfini, un article défini ou un article partitif (s'il le faut).

MODÈLE: Qu'est-ce qu'on pouvait voir par la fenêtre d'André? (ville où il habitait)

On pouvait voir la ville où il habitait.

1. Qu'est-ce qu'il y avait sur le plancher dans la chambre d'André? (serviette, dossiers, paquet de cigarettes)
2. Avec quoi est-ce qu'il se rasait? (rasoir à lames)
3. Qu'est-ce qu'il mettait sur ses tartines? (beurre, miel)
4. Qu'est ce qu'il n'aimait pas? (confiture)
5. Quel était son travail? (programmeur)
6. Qu'est-ce qui passait sous le pont au moment où il a jeté sa serviette? (péniche)
7. Qu'est-ce qu'il a vu sur l'île? (jolies fleurs tropicales)
8. Qu'est-ce qu'il fallait payer après son séjour à l'hôpital? (note)
9. Qu'est-ce qu'on pouvait voir sur le plancher? (corps du maître)
10. Qu'est-ce qu'il y avait sur la table dans la salle d'armes? (bouteille, boîte de bonbons)
11. Qu'est-ce qu'il y avait dans la bouteille? (cognac)

12. Est-ce que la maîtresse du château portait des lunettes? (non)
13. De quoi est-ce que le beau-frère avait besoin? (argent)
14. Qu'est-ce qu'on a enterré dans le bois? (statue qu'on avait livrée au maître)
15. Qu'est-ce que l'inspecteur trouvait très bizarre? (goûts macabres de la vieille dame)

C. **Où est-ce qu'on va dîner?** Vous êtes à Québec avec deux ami(e)s. Vous essayez de choisir un restaurant pour le dîner. Regardez les cartes, puis parlez de vos préférences. Il faut finir par vous mettre d'accord sur un restaurant. Suivez les suggestions.

Suggestions: 1) Posez des questions pour savoir—où on veut dîner, le genre de cuisine qu'on préfère, les plats qu'on aime et qu'on n'aime pas;
2) utilisez dans la discussion les expressions suivantes—**J'aime beaucoup / j'adore / je n'aime pas du tout / je voudrais manger / j'ai envie de manger / je n'ai pas mangé... depuis longtemps / je n'ai jamais mangé.**

LE PARIS-GOURMET
73, rue Saint-Louis, Québec

Les Spécialités
Canard à l'orange
Steak au poivre
Filet mignon sauce moutarde
Lapin à l'estragon
Escalope de veau Cordon Bleu

Les Poissons et Fruits de mer
Saumon sauce moutarde
Cuisses de grenouilles
Filet de sole meunière

Les Viandes
Escalope de veau aux champignons
Côtelettes d'agneau grillées
Coq au vin

Restaurant au Parmesan

38, rue Saint-Louis, Québec

Les Pâtes
Spaghetti à la viande
Cannelloni au gratin
Lasagne verte au four
Fettucine Alfredo

Spécialités Maison
Escalope de veau Parmesan
Manicotti à la Luigi Spécial
Scampies à l'ail
Poulet Parmesan avec spaghetti

D. Échange. Posez des questions à un(e) camarade de classe afin d'obtenir les renseignements suivants:

1. ce qu'il/elle mange et boit d'habitude le matin
   —*Qu'est-ce que tu manges d'habitude le matin?*
   —*D'habitude je mange...*
2. ses fruits préférés
3. les légumes qu'il/elle n'aime pas
4. ce qu'il/elle n'a pas mangé depuis longtemps
5. ce qu'on prend comme dessert chez soi
6. ce qu'il y a dans son sac (son sac à dos, sa serviette)
7. avec quoi il/elle préfère écrire ses examens
8. s'il/si elle a apporté une calculatrice aujourd'hui
9. les cours les plus difficiles à cette université
10. s'il/si elle suit° un cours de... ce semestre (trimestre)

suit un cours: is taking a course

VÉRIFICATION: Les adjectifs

Ex. D, E, F, and G, **E.E,** pp. 92–97

E. Précisez! Vous réagissez à ce que vous dit votre camarade en utilisant l'adjectif donné pour préciser ce que vous venez d'entendre.

   MODÈLES: —Mes amis viennent d'acheter une voiture. (nouveau)
                  —*Ah! Ils ont une nouvelle voiture.*
                  —La voiture a été fabriquée à Turin, aux usines Fiat. (italien)
                  —*Ah! C'est une voiture italienne.*

1. Mes parents viennent d'acheter une nouvelle maison. Elle a 12 pièces. (grand)
2. La maison a été construite en 1910. (vieux)
3. Les murs sont blancs et les portes et les fenêtres sont peintes en vert. (blanc / vert)
4. Je connais Jean-Mi depuis longtemps. Nous sommes allés à l'école primaire ensemble et nous nous voyons tous les mois. (vieux)
5. Oh, quelle vie qu'il a, Jean-Mi! Le jour il travaille comme architecte, le soir il suit des cours, il est marié avec trois enfants, il joue au tennis deux ou trois fois par semaine. (actif)
6. Je lis un très bon roman. Son héros, c'est l'inspecteur Maigret. (policier)
7. Le roman a dix chapitres. Je lis maintenant le chapitre dix. (dernier)
8. Oh, c'est très difficile. J'ai une décision à prendre. Il faut choisir une université. (important)
9. Ma sœur avait la possibilité de travailler le jour et d'aller à l'université le soir ou elle pouvait emprunter de l'argent et aller à l'université à plein temps. Elle a décidé de ne pas travailler. Que penses-tu de sa décision? (bon)

10. Voilà Marguerite Allier. Nous étions ami(e)s. On faisait beaucoup de choses ensemble quand nous étions jeunes. Mais on s'est disputé(e/s) et on ne se parle plus.   (ancien)
11. C'est dommage. Mais tu sais, les parents de ce garçon ont été blessés, tous les deux, dans un accident de voiture.   (pauvre)
12. Tu n'as jamais entendu parler d'Édith Piaf? Elle était chanteuse. Elle avait une réputation mondiale.   (célèbre / français)
13. Sa vie n'était pas facile. Elle était rarement heureuse.   (triste)
14. Les Santanier ont acheté une voiture. C'est une Cadillac. Il y a de la place pour sept ou huit personnes.   (gros / américain)
15. Oui, mais ils ne sont pas contents. Ils pensent déjà à une autre voiture. Ils viennent de regarder des Mercédès.   (prochain)

F. Les Français à la maison. Décrivez les maisons et les intérieurs que vous voyez dans les dessins. Utilisez autant d'adjectifs que possible.

G. Votre maison (votre appartement). Faites une description de la maison (de l'appartement) où vous habitez (où habitent vos parents). Un(e) camarade de classe vous posera des questions en cherchant des précisions. Dans votre description, parlez des sujets suivants:
1) l'extérieur: grandeur, apparence (couleur, matériaux), ce qui l'entoure
2) l'intérieur: nombre d'étages, disposition des pièces (plan de chaque étage)
3) les pièces: décoration (style, couleurs), meubles

VÉRIFICATION: Les expressions de quantité

Ex. H, I, and J, pp. 99–101.

H. La famille Dupin en ville. M. et Mme Dupin et leur fille Darielle vont en ville pour faire des courses. Répondez aux questions au sujet des dessins en utilisant les noms suggérés et des expressions de quantité.

MODÈLE: Est-ce que M. Dupin est riche? (argent)

Non, il a très peu d'argent.

D'abord, ils vont au marché.

1. Qu'est-ce que Mme Dupin achète? (tomates)
2. Et M. Dupin? (œufs)
3. Et la petite Darielle? (fromage)

Ensuite ils vont à un supermarché.

4. Qu'est-ce que M. Dupin achète? (vin)
5. Et Madame? (bœuf haché)
6. Et la petite Darielle (bonbons)

Enfin, ils vont à l'arrêt d'autobus.

7. Est-ce qu'ils peuvent monter dans l'autobus? (place)
8. Parmi les passagers il y a un grand nombre d'hommes? (hommes / femmes)
9. Comment est-ce que les Dupin seront obligés de rentrer chez eux? (à pied)

I. Les Français et la consommation. La France, comme les États-Unis, est devenue une «société de consommation». Étudiez les statistiques, puis répondez aux questions sur les consommateurs français en utilisant, autant que possible, des expressions de quantité.

10. Voilà Marguerite Allier. Nous étions ami(e)s. On faisait beaucoup de choses ensemble quand nous étions jeunes. Mais on s'est disputé(e/s) et on ne se parle plus.   (ancien)
11. C'est dommage. Mais tu sais, les parents de ce garçon ont été blessés, tous les deux, dans un accident de voiture.   (pauvre)
12. Tu n'as jamais entendu parler d'Édith Piaf? Elle était chanteuse. Elle avait une réputation mondiale.   (célèbre / français)
13. Sa vie n'était pas facile. Elle était rarement heureuse.   (triste)
14. Les Santanier ont acheté une voiture. C'est une Cadillac. Il y a de la place pour sept ou huit personnes.   (gros / américain)
15. Oui, mais ils ne sont pas contents. Ils pensent déjà à une autre voiture. Ils viennent de regarder des Mercédès.   (prochain)

F. Les Français à la maison. Décrivez les maisons et les intérieurs que vous voyez dans les dessins. Utilisez autant d'adjectifs que possible.

G. Votre maison (votre appartement). Faites une description de la maison (de l'appartement) où vous habitez (où habitent vos parents). Un(e) camarade de classe vous posera des questions en cherchant des précisions. Dans votre description, parlez des sujets suivants:
1) l'extérieur: grandeur, apparence (couleur, matériaux), ce qui l'entoure
2) l'intérieur: nombre d'étages, disposition des pièces (plan de chaque étage)
3) les pièces: décoration (style, couleurs), meubles

VÉRIFICATION: Les expressions de quantité

Ex. H, I, and J, pp. 99–101.

H. La famille Dupin en ville. M. et Mme Dupin et leur fille Darielle vont en ville pour faire des courses. Répondez aux questions au sujet des dessins en utilisant les noms suggérés et des expressions de quantité.

MODÈLE: Est-ce que M. Dupin est riche? (argent)

Non, il a très peu d'argent.

D'abord, ils vont au marché.

1. Qu'est-ce que Mme Dupin achète? (tomates)
2. Et M. Dupin? (œufs)
3. Et la petite Darielle? (fromage)

Ensuite ils vont à un supermarché.

4. Qu'est-ce que M. Dupin achète? (vin)
5. Et Madame? (bœuf haché)
6. Et la petite Darielle (bonbons)

Enfin, ils vont à l'arrêt d'autobus.

7. Est-ce qu'ils peuvent monter dans l'autobus? (place)
8. Parmi les passagers il y a un grand nombre d'hommes? (hommes / femmes)
9. Comment est-ce que les Dupin seront obligés de rentrer chez eux? (à pied)

I. Les Français et la consommation. La France, comme les États-Unis, est devenue une «société de consommation». Étudiez les statistiques, puis répondez aux questions sur les consommateurs français en utilisant, autant que possible, des expressions de quantité.

Désigner et décrire

Ce que mangent les Français	(en kg)
pain	67,3
pâtes°	6,2
riz	3,5
pommes de terre	66,5
légumes frais et surgelés°	69,7
conserves de° légumes	20,8
bœuf	19,4
veau	5,3
porc frais	10,1
volailles° (poulet, etc.)	17,5
poissons, crustacés°	12,5
fromages	19,3
yaourts	15,3

pâtes: pasta

légumes... surgelés: fresh and frozen vegetables
conserves de: canned

volailles: poultry
crustacés: shellfish

Ce que boivent les Français	(en litres)
Vins de table	63,5
Vins (appellation contrôlée°)	16,1
Bière	43,8
Cidre	17,1
Eaux minérales	53,6
Boissons gazeuses°	26,8

appellation contrôlée: patented name

Boissons gazeuses: carbonated drinks

Ce que les Français conduisent	(en % de voitures)	
Renault		39,9
Citroën		16,9
Peugeot		16,8
Talbot		8,0
Étrangères		24,4
japonaises	14,5	
italiennes	23,0	
allemandes°	54,8	
autres	7,7	

allemandes: German

(*Francoscopie 1987*)

1. Qu'est-ce que les Français mangent?
   Ils mangent beaucoup de..., très peu de..., plus de..., que de..., etc.
2. Est-ce que la majorité des Français boivent du vin?
3. Quelles autres boissons boivent-ils?
4. Quelles voitures est-ce que les Français achètent?
5. Comparez les habitudes des Américains et celles des Français à l'égard de chaque catégorie: nourriture, boissons, voitures.

Unité Trois

J. Un tableau. Précisez les objets et les quantités qu'on peut voir dans le tableau suivant.

VÉRIFICATION: La possession

Ex. K and M, pp. 104 and 106.

K. Renseignons-nous! Complétez les dialogues suivants en utilisant un adjectif possessif (**mon, ton,** etc.) dans la réponse à la première question et un pronom possessif (**le mien, le tien,** etc.) dans la réponse à la seconde.

MODÉLE: —Quel âge a le mari de Mme Belœil? (45 ans)

—*Son mari a 45 ans.*

—Et ton mari? Il a 45 ans aussi? (plus âgé)

—*Non, le mien est plus âgé.*

1. —Quel âge a le fils de M. et Mme Belœil? (7 ans)
   —Et votre fils? Il a 7 ans aussi? (9 ans)
2. —De quelle couleur est ta veste? (bleue)
   —Et la veste de M. Belœil? Elle est bleue aussi? (rouge)
3. —Où est-ce que Mme Belœil a acheté les chaussures qu'elle porte? (au Monoprix)
   —Et toi? Tu as acheté tes chaussures au Monoprix aussi? (aux Galeries Lafayette)

134 *Désigner et décrire*

4. —Où est-ce que Mathieu a laissé le chapeau qu'il portait? (sur la statue du Penseur)
   —Et Véronique? Elle a laissé le chapeau qu'elle portait sur la même statue? (derrière le portrait de Louis XIV)
5. —Comment s'appelle la femme de M. Belœil? (Antoinette)
   —Mais ta femme, elle ne s'appelle pas Antoinette, n'est-ce pas? (Catherine)
6. —Comment sont les goûts artistiques des Belœil? (bizarres)
   —Et tu trouves que nos goûts sont bizarres aussi? (traditionnels)
7. —L'appareil photo de Mme Belœil, c'est un Canon? (un Kodak)
   —Et ton appareil, c'est un Kodak aussi? (un Canon)
8. —L'écharpe de M. Belœil, elle est rouge? (bleue)
   —Et l'écharpe que portent les élèves de l'école de Mathieu? (verte)

L. **Objets trouvés.** Après que tous les passagers ont quitté un TGV° allant de Paris à Nice, on a retrouvé sept objets. Le contrôleur montre ces objets au chef de gare et se souvient des passagers dans la voiture° 17. Le chef de gare lui demande à qui appartiennent° les objets et le contrôleur les attribue° à la personne logique. Puis le chef de gare essaie de rendre l'objet au passager indiqué par le contrôleur. Vous jouez le rôle du chef de gare ou du contrôleur ou d'un des passagers.

TGV: *Train à Grande Vitesse* (high-speed train)
voiture: car (of train)
appartiennent (à): belong (to)
attribue: allocates

Objets	Passagers
un livre d'histoire	deux jeunes amoureux
un manteau de fourrure	un prêtre°
un couteau	une actrice de cinéma
un parapluie°	une vieille femme pauvre
une trousse de maquillage°	un étudiant
des billets d'avion°	une dame élégante
un filet° avec des fruits et du fromage	deux touristes américains

prêtre: priest

parapluie: umbrella
trousse de maquillage: makeup kit
billets d'avion: airplane tickets
filet: net bag (for shopping)

MODÈLES: Chef (Le livre d'histoire): *À qui est le livre d'histoire?*

Contrôleur: *Il est à l'étudiant.*

Chef (à l'étudiant): *Ah, c'est votre livre?*

Étudiant: *Oui, c'est mon livre.* ou

Non, ce n'est pas mon livre. Il appartient (est) au prêtre. Il s'intéresse beaucoup à l'histoire religieuse.

VÉRIFICATION: Les expressions démonstratives

Ex. N and O, **E.E.** pp. 109–112.

M. Lequel? Quand vous posez une question à votre camarade, il vous demande une précision. Utilisez la forme convenable de l'adjectif démonstratif (**ce, cet, cette, ces**) dans la première question et la forme convenable du pronom démonstratif (**celui, celle, ceux, celles**) dans la demande de précision ainsi que dans la réponse.

MODÈLE: Comment s'appelle...? (garçon / -ci / -là)

—*Comment s'appelle ce garçon?*
—*Celui-ci?*
—*Non, celui-là.*

1. Où as-tu acheté...? (cassette / -ci / -là)
2. Où peut-on voir...? (tableaux / de Matisse / de Miró)
3. Combien coûtent...? (chaussures / de Madeleine / de Pascale)
4. Quel est le nom de...? (animal / -là / -ci)
5. Quel est le nom de...? (ville / où nous avons vu le cirque / où nous avons visité la cathédrale romane)

N. Les Belœil au musée. Complétez les conversations suivantes qui ont pour sujet la visite de la famille Belœil au musée (voir page 111). Utilisez une forme convenable du pronom démonstratif (**celui, celle, ceux, celles**).

MODÈLE: —Tu as vu ce dessin?
—Le dessin qu'a fait le peintre du dimanche?
—*Non, celui qu'a fait le petit Mathieu.*

1. —M. Belœil a beaucoup aimé un portrait.
   —Le portrait de Zola par Cézanne?
   —Non,...
2. —M. Belœil a regardé une nature morte pendant longtemps.
   —La nature morte de Van Gogh?
   —Non,...
3. —As-tu remarqué les hauts talons°?
   —Les hauts talons de Mme Belœil?
   —Non,...
4. —M. Belœil a enlevé ses chaussures dans une des salles.
   —Dans la salle où on peut voir les tableaux Romantiques?
   —Non, dans...
5. —Le gardien a trouvé un trognon de pomme par terre.
   —Le trognon de M. Belœil?
   —Non,...
6. —Mathieu a trouvé la femme très amusante.
   —La femme dans le tableau de Delacroix?
   —Non,...

talons: heels

Désigner et décrire

7. —Mathieu a beaucoup aimé les sculptures.
   —Les sculptures de Rodin?
   —Oui, mais aussi...
8. —Mme Belœil a été stupéfaite en voyant le tableau.
   —Le tableau qu'a peint l'artiste sur la place du Tertre?
   —Non,...

VÉRIFICATION: Les expressions relatives

O. **Les pièces à conviction°.** L'inspecteur montre au commissaire de police les choses qu'il a trouvées au Château dans le bois. Le commissaire lui demande des précisions et l'inspecteur lui en donne en utilisant des pronoms relatifs (**qui, que, dont, lequel, ce qui, ce que, quoi**).

pièces à conviction: evidence

Ex. P, Q and R, pp. 117–121.

MODÈLE: —Voici le nom du policier.
—Quel policier? (accompagner)
—*Le policier qui accompagnait le conservateur de musée le matin du meurtre.*

1. —Voici le nom de la personne.
   —Quelle personne? (la bonne / téléphoner)
2. —Voici le liquide.
   —Quel liquide? (la vieille dame / verser)
3. —Voici le levier°.
   —Quel levier? (les conspirateurs / ouvrir)
4. —Voici la valise.
   —Quelle valise? (le beau-frère / mettre)
5. —Voici la statuette.
   —Quelle statuette? (être dans)
6. —Voici le livre sur la sculpture orientale.
   —Quel livre sur la sculpture orientale? (le conservateur / avoir besoin)
7. —Voici les chaussures.
   —Quelles chaussures? (le conservateur / porter)
8. —Voici une photo de la cabane.
   —Quelle cabane? (le beau-frère / se cacher)

levier: lever

Enfin, le commissaire a deux questions pour l'inspecteur. Mais chaque fois l'inspecteur est obligé de dire qu'il ne sait pas la réponse.

9. —Pourquoi est-ce que le beau-frère fouillait° dans le bureau?
   —Je ne sais pas... (chercher)
10. —Est-ce que le maître et la maîtresse se sont disputés après qu'elle l'a découvert avec la bonne?
    —Elle refuse de dire... (se passer)

fouillait: was rummaging

Unité Trois

P. Les amateurs d'art. En regardant l'histoire en images, ajoutez des précisions aux endroits indiqués. Utilisez un pronom relatif.

> **MODÈLES:** (image 2): Le monsieur... s'ennuie.
> *Le monsieur qui vend des billets s'ennuie.*
>
> Le miroir... fait partie du poudrier de Mme Belœil.
> *Le miroir dans lequel Mme Belœil regarde fait partie de son poudrier.*

(image 3—dans la salle des Romantiques—page 115)

1. Le tableau... représente une croix.
2. Le petit Mathieu tient dans sa main gauche le crayon... .
3. Le gardien... le gronde.
4. Dans le tableau de Delacroix, la femme... a un drapeau dans son bras.
5. La toile... est montée sur un chevalet.

(image 5—dans la salle des Impressionnistes—page 119)

6. Le monsieur... a l'air confondu°.   **confondu:** confused
7. La nature morte... est de Cézanne.
8. Le monsieur... c'est le gardien.
9. Mathieu va peut-être jeter la pomme... .
10. Dans le tableau de Van Gogh, le cyprès... est dans un champ de blé.

(image 6—dans la salle des Surréalistes—p. 121)

11. Le garçon... joue avec une roue.
12. La roue... est montée sur un tabouret.
13. Le banc... se trouve devant un tableau de Magritte.
14. Dans ce tableau, il y a un peigne... .
15. Les tableaux... sont aussi des tableaux surréalistes.

Q. Le jeu des définitions. En utilisant des pronoms relatifs (**qui, que,** etc.), complétez les définitions suivantes.

> **MODÈLES:** Le facteur, c'est un employé de la poste...
>
> *Le facteur, c'est un employé de la poste qui livre le courrier à la maison.* ou
>
> *Le facteur, c'est un employé de la poste qui apporte des lettres à la maison.*

1. Un gardien, c'est un employé...
2. Un tabouret, c'est un meuble°...   **meuble:** piece of furniture
3. Un pinceau...
4. Un inspecteur de police...
5. Un peigne...
6. Une vendeuse...

7. Une perruque...
8. Un peintre du dimanche...

R. De qui ou de quoi parlez-vous? Avec quelques camarades de classe, parlez des groupes d'objets et de personnes illustrés ci-dessous. Posez des questions et cherchez des précisions. La conversation peut varier selon la nature des images.

MODÈLES:

—*Qu'est-ce que c'est?*
—*Ce sont des lits.*
—*Lequel de ces lits préfères-tu?*
—*Moi, j'aime beaucoup le grand lit.*
—*Celui devant lequel il y a un tapis?*
—*Oui, celui-là. Et toi?*
—*Je ne sais pas. Je n'aime pas le petit lit.*
—*Celui qui ressemble à un sofa?*
—*Oui, le lit que regardent les deux femmes. À mon avis, il n'est pas très confortable.*
—*Que penses-tu du troisième lit?*
—*Celui sur lequel jouent les enfants?*
—*Oui. C'est un lit très bizarre, non? Est-ce que ton lit ressemble à celui-là?*
—*Non, pas du tout. Le mien est comme le grand lit. Et le tien?*, etc.

  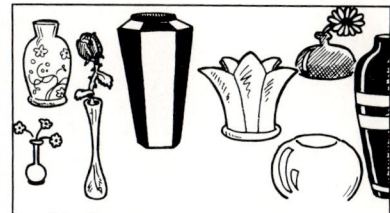

■ *Pour communiquer*

Comment faire une description

Il arrive souvent qu'on soit obligé de faire une description. Il est nécessaire de décrire *un objet, un lieu* ou *une personne*. Voici donc des mots et des expressions que vous pouvez utiliser en décrivant les objets, les lieux et les personnes et aussi en demandant à quelqu'un d'autre de vous les décrire.

Pour décrire un objet

C'est de quelle couleur?	C'est bleu, vert, rouge, blanc, noir, rose, orange, gris, marron°, jaune, violet. C'est bleu clair, vert pâle, vert foncé, etc.	**marron:** brown, chestnut
C'est de quelle taille?	C'est (très) (assez) grand, gros, petit. C'est (très) (assez) long, court. C'est (très) (assez) haut, bas. C'est (très) (assez) large, étroit. C'est (très) (assez) épais, mince. C'est (très) (assez) lourd, léger.	
C'est de quelle forme?	C'est rond (un cercle), carré° (un carré), rectangulaire (un rectangle), triangulaire (un triangle), sphérique (une sphère), cubique (un cube), cylindrique (un cylindre), conique (un cône).	**carré:** square
Comment est-ce?	C'est (très) (assez) dur, mou°. C'est (très) (assez) rugueux°, lisse°. C'est (très) (assez) aigu°, émoussé°. C'est plat, bombé°.	**mou:** soft **rugueux:** rough (to the touch) **lisse:** smooth **aigu:** sharp **émoussé:** blunted **bombé:** curved, swollen
C'est fait en quoi?	C'est en bois, en métal, en argent°, en or, en acier°, en plastique, en céramique, en verre, en tissu°, en laine°, en coton, en soie°, en polyester, en nylon.	**argent:** silver **acier:** steel **tissu:** fabric **laine:** wool **soie:** silk
À quoi ça sert?	Ça sert à... C'est pour... C'est un truc° qu'on emploie (utilise) pour... C'est un machin° dont on se sert pour... ⎫⎬⎭ (+ *infinitif*)	**truc:** thing (*slang*) **machin:** thing (*slang*)

S. Je ne sais pas comment ça s'appelle. Vous avez oublié le nom des objets illustrés ci-dessous. Faites une description de chaque objet de façon qu'on puisse l'identifier.

MODÈLE:

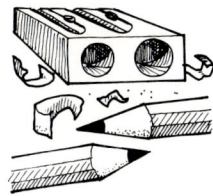

Je ne sais pas comment ça s'appelle. C'est un petit objet en plastique ou quelquefois en métal. C'est rectangulaire. C'est assez léger. C'est un machin dont on se sert si on a un crayon qui n'est plus très pointu ou aigu.

Pour décrire un lieu

C'est où?   C'est près de..., loin de...
                           C'est à... kilomètres de...

Qu'est-ce qu'il y a... à voir?
    Il y a...   un bois, une forêt
    On peut voir...   une ville, un village
                     des bâtiments
                     une ferme, une grange
                     une plage, une dune, du sable
                     une colline, une montagne
                     une vallée, une plaine

Où est le (la)... par rapport au (à la)...?
    Il/Elle est...   devant..., derrière...
                     en face de..., à côté de...
                     au bout de..., au fond de...
                     au coin de..., au milieu de
                     autour de...
                     sur..., sous..., dans...
                     au-dessus de..., au-dessous de...

Unité Trois

T. Des cartes postales. Imaginez que vous avez visité les lieux illustrés sur les cartes postales reproduites ci-dessous. Faites-en une description.

Pour décrire une personne

Quel âge a-t-il/elle?	Il/Elle a… ans.	
	Il/Elle est jeune, d'un certain âge, vieux (vieille).	
Il/Elle est de quelle taille°?	Il/Elle est de grande taille, de petite taille, de taille moyenne°.	**taille:** height
	grand(e), petit(e).	**moyenne:** average
	fort(e), faible.	
	costaud°, chétif(ve)°.	**costaud:** of strong build
	gros(se), mince (*favorable*), maigre (*péjoratif*)	**chétif(ve):** slight
Comment sont ses cheveux?	Il/Elle a les cheveux noirs, blonds, bruns, gris, châtains°, roux°.	**châtains:** chestnut
	Il/Elle a les cheveux longs, courts, raides°, ondulés°, frisés°, bouffants.	**roux:** red
		raides: straight
		ondulés: wavy
	Il/Elle a les cheveux en brosse°, en désordre.	**frisés:** curly
		en brosse: crewcut

142   *Désigner et décrire*

	Il/Elle est chauve°.	**chauve:** bald
	Il/Elle a un chignon, une moustache, une barbe, une barbiche°, des favoris°.	**barbiche:** goatee
Comment est son visage?	Il/Elle a le visage carré, long, ovale, rond.	**favoris:** whiskers
	Il/Elle a le front bombé, plat, haut, bas, fuyant°.	**fuyant:** receding
	Il/Elle a les yeux bleus, bruns, verts.	
	Il/Elle a les yeux à moitié° fermés, grands ouverts°, ronds, en amande.	**à moitié:** halfway
		grands ouverts: wide open
	Il/Elle a un œil poché°, des poches sous les yeux.	**poché:** with bags
	Il/Elle a le nez droit, aquilin, pointu, cassé, retroussé°, camus°, gros.	**retroussé:** pug
		camus: flat, broad
	Il/Elle a les joues rondes, creuses°, pendantes.	**creuses:** hollow
	Il/Elle a des fossettes°.	**fossettes:** dimple
	Il/Elle a les lèvres° fines, grosses.	**lèvres:** lips

NOTE LEXICALE

En français, on peut décrire l'apparence d'une personne de trois façons:
1) en utilisant le verb **avoir,** 2) en utilisant le verbe **être** et 3) en utilisant un nom suivi de la préposition **à.**

1. Le verbe **avoir** (suivi d'un nom):
   a. S'il y a un adjectif *après* le nom, on utilise l'article défini **(le, la, l', les):**

   Elle a **les** cheveux **longs.**   Il a **le** menton **pointu.**

   b. S'il y a un adjectif *devant* le nom, on utilise l'article indéfini (**un, une, de**) ou l'article partitif (**de...**):

   Elle a **un petit** nez.   Il a **de grosses** lèvres.

2. Le verbe **être** (suivi d'un adjectif):

   Elle est mince.   Ils sont grands.

   Si le sujet du verbe **être** est une partie du corps, on utilise un adjectif possessif (**mon, ma, mes,** etc.):

   Son nez est petit.   **Leurs cheveux** sont longs.

3. Un nom suivi de la préposition **à:**

   C'est le monsieur **aux** lèvres fines.
   Cette femme **au** teint pâle et **aux** cheveux longs a l'air triste.

U. Comment sont-ils? Décrivez les personnes illustrées ci-dessous. Pour les deux premiers portraits, on vous donnera des questions comme guide. Ensuite, faites votre propre description en variant les structures que vous employez: **avoir, être,** nom + **à.**

MODÈLE:

Qui est-ce?—*C'est un monsieur.*
Est-il jeune?—*Non, il est vieux.*
Comment sont ses cheveux?—*Il est chauve.*
Son nez est-il cassé?—*Non, il a le nez pointu.*
Décrivez cette personne.—*C'est un vieux monsieur chauve qui a le nez pointu.*

1. Qui est-ce? Est-il vieux? Comment sont ses cheveux? Comment est son nez? Décrivez cette personne.
2. Qui-est ce? Est-elle vieille? Quelle sorte de cheveux a-t-elle? Son front est-il plat? Décrivez cette personne.
3-8.

Désigner et décrire

À vous, maintenant!

> **NOTE LEXICALE**
>
> Quand on fait la description d'un tableau ou d'une photo ou d'une autre image, il y a un vocabulaire spécialisé qui permet de situer les objets sur l'image. Voici des mots et des expressions qu'on peut utiliser en décrivant une image visuelle:
>
> **au bout de** / **contre** / **loin de** / **derrière** / **vers** / **en face de** / **au premier plan de** / **à l'arrière plan de** / **en haut de** / **au tour de** / **au centre de** / **à côté de** /

A. Un tableau que j'aime. Apportez en classe la reproduction d'un tableau ou d'une illustration que vous aimez particulièrement. Préparez-vous à décrire l'image à un(e) camarade de classe, qui va essayer de dessiner le tableau d'après votre description.

MODÈLE: *Le tableau a la forme d'un rectangle (horizontal). Au premier plan°, en bas, à gauche, on voit... etc.)*

premier plan: foreground

B. Un endroit que j'aime beaucoup. Choisissez un endroit que vous avez visité ou un endroit où vous aimez passer beaucoup de temps, un endroit dont vous gardez un très bon souvenir ou un endroit qui a joué un rôle important dans votre vie. Faites une description de cet endroit en indiquant son attrait ou son importance pour vous.

C. Un portrait. Choisissez une personne qui vous intéresse beaucoup—quelqu'un que vous connaissez, quelqu'un que vous admirez, quelqu'un que vous voudriez connaître. Ce peut être une personne célèbre ou un membre de votre famille. Décrivez cette personne en insistant sur son apparence et sur son caractère.

D. Une histoire. Racontez une histoire au sujet de quelque chose qui vous est arrivé. En racontant l'histoire, insistez sur les personnes et les lieux. C'est-à-dire qu'il faut profiter de toute occasion pour faire une description. Quelques suggestions: un accident, une contravention°, un séjour à l'hôpital, des vacances, quelque chose qu'on a perdu, un repas, un moment gênant, etc.

contravention: traffic ticket

E. Un amateur de cinéma. Vous avez un(e) ami(e) qui est un(e) fanatique du vieux cinéma. Il/Elle adore les vieux films et collectionne des affiches et des photos. Choisissez une des affiches ou des photos reproduites à la page 50 et faites-en la description. Faites des conjectures au sujet de la sorte de film que c'était en essayant d'imaginer les autres personnages, lieux et actions.

Unité Trois **145**

AU JOUR LE JOUR

L'Art moderne et le passé

Numéro 4

- La Jolie Rousse
- Le Théâtre et la peste
- Le Rôle des musées
- L'Art de s'exprimer
- L'Artiste dans le monde moderne

La Jolie Rousse

Notre révolution actuelle° de l'art a été annoncée par une idée du modernisme. Dans ce poème, Guillaume Apollinaire (1880–1918), affirme un nouveau rôle pour le poète. Au lieu d'être celui qui perfectionne la langue, qui suit les règles ou qui fait des recherches, le poète se conçoit comme un artiste qui pénètre les royaumes inconnus. Précédé par des poètes qui ont déjà commencé ce voyage (Baudelaire, Rimbaud, Lautréamont), Apollinaire cristalise cette nouvelle responsabilité. Pour vous, qu'est-ce que c'est qu'un poète? Quel est le rôle du poète moderne signalé dans ce poème?

actuelle: present

La Jolie Rousse

Me voici devant tous un homme plein de sens
Connaissant la vie et de la mort ce qu'un vivant peut connaître
Ayant éprouvé les douleurs° et les joies de l'amour
Ayant su quelquefois imposer ses idées
Connaissant plusieurs langages
Ayant pas mal voyagé
Ayant vu la guerre dans l'Artillerie et l'Infanterie
Blessé à la tête trépané° sous le chloroforme
Ayant perdu ses meilleurs amis dans l'effroyable° lutte
Je sais d'ancien et de nouveau autant qu'un homme seul pourrait
   des deux savoir
Et sans m'inquiéter aujourd'hui de cette guerre
Entre nous et pour nous mes amis
Je juge cette longue querelle de la tradition et de l'invention
       De l'Ordre et de l'Aventure

Vous dont la bouche est faite à l'image de celle de Dieu
Bouche qui est l'ordre même
Soyez indulgents quand vous nous comparez
À ceux qui furent° la perfection de l'ordre
Nous qui quêtons° partout l'aventure

Nous ne sommes pas vos ennemis
Nous voulons vous donner de vastes et d'étranges domaines
Où le mystère en fleurs s'offre à qui° veut le cueillir°
Il y a là des feux nouveaux des couleurs jamais vues
Mille phantasmes impondérables
Auxquels il faut donner de la réalité
Nous voulons explorer la bonté° contrée° énorme où tout se tait°
Il y a aussi le temps qu'on peut chasser ou faire revenir
Pitié pour nous qui combattons toujours aux frontières
De l'illimité et de l'avenir
Pitié pour nos erreurs pitié pour nos péchés°

douleurs: pains

trépané: operated on
effroyable: frightful

furent: were
quêtons: seek

qui: whoever
cueillir: pluck

bonté: kindness
contrée: land
se tait: is mute

péchés: sins

L'Art moderne et le passé

Voici que vient l'été la saison violente
Et ma jeunesse est morte ainsi que le printemps
Ô soleil c'est le temps de la Raison ardente
        Et j'attends
Pour la suivre toujours la forme noble et douce
Qu'elle prend afin que° je l'aime seulement
Elle vient et m'attire ainsi qu'un fer l'aimant°
        Elle a l'aspect charmant
        D'une adorable rousse°

Ses cheveux sont d'or on dirait
Un bel éclair° qui durerait°
Ou ces flammes qui se pavanent°
Dans les roses-thé qui se fanent°

Mais riez riez de moi
Hommes de partout surtout gens d'ici
Car il y a tant de choses que je n'ose° vous dire
Tant de choses que vous ne me laisseriez pas dire
Ayez pitié de moi

                Guillaume Apollinaire, *La Jolie Rousse*

afin que: so that
un fer ...: iron is drawn by a magnet
rousse: redheaded woman

éclair: lightning bolt
durerait: would last
se pavanent: show off, strut
se fanent: wither

n'ose: don't dare

Guillaume Apollinaire (1880–1918).
The Bettmann Archive

Le Théâtre et la peste°

Parmi les artistes et poètes maudits° (depuis Baudelaire au milieu du dix-neuvième siècle), aucun poète n'a probablement exprimé sa souffrance d'une voix plus aiguë° que celle d'Antonin Artaud (1896–1948). Artaud termine cet extrait par sa comparaison de l'effet du théâtre à celui de la peste: une maladie où la victime meurt ou guérit° complètement. Il parle aussi des forces de la vie, des forces qui rendent la vie équilibrée ou non. La cérémonie du théâtre pour lui est un rite où le spectateur peut pénétrer dans une expérience de la vie qui se cache derrière la monotonie de notre existence quotidienne°. Il veut que l'être humain se confronte à ses possibilités et à cet aspect de sa vie qui reste caché derrière un masque qui nie° la vérité de son être. En somme, Artaud veut que nous retournions à un théâtre primitif ou essentiel que nous avons perdu à cause des raffinements de la parole et du mot écrit.

Faites une liste des adjectifs qui décrivent la peste et le théâtre. Décrivez brièvement, avant de lire cet extrait, le rôle que le théâtre doit jouer pour la société.

Comme la peste, le théâtre est donc un formidable appel de forces qui ramènent l'esprit par l'exemple à la source de ses conflits... .

Si le théâtre essentiel est comme la peste, ce n'est pas parce qu'il est contagieux, mais parce que, comme la peste, il est la révélation, la mise en avant°, la poussée° vers l'extérieur d'un fond° de cruauté latente par lequel se localisent sur un individu ou sur un peuple toutes les possibilités perverses de l'esprit... .

* * *

Le théâtre, comme la peste, est à l'image de ce carnage, de cette essentielle séparation. Il dénoue° des conflits, il dégage° des forces, il déclenche° des possibilités, et si ces possibilités et ces forces sont noires, c'est la faute non pas de la peste ou du théâtre, mais de la vie.

Nous ne voyons pas que la vie, telle qu°'elle est et telle qu'on nous l'a faite, offre beaucoup de sujets d'exaltation. Il semble que par la peste, un gigantesque abcès, tant moral que social, se vide°; et de même que° la peste, le théâtre est fait pour vider collectivement des abcès... .

Le théâtre comme la peste est une crise qui se dénoue par la mort ou la guérison. Et la peste est un mal supérieur parce qu'elle est une crise complète après laquelle il ne reste rien que la mort ou qu'une extrême purification. De même, le théâtre est mal parce qu'il est l'équilibre suprême qui ne s'acquiert° pas sans destruction. Il invite l'esprit à un délire qui exalte ses énergies; et l'on peut voir, pour finir, que du point de vue humain, l'action du théâtre comme celle de la peste, est bienfaisante°, car poussant les hommes à se voir tels qu'ils sont, elle fait tomber le masque, elle découvre le mensonge°, la veulerie°, la bassesse, la tartuferie°; elle secoue°

peste: plague

maudits: damned (a school of "tormented" artists and poets)
aiguë: sharp, penetrating
guérit: recovers

quotidienne: daily
nie: denies

mise en avant: forward motion
poussée: thrust
fond: background

dénoue: resolves
dégage: deploys
déclenche: triggers (v.)
telle que: such as

se vide: is drained
de même que: like

s'acquiert: is obtained, won
bienfaisante: beneficial
mensonge: lie
veulerie: cowardliness
tartuferie: hypocrisy
secoue: shakes up

L'Art moderne et le passé

l'inertie asphyxiante de la matière qui gagne jusqu'aux données° les plus claires des sens; et révélant à des collectivités leur puissance sombre, leur force cachée, elle les invite à prendre en face du destin une attitude héroïque et supérieure qu'elles n'auraient jamais eue sans cela.

données: data

* * *

Pour atteindre ce retour au théâtre pur, Artaud exige° un langage concret de gestes, de costumes, de sons, de lumière qui s'adressent aux sens du spectateur. Considérez le rôle que le mot écrit et la parole° jouent dans notre idée traditionnelle de l'art et de l'éducation.

exige: demands

parole: spoken language

Je dis que ce langage concret, destiné aux sens et indépendant de la parole, doit satisfaire d'abord les sens, qu'il y a une poésie pour les sens comme il y en a pour le langage, et que ce langage physique et concret auquel je fais allusion n'est vraiment théâtral que dans la mesure où les pensées qu'il exprime échappent au langage articulé.

Antonin Artaud, *Le Théâtre et son double*

Le Rôle des musées

Un phénomène qui a bouleversé° l'idée de l'art à l'époque moderne est une chose que nous acceptons aujourd'hui sans y penser. C'est le musée. Dans l'extrait suivant, l'écrivain français André Malraux (1901–1976) souligne° l'importance du musée dans notre société. Essayez de dégager° les idées essentielles de cette discussion.

bouleversé: changed

souligne: emphasizes

dégager: extricate, find

Le rôle des musées dans notre relation avec les œuvres d'art est si grand que nous avons peine à penser qu'il n'en existe pas, qu'il n'en exista jamais là où la civilisation de l'Europe moderne est ou fut inconnue; et qu'il en existe chez nous depuis moins de deux siècles. Le dix-neuvième siècle a vécu d'eux; nous en vivons encore. Et oublions qu'ils ont imposé au spectateur une relation, toute nouvelle, avec l'œuvre d'art.

Notre relation avec l'art, depuis plus d'un siècle, n'a cessé de s'intellectualiser. Le musée impose une mise en question° de chacune des expressions du monde qu'il réunit, une interrogation sur ce qui les réunit. Au plaisir de l'œil, la succession, l'apparente contradiction des écoles ont ajouté la conscience d'une quête passionnée, d'une recréation de l'univers en face de la Création. Après tout, le musée est un des lieux qui donnent la plus haute idée de l'homme...

mise en question: a challenge

Le voyage d'art se complète donc au dix-neuvième siècle. Mais l'homme qui a vu l'ensemble des grandes œuvres de l'Europe est alors rare. Gautier a vu l'Italie sans voir Rome à trente-neuf ans; Edmond de Goncourt, à trente-trois; Hugo, enfant; Baudelaire, Verlaine, jamais...

Qu'avait-il vu? Qu'avaient vu, jusqu'en 1900, ceux dont les réflexions sur l'art demeurent pour nous révélatrices ou significatives, et dont nous supposons qu'ils parlent des *mêmes œuvres*, que leurs références sont les nôtres? Deux ou trois musées, et les photos, gravures° ou copies d'une faible partie des chefs-d'œuvre de l'Europe. La plupart de leurs lecteurs, moins encore. La mémoire optique n'est pas infaillible, et des semaines séparaient souvent l'examen de deux toiles°. Du dix-septième au dix-neuvième siècle, les tableaux°, traduits par la gravure, étaient devenus gravures: ils avaient conservé leur dessin, perdu leur couleur à quoi s'était substituée, non par copie, mais par interprétation, son expression en noir et blanc; ils avaient perdu aussi leurs dimensions, et acquis des marges°. La photo en noir du dix-neuvième siècle ne fut qu'une gravure plus fidèle. L'amateur d'alors° connut les toiles comme nous connaissons les mosaïques et les vitraux°... .

Aujourd'hui un étudiant dispose de° la reproduction en couleurs de la plupart des œuvres magistrales, découvre nombre de peintures secondaires, les arts archaïques, les sculptures indienne, chinoise et précolombienne des hautes époques, une partie de l'art byzantin, les fresques romanes°, les arts sauvages et populaires. Combien de statues étaient reproduites en 1850? Nos albums° ont trouvé dans la sculpture—que la monochromie° reproduit plus fidèlement qu'elle ne reproduit les tableaux—leur domaine privilégié. On connaissait le Louvre (et quelques dépendances°), dont on se souvenait comme on pouvait; nous disposons de plus d'œuvres significatives pour suppléer aux° défaillances° de notre mémoire que n'en pourrait contenir le plus grand musée.

André Malraux, Les Voix du silence

gravures: engravings

toiles: canvasses
tableaux: paintings

marges: margins

d'alors: of that time
vitraux: stained-glass windows
dispose de: has access to

romanes: Romanesque (pre-Gothic)
albums: art books
monochromie: black-and-white printing
dependances: annexes
suppléer aux: to make up for
défaillances: gaps

La pyramide du Louvre et le musée du Louvre: la modernité arrive au milieu de la tradition.

L'Art moderne et le passé

Le Pont Neuf, emballé en 1985 par l'artiste bulgarian, Christo Javacheff.

L'Art de s'exprimer

Voici une série de courtes observations qui demandent un nouveau regard sur l'expression humaine. Discutez brièvement chaque citation° à son tour. Notez ce que chaque penseur exige de nous.

citation: quotation

«Tout art qui est différent de celui qui l'a précédé appelle une transformation du goût, à laquelle il n'y a pas lieu de s'arrêter.» — (André Malraux)

«Renouveler le langage c'est renouveler la conception, la vision du monde. La révolution c'est changer la mentalité. Toute expression artistique nouvelle est enrichissement correspondant à une exigence de l'esprit, un élargissement° des frontières du réel connu: elle est aventure, elle est risque, elle ne peut donc pas être répétition d'une idéologie cataloguée, elle ne peut être servante d'une autre vérité (parce que celle-ci étant dite°, elle est déjà dépassée°) que la sienne.» — (Ionesco, *Notes et contre-notes*)

élargissement: broadening

étant dite: once said
dépassé: outmoded

«Tous ceux qui, acceptant de se taire pour laisser parler leurs livres, savent que l'art ne peut avoir d'autre objet que de décrire le fond d'horreur, de carnage ou de catastrophe sur quoi se déploie° depuis toujours l'aventure de l'humanité... . On a tort de louer les intellectuels pour leur clarté, c'est quand ils compliquent le monde au contraire, qu'ils sont le plus authentiquement précieux... La vérité est une, l'erreur est multiple, disaient les manuels classiques. L'erreur est simple, toujours très simple, et la vérité complexe, répondrait l'esprit nouveau.» — (Bernard-Henri Lévy, *Éloge des intellectuels*)

se deploie: is spread out

Enfin, Lévy nous parle du nouvel intellectuel, qu'il appelle l'intellectuel du troisième type.

«L'intellectuel du troisième type sera pessimiste, en revanche°. Oh! Je n'ai pas dit sombre. Car il sera plutôt° gai, après tout. Plutôt content de lui et de son sort°. Moins tricheur° en tout cas. Moins duplice. Moins prisonnier de son éternel double langage: rieur dedans°, chagrin dehors°; jouisseur° en privé, militant en public. S'il aime la vie, il aimera la vie. S'il aime les livres, il aimera les livres...» — (Bernard-Henri Lévy, *Éloge des intellectuels*)

en revanche: however
plutôt: rather, on the contrary
sort: lot (*n.*)
tricheur: deceitful
rieur... : laughing on the inside
chagrin... : sad on the outside
jouisseur: enjoying things

«[En ce qui concerne l'art moderne], une conclusion s'impose: l'art d'aujourd'hui persiste à présenter deux grands courants: l'un spéculatif-cérébral et l'autre, émotitif-instinctif. Dans les deux tendances, on peint et on sculpte aussi bien figuratif qu'abstrait. La scission° apparente de notre art ne provient pas du° dilemme: concret ou abstrait, mais du choix entre, primo°, la recherche d'un équilibre transcendantal basé sur la Raison, ou, secundo, le refus de cet équilibre en faveur de la libre expression de l'Émotion.» — (Émile Langui, *50 Ans d'art moderne*)

scission: split
provient de: stems from
primo: number one

Jean Baudrillard décrit une manifestation sociale de l'art moderne dans L'Amérique:

«La merveille des démolitions modernes. C'est un spectacle inverse de celui d'un lancement de fusée.° Le building de vingt étages glisse tout entier à la verticale vers le centre de la terre. Il s'effondre droit° comme un mannequin, sans perdre sa contenance verticale, comme s'il descendait dans une trappe,° et sa propre surface au sol° absorbe ses décombres.° Voilà un art merveilleux de la modernité qui égale celui des feux d'artifice° de notre enfance.» — (Jean Baudrillard, *L'Amérique*)

lancement de fusée: launching of a missile
s'effondre droit: collapses straight
trappe: trapdoor
sol: ground
décombres: remains, debris
feux d'artifice: fireworks

L'Artiste dans le monde moderne

Jean-Paul Sartre, romancier et penseur existentialiste (1905–1980), a bien examiné le rôle de l'artiste dans le monde moderne. Il écrit dans «Qu'est-ce que la littérature?»: «C'est notre tâche° d'écrivain que de représenter le monde et d'en témoigner°». L'écrivain a la responsabilité de dévoiler° le monde aux lecteurs, non pas de leur mentir en fabriquant des portraits faux de ce qui est ou de ce qui était. «La fonction d'un écrivain est d'appeler un chat un chat. Si les mots sont malades, c'est à nous de les guérir. Au lieu de cela, beaucoup vivent de cette maladie.» Alors dans le passage suivant, tiré de son roman «La Nausée», le narrateur nous raconte ses inquiétudes et leurs causes, en contemplant des portraits dans un petit musée d'une ville où il fait des recherches historiques sur un certain homme politique. Il est sur le point d'abandonner ces recherches à cause de plusieurs révéla-

tâche: task
témoigner: to show
dévoiler: unveil

tions qu'il fait au sujet de la vérité. Quelle est la critique de l'artiste que Sartre fait à travers son narrateur? Notez l'emploi de petits détails de Sartre. Quelle est leur importance au message de Sartre?

L'an dernier, quand je fis° ma première visite au musée de Bouville, le portrait d'Olivier Blévigne me frappa.° Défaut de° proportions? De perspective? Je n'aurais su dire, mais quelque chose me gênait°: ce député° n'avait pas l'air d'aplomb° sur sa toile.

Depuis, je suis revenu le voir plusieurs fois. Mais ma gêne persistait. Je ne voulais pas admettre que Bordurin [le peintre], prix de Rome et six fois médaillé, eût fait une faute de dessin... .

Comme il m'avait tracassé°, ce portrait. Quelquefois Blévigne m'avait paru trop grand et d'autres fois trop petit. Mais aujourd'hui, je savais à quoi m'en tenir°.

J'avais appris la vérité en feuilletant° le *Satirique Bouvillois*. Le numéro du 6 novembre 1905 était tout entier consacré à Blévigne. On le représentait sur la couverture, minuscule, accroché° à la crinière° du père Combes, avec cette légende: Le Pou° du Lion. Et dès la première page, tout s'expliquait: Olivier Blévigne mesurait un mètre cinquante-trois°. On raillait° sa petite taille° et sa voix de rainette°, qui avait fait, plus d'une fois, pâmer° la Chambre tout entière. On l'accusait de mettre des talonnettes° de caoutchouc° dans ses bottines°. Par contre, Mme Blévigne, née Pacôme, était un cheval. C'est le cas de dire, ajoutait le chroniqueur, qu'il a son double pour moitié°.

Un mètre cinquante-trois! Eh oui: Bordurin, avec un soin jaloux, l'avait entouré de ces objets qui ne risquent point° de rapetisser°: un pouf°, un fauteuil bas, une étagère° avec quelques in-douze°, un petit guéridon persan°. Seulement il lui avait donné la même taille qu'à son voisin Jean Parrottin, et les deux toiles avaient les même dimensions. Il en résultait que le guéridon, sur l'une, était presque aussi grand que l'immense table sur l'autre et que le pouf serait venu à l'épaule de Parrottin. Entre les deux portraits, l'œil faisait instinctivement la comparaison: mon malaise était venu de là.

À présent, j'avais envie de rire: un mètre cinquante-trois! Si j'avais voulu parler à Blévigne, j'aurais dû me pencher° ou fléchir° sur les genoux. Je ne m'étonnais plus qu'il levât si impétueusement le nez en l'air: le destin des hommes de cette taille se joue° toujours à quelques pouces° au-dessus de leur tête.

Admirable puissance de l'art. De ce petit homme à la voix suraiguë°, rien ne passerait à la postérité, qu'une face menaçante, qu'un geste superbe et des yeux sanglants° de taureau°. L'étudiant terrorisé par la Commune, le député minuscule et rageur°; voilà ce que la mort avait pris. Mais, grâce à Bordurin, le président du club de l'Ordre, l'orateur des Forces Morales était immortel.

Jean-Paul Sartre, *La Nausée*

fis: made
frappa: struck
Défaut de: faulty
gênait: disturbed
député: member of congress
d'aplomb: right

tracassé: tortured

à quoi m'en tenir: what was the matter
feuilletant: leafing through
accroché: hanging onto
crinière: mane
Pou: louse
un mètre ...: about five feet
raillait: mocked
taille: height

rainette: tree frog
pâmer: tremble, swoon
talonnettes: heelpieces
caoutchouc: rubber
bottines: boots
il a...: he is her (better) half
ne... point: not...at all
rapetisser: shrink
pouf: ottoman
étagère: set of shelves
in-douze: small books
guéridon persan: Persian pedestal table
me pencher: bow
fléchir: bend
se joue: is played out
pouces: inches
suraiguë: shrill
sanglants: blood-shot
taureau: bull
rageur: bad-tempered

■ ACTIVITÉS ■

1. Considérez l'effet des règles ou des limites (comme la versification) sur une œuvre d'art. Est-ce que cela facilite ou rend plus difficile la création? Comment et pourquoi?
2. Discutez les effets possibles sur l'art de la découverte de la photographie, puis du cinéma. Quelles différences existent-elles entre le peintre et le photographe? Paul Virilio nous dit que le cinéma, phénomène de la lumière et de la vitesse, se base sur une image qui disparaît, tandis que l'art traditionnel se basait sur une image permanente. Cette image traditionnelle se basait sur une permanence rétinale, tandis que le cinéma se base sur une permanence mentale. Discutez comment cela change la participation du spectateur, du lecteur, etc. Considérez aussi la différence entre les renseignements présentés par ordinateur° et ceux présentés dans un livre.
3. Antonin Artaud a écrit: «L'esprit croit ce qu'il voit et fait ce qu'il croit: c'est le secret de la fascination.» (*Le Théâtre et la peste*). Contrastez cette idée avec celle exprimée par Boileau au dix-septième siècle:
   Une merveille absurde est pour moi sans appas°,
   L'esprit n'est point ému° de ce qu'il ne croit pas.
   De quel avis êtes-vous? Quelle idée est la plus représentative de notre société populaire?
4. La France a maintenant à peu près° 2.000 musées. Une de ses plus grandes industries consiste à servir les touristes attirés par ses monuments et son histoire. Est-ce que cette responsabilité aide ou diminue la capacité d'un pays de se moderniser? Comment? Pourquoi (pas)?
5. Choisissez un peintre, un poète, un romancier ou un dramaturge° du vingtième siècle et préparez une petite exposition orale au sujet de ses idées. Lisez un poème ou un extrait ou, alors, montrez (avec une courte explication) une de ces œuvres.
6. Considérez le thème de l'art qui aide à comprendre notre univers. Quelles exigences sont imposées à l'artiste? À l'art? Et au spectateur ou au lecteur?
7. Choisissez une peinture ou un morceau de musique (non chantée) et décrivez l'effet de l'œuvre sur vous.
8. Cherchez deux exemples de l'imagination moderne manifestée dans la publicité. Montrez-les à la classe.
9. Faites une liste des adjectifs qui décrivent l'art classique et une autre de ceux qui décrivent l'art moderne.

ordinateur: computer
appas: attractions
ému: moved

à peu près: approximately

dramaturge: playwright

UNITÉ DE RÉVISION B

Cette seconde unité de révision a pour but de revoir l'emploi des pronoms personnels—ceux qu'on utilise pour représenter les personnes qui se parlent (**je, vous, te, nous, moi**, etc.), ceux qu'on emploie pour remplacer les personnes dont on parle (**la, les, lui, elle, eux**, etc.) et ceux qui servent à remplacer les choses dont on parle (**le, les, y, en**, etc.). Pour vous aider à les revoir, nous les divisons en deux groupes—les pronoms personnels (ceux qui font partie du groupe verbal) et les pronoms accentués (ceux qui sont séparés du groupe verbal). Il s'agira de poser des questions, d'y répondre affirmativement ou négativement et de faire parler de vos activités en utilisant des pronoms. En même temps, vous aurez la possibilité de revoir ou d'apprendre des expressions associées.

—« ...C'est vrai? Qui te l'a dit? Lui ou elle?»
—« ...Desquels parles-tu? Ceux qui sont à la table en face?»
—« ...Garçon! Vous ne m'avez pas apporté ce dont j'ai besoin!»

B. Des invitations. Trouvez un(e) camarade de classe à qui vous pouvez faire les invitations suivantes. Si on accepte votre invitation, réglez des détails. Si on refuse, trouvez quelqu'un d'autre.

1. Vous voulez aller à un match de basket (de volley, etc.) avec des copains.
2. Vous cherchez quelqu'un avec qui vous pouvez aller à un événement culturel (un concert, une pièce de théâtre, une exposition de peinture, etc.).
3. Vous êtes fatigué(e) des repas au restaurant universitaire, vous voulez dîner en ville.
4. Vous voulez fêter l'anniversaire de votre camarade de chambre ou d'un(e) ami(e).
5. Vos parents sont en ville. Ils offrent de vous payer un dîner en ville. Ils vous demandent d'inviter un(e) ami(e).
6. Votre professeur sera dans la ville où habitent vos parents. Ils vous demandent de l'inviter à dîner à la maison.

C. Il faut être poli(e)! Les quatre conversations de l'Exercice A continuent. Associez la suite de chaque conversation au dessin qui y correspond.

1. —Bonsoir, Madame.
   —Ah, bonsoir. Entrez, s'il vous plaît.
   —Voilà des fleurs pour vous.
   —Oh! Mais il ne fallait pas! Elles sont très jolies. Merci beaucoup.
   —Je vous en prie.
   —Les autres sont dans le living. Ils vous attendent.
2. —Ah, les voilà! Bonsoir. Ça va?
   —Oh, oui. Et vous?
   —Très bien. J'aime beaucoup ta robe. Elle est très jolie.
   —Tu trouves? C'est la première fois que je la porte. Mais asseyez-vous.
   —Eh, bien. Nous t'avons apporté un petit cadeau.
   —Oh, mais c'est gentil. Je peux ouvrir?
   —Mais oui. Vas-y!
   —Oh, que c'est parfait! Je vous remercie beaucoup.
   —Ce n'est rien.
3. —Papa, papa. Je suis fatigué. On peut se reposer un peu?
   —Oh, je ne sais pas.
   —Mais il a raison, le petit. C'était très fatigant, la visite du château.
   —Bon, d'accord. Voilà le buffet. Tu veux prendre quelque chose, Michel?
   —Oui, un Orangina.
   —Et toi, Annick, qu'est-ce que tu veux boire?
   —Un coca.
   —Et vous?

Unité de Révision B

—S'il vous plaît, un Orangina.
—Et toi, chérie?
—Merci. Je n'ai pas soif.
4. —Ouf! Me voilà enfin. Je m'excuse d'être en retard. J'ai raté le premier autobus et j'ai dû attendre une demi-heure.
—Ne t'en fais pas (*don't worry*). C'est pas grave. Il reste encore cinq minutes avant le commencement du film. Tiens! On a pris un billet pour toi.
—Oh, c'est gentil de ta part. Voilà! Je te rembourse.
—Bon. On y va?
—Oui, allons-y!

Pour offrir un cadeau
Voilà un petit cadeau pour vous (toi).
Voilà (des fleurs) pour vous(toi).
Je vous ai apporté un petit cadeau.
Tenez(Tiens)! Ça, c'est pour vous.

Pour offrir à boire (manger)
Vous voulez(tu veux) boire quelque chose?
Vous prenez(tu prends) quelque chose?
Qu'est-ce que vous voulez(tu veux) boire(prendre)?

Pour s'excuser d'une erreur ou d'un oubli
Je m'excuse (de + *infinitive*).
Excusez-moi.
Je suis désolé(e) (de + *infinitive*).

Pour accepter un cadeau
Il ne fallait pas!
Oh, merci beaucoup.
Oh, c'est très gentil de votre(ta) part.

Pour accepter une offre à boire (manger)
Volontiers.
Oui, je veux bien.
S'il vous plaît, (un Orangina).
Moi, je prendrais bien (un coca).

Pour répondre à une excuse
Ne vous en faites pas. (Ne t'en fais pas.)
Il n'y a pas de mal.
Ce n'est pas grave.

D. Que faut-il dire? Indiquez ce que vous pourriez dire dans les situations suivantes:

1. C'est l'anniversaire de votre ami(e) français(e). Vous lui avez acheté un cadeau.
2. C'est l'anniversaire de votre professeur. La classe s'est cotisée (*took up a collection*) pour lui offrir un cadeau. C'est à vous de le lui présenter.
3. Vous êtes invité(e) à dîner chez des amis français de vos parents. Vous leur apportez une bouteille de vin (ou des fleurs ou des bonbons).

4. Les amis français de vos parents sont chez vous. Vous voulez leur offrir quelque chose à manger.
5. Un(e) ami(e) français(e) vous rend visite. Vous voulez lui offrir une boisson.
6. Vous êtes invité(e) à dîner chez votre professeur. Vous arrivez avec une demi-heure de retard.
7. Vous allez faire un pique-nique avec vos amis. Vous n'avez pas eu le temps d'acheter des boissons.

Maintenant, indiquez comment vous répondriez aux répliques suivantes:

8. Votre ami(e): «Tiens! Je t'ai acheté un livre pour ton anniversaire.»
9. Les parents de votre ami(e) qui sont invités à dîner chez vous: «Voilà des fleurs (des bonbons, du vin) pour vous.»
10. Votre ami(e): «Tu veux manger quelque chose?»
11. Les parents de votre ami(e): «Vous prenez quelque chose?»
12. Votre ami(e), à qui vous avez prêté votre livre de français; «Oh, zut alors. J'ai laissé ton livre chez moi. Je suis désolé(e).»
13. Les parents de votre ami(e) qui arrivent en retard chez vous: «Excusez-nous d'être en retard. Nous nous sommes trompés d'adresse.»

E. **Merci beaucoup.** Les quatre conversations des Exercices A et C se terminent. Associez chaque fin de conversation au dessin qui y correspond.

1. —Mon repas était vraiment délicieux.
   —Le mien aussi.
   —Oui, on mange vraiment très bien ici. Alors, on s'en va?
   —Oui. Écoute, je te remercie beaucoup d'avoir eu cette idée.
   —Oui. Merci mille fois. La soirée était très agréable.
   —Il n'y a pas de quoi. Je suis content que vous ayez pu venir, tous les deux. Allez, bonsoir. À bientôt.
   —Bonsoir.
2. —Il se fait tard. Il faut que je rentre. Le dîner était vraiment excellent. Je ne sais comment vous remercier.
   —C'est vraiment peu de chose. Merci d'être venu(e).
   —Au revoir, Madame.
   —Au revoir.
3. —Alors, je vais vous dire bonsoir.
   —Comment! Tu pars déjà?
   —Oui, il faut que je m'en aille. Je dois me lever de bonne heure demain matin.
   —Bien, d'accord. À bientôt.
   —C'est ça. À bientôt. Et merci d'avoir pensé à moi.
   —De rien. À bientôt.

4. —Eh bien, nous voici. C'est là, votre maison, n'est-ce pas?
   —Oui, c'est ça. Eh bien, je voudrais vous remercier. Vraiment... c'était une merveilleuse journée.
   —Oh, je vous en prie. C'est nous qui vous remercions d'avoir bien voulu nous accompagner. On aura peut-être la possibilité de faire encore une excursion avant que vous rentriez aux États-Unis.
   —J'aimerais bien ça. Merci encore une fois. Et bonsoir.
   —Bonsoir.

Pour remercier quelqu'un
Merci bien(beaucoup).
Merci (de + *infinitive*)
Je vous remercie (beaucoup).
Je voudrais vous remercier (de + *infinitive*)
Merci mille fois.
C'était vraiment très aimable de votre(ta) part.
Je ne sais comment vous remercier.

Pour répondre à un remerciement

Je vous en prie. (Je t'en prie.)	Il n'y a pas de quoi.
De rien.	C'est vraiment peu de chose.
Ce n'est rien.	C'est à moi de vous remercier.

F. Des scènes à jouer. En suivant les indications sur votre fiche, jouez les scènes indiquées.

■ *Deuxième partie*

Les pronoms personnels

Ex. B and C, **E.E.**, pp. 139–144.

G. Échange. Posez les questions suivantes aux sujets donnés à un(e) camarade qui vous répondra en utilisant des pronoms personnels.

le nom d'un(e) troisième étudiant(e)
1. Est-ce que tu connais... ?
2. Est-ce que tu aimes bien... ?
3. Est-ce que tu parles souvent à... ?
4. Est-ce que tu as vu... hier?

5. Est-ce que tu as téléphoné récemment à... ?
6. Est-ce que... t'a téléphoné récemment?
7. Est-ce que... va te rejoindre (*meet*) après ce cours?
8. Est-ce que je ressemble à... ?

le nom de deux autres étudiant(e)s
9. Est-ce que tu connais... et... ?
10. Est-ce que tu vois... et... tous les jours?
11. Est-ce que tu as parlé à... et à... hier?
12. Est-ce que tu as jamais invité... et... à faire quelque chose?
13. Est-ce que... et... t'ont invité à faire quelque chose?
14. Est-ce que tu vas téléphoner à... et à... ce soir?
15. Est-ce que... et... vont nous rejoindre ici après ce cours?

le nom d'une ville
16. Est-ce que tu connais bien... ?
17. Est-ce que tu es jamais allé(e) à... ?
18. Est-ce que tu voudrais aller (retourner) à... un jour?
19. Est-ce qu'on parle beaucoup de... ?

le nom d'un fruit ou d'un légume
20. Est-ce que tu aimes les... ?
21. Est-ce que tu manges des... pour le petit déjeuner?
22. Est-ce qu'on ajoute du sel aux... ?
23. Est-ce que tu as mangé des... récemment?

H. **Vous dites le contraire.** Dites à un(e) ou deux camarade(s) de faire les choses suivantes. On vous répondra en disant le contraire. Suivez les modèles.

MODÈLES: Dites à (Ralph) de vous regarder.
—*(Ralph), regarde-moi.*
—*Non, je ne veux pas te regarder.* ou
—*Je n'ai pas envie de te regarder.*
Dites à (Sue) et à (Frank) de ne pas parler au prof.
—*(Sue et Frank), ne lui parlez pas.*
—*Mais nous voulons lui parler.* ou
—*Il est important que nous lui parlions.*

1. Dites à... de vous écouter.
2. Dites à... de vous attendre après le cours.
3. Dites à... de ne pas répondre aux questions.
4. Dites à... de ne pas regarder le livre.
5. Dites à... de faire ses devoirs.

6. Dites à... de ne pas vous accompagner à la soirée de samedi.
7. Dites à... de ne pas parler au professeur après la classe.
8. Dites à... d'acheter un ordinateur.
9. Dites à... et à... de ne pas aller au cinéma ce soir.
10. Dites à... et à... de ne pas vous déranger.
11. Dites à... et à... de vous téléphoner.
12. Dites à... et à... d'écrire à leurs grands-parents.

■ *Troisième partie*

Les pronoms accentués

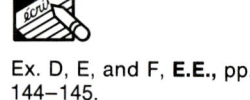

Ex. D, E, and F, **E.E.**, pp. 144–145.

I. **Organisons une soirée dansante!** Avec des camarades, vous organisez une soirée dansante dans une résidence universitaire. En utilisant des pronoms accentués, distribuez les préparatifs parmi les membres de votre groupe.

   MODÈLE: dessiner des affiches

   (Jack), toi, tu peux dessiner des affiches. ou

   Moi, je ne sais pas dessiner. Mais (Fred), lui, il sait très bien dessiner. Toi et lui, vous pouvez vous occuper des affiches.

   1. réserver la salle
   2. mettre des affiches aux dortoirs et aux bâtiments
   3. nettoyer la salle
   4. faire le menu
   5. trouver une chaîne-stéréo
   6. décorer la salle
   7. s'occuper des boissons
   8. s'occuper des choses à manger
   9. apporter des disques (cassettes, discs compacts)
   10. faire de la publicité

J. **Échange.** Posez les questions suivantes à un(e) ou plusieurs étudiant(e)s qui y répondra (répondront) en utilisant des pronoms personnels ou des pronoms accentués selon le cas.

   1. Aimes-tu ton frère (cousin)? Est-ce qu'il t'aime aussi? Habites-tu chez ton frère? Vois-tu souvent ton frère? Tu écris à ton frère de temps en temps? Et il t'écrit? Penses-tu souvent à ton frère?
   2. Tu portes des chaussures? De quelle couleur sont tes chaussures? Quand est-ce que tu as acheté ces chaussures? Combien de paires de chaussures as-tu achetées ce jour-là?
   3. Toi et... , vous connaissez (nom du professeur), n'est-ce pas? Est-ce qu'il(elle) pose beaucoup de questions? Est-il difficile de répondre à ses questions? Avez-vous jamais été chez le professeur? Avez-vous jamais téléphoné au professeur?

5. Est-ce que tu as téléphoné récemment à... ?
6. Est-ce que... t'a téléphoné récemment?
7. Est-ce que... va te rejoindre (*meet*) après ce cours?
8. Est-ce que je ressemble à... ?

le nom de deux autres étudiant(e)s

9. Est-ce que tu connais... et... ?
10. Est-ce que tu vois... et... tous les jours?
11. Est-ce que tu as parlé à... et à... hier?
12. Est-ce que tu as jamais invité... et... à faire quelque chose?
13. Est-ce que... et... t'ont invité à faire quelque chose?
14. Est-ce que tu vas téléphoner à... et à... ce soir?
15. Est-ce que... et... vont nous rejoindre ici après ce cours?

le nom d'une ville

16. Est-ce que tu connais bien... ?
17. Est-ce que tu es jamais allé(e) à... ?
18. Est-ce que tu voudrais aller (retourner) à... un jour?
19. Est-ce qu'on parle beaucoup de... ?

le nom d'un fruit ou d'un légume

20. Est-ce que tu aimes les... ?
21. Est-ce que tu manges des... pour le petit déjeuner?
22. Est-ce qu'on ajoute du sel aux... ?
23. Est-ce que tu as mangé des... récemment?

H. **Vous dites le contraire.** Dites à un(e) ou deux camarade(s) de faire les choses suivantes. On vous répondra en disant le contraire. Suivez les modèles.

MODÈLES: Dites à (Ralph) de vous regarder.
—*(Ralph), regarde-moi.*
—*Non, je ne veux pas te regarder.* ou
—*Je n'ai pas envie de te regarder.*
Dites à (Sue) et à (Frank) de ne pas parler au prof.
—*(Sue et Frank), ne lui parlez pas.*
—*Mais nous voulons lui parler.* ou
—*Il est important que nous lui parlions.*

1. Dites à... de vous écouter.
2. Dites à... de vous attendre après le cours.
3. Dites à... de ne pas répondre aux questions.
4. Dites à... de ne pas regarder le livre.
5. Dites à... de faire ses devoirs.

6. Dites à... de ne pas vous accompagner à la soirée de samedi.
7. Dites à... de ne pas parler au professeur après la classe.
8. Dites à... d'acheter un ordinateur.
9. Dites à... et à... de ne pas aller au cinéma ce soir.
10. Dites à... et à... de ne pas vous déranger.
11. Dites à... et à... de vous téléphoner.
12. Dites à... et à... d'écrire à leurs grands-parents.

■ *Troisième partie*

Les pronoms accentués

Ex. D, E, and F, **E.E.**, pp. 144–145.

I. **Organisons une soirée dansante!** Avec des camarades, vous organisez une soirée dansante dans une résidence universitaire. En utilisant des pronoms accentués, distribuez les préparatifs parmi les membres de votre groupe.

MODÈLE: dessiner des affiches

(Jack), toi, tu peux dessiner des affiches. ou

Moi, je ne sais pas dessiner. Mais (Fred), lui, il sait très bien dessiner. Toi et lui, vous pouvez vous occuper des affiches.

1. réserver la salle
2. mettre des affiches aux dortoirs et aux bâtiments
3. nettoyer la salle
4. faire le menu
5. trouver une chaîne-stéréo
6. décorer la salle
7. s'occuper des boissons
8. s'occuper des choses à manger
9. apporter des disques (cassettes, discs compacts)
10. faire de la publicité

J. **Échange.** Posez les questions suivantes à un(e) ou plusieurs étudiant(e)s qui y répondra (répondront) en utilisant des pronoms personnels ou des pronoms accentués selon le cas.

1. Aimes-tu ton frère (cousin)? Est-ce qu'il t'aime aussi? Habites-tu chez ton frère? Vois-tu souvent ton frère? Tu écris à ton frère de temps en temps? Et il t'écrit? Penses-tu souvent à ton frère?
2. Tu portes des chaussures? De quelle couleur sont tes chaussures? Quand est-ce que tu as acheté ces chaussures? Combien de paires de chaussures as-tu achetées ce jour-là?
3. Toi et... , vous connaissez (nom du professeur), n'est-ce pas? Est-ce qu'il(elle) pose beaucoup de questions? Est-il difficile de répondre à ses questions? Avez-vous jamais été chez le professeur? Avez-vous jamais téléphoné au professeur?

4. Est-ce que tu t'intéresses beaucoup aux sciences (aux maths, à la psychologie, à la littérature)? Combien de cours de sciences (de maths, de psychologie, de littérature) as-tu suivis? As-tu aimé tes professeurs? As-tu souvent parlé aux professeurs? Ont-ils bien répondu à tes questions? Est-ce qu'ils t'ont donné de bonnes notes?
5. À quelle heure est-ce qu'on dîne chez toi d'habitude? Est-ce qu'on prend un apéritif avant le dîner? Est-ce que ta mère (ton père) sert une salade avec le repas? Est-ce que ta famille aime les desserts?
6. Qu'est-ce que tu as donné à... pour son anniversaire? Est-ce qu'il(elle) a aimé... ? Où est-ce que tu as acheté... ? Combien est-ce que tu as payé... ? Qu'est ce que tu vas donner à... pour son prochain anniversaire?

AU JOUR LE JOUR

La Langue française et la France moderne

Numéro 5

- Djojo
- Écrivez-vous le français?
- Les Langues en Europe

Djojo

Voici un petit conte qui traite d'un nouvel élève anglophone parmi de petits écoliers français. En lisant le conte, considérez les problèmes d'identité qui se posent si on ne peut pas parler la langue du pays où on se trouve. Quelles sont-ils? En plus, notez les expressions que Djojo apprend le plus vite. Est-ce que cela nous dit quelque chose du rôle de l'émotion et de l'expérience réelle dans l'apprentissage° d'une langue? Enfin, quels sont les mots d'argot° que vous trouvez dans ce conte?

apprentissage: learning
argot: slang

Nous avons eu un nouveau, en classe. L'après-midi, la maîtresse° est arrivée avec un petit garçon qui avait des cheveux tout rouges, des taches de rousseur° et des yeux bleus comme la bille° que j'ai perdue hier à la récréation, mais Maixent a triché. «Mes enfants», a dit la maîtresse, «je vous présente un nouveau petit camarade. Il est étranger et ses parents l'ont mis dans cette école pour qu'il apprenne à parler français. Je compte sur vous pour m'aider et être très gentils avec lui.» Et puis la maîtresse s'est tournée vers le nouveau et elle lui a dit: «Dis ton nom à tes petits camarades.» Le nouveau n'a pas compris ce que lui demandait la maîtresse, il a souri et nous avons vu qu'il avait des tas de dents terribles.° «Le veinard°», a dit Alceste, un copain° gros, qui mange tout le temps, «avec des dents comme ça, il doit mordre° des drôles de morceaux°!» Comme le nouveau ne disait rien, la maîtresse nous a dit qu'il s'appelait Georges MacIntosh. «Yes», a dit le nouveau, «Dgeorges.» —«Pardon, mademoiselle», a demandé Maixent, «il s'appelle Georges ou Dgeorges?» La maîtresse nous a expliqué qu'il s'appelait Georges, mais que dans sa langue, ça se prononçait Dgeorges. «Bon», a dit Maixent, «on l'appellera Jojo». —«Non», a dit Joachim, «il faut prononcer Djojo». —«Tais-toi, Djoachim», a dit Maixent et la maîtresse les a mis tous les deux au piquet°.

maîtresse: teacher
taches... : freckles
bille: the marble

dents terribles: horrible teeth
veinard: lucky stiff
copain: pal
mordre: bite
drôles... : amazing chunks

au piquet: in the dunce's corner

La maîtresse a fait asseoir Djojo à côté d'Agnan. Agnan avait l'air de se méfier du nouveau, comme il est le premier de la classe et le chouchou° de la maîtresse, il a toujours peur des nouveaux, qui peuvent devenir premiers et chouchous. Avec nous, Agnan sait qu'il est tranquille.

chouchou: pet, favorite

Djojo s'est assis, toujours en faisant son sourire plein de dents. «C'est dommage que personne ne parle sa langue», a dit la maîtresse. «Moi, je possède quelques rudiments d'anglais», a dit Agnan, qui, il faut le dire, parle bien. Mais après qu'Agnan eut sorti ses rudiments à Djojo, Djojo l'a regardé et puis il s'est mis à rire et il s'est tapé le front avec le doigt. Agnan était très vexé, mais Djojo avait raison. Après, on a su qu'Agnan lui avait raconté des choses sur son tailleur qui était riche et sur le jardin de son oncle qui était plus grand que le chapeau de sa tante. Il est fou, Agnan!

La récréation a sonné° et nous sommes sortis, tous, sauf Joachim, Maixent et Clotaire, qui étaient punis. Clotaire est le dernier de la classe et il ne savait pas sa leçon. Quand Clotaire est interrogé, il n'a jamais de récréation.

sonné: (bell) rang

La Langue française et la France moderne

Dans la cour°, on s'est mis tous autour de Djojo. On lui a posé beaucoup de questions, mais lui, tout ce qu'il faisait, c'était nous montrer des tas de dents. Et puis, il s'est mis à parler, mais on n'a rien compris, ça faisait «oinshouinshouin» et c'est tout. «Ce qu'il y a°», a dit Geoffroy qui va beaucoup au cinéma, «c'est qu'il parle en version originale. Il lui faudrait des sous-titres°». —«Je pourrais peut-être traduire», a dit Agnan qui voulait essayer ses rudiments encore un coup. «Bah», a dit Rufus, «toi, tu es un dingue!°» Ça, ça lui a plu, au nouveau, il a montré Agnan du doigt° et il a dit: «Aoh! Dinguedinguedingue!» Il était tout content. Agnan, lui, il est parti en pleurant, il pleure tout le temps, Agnan. Nous, on a commencé à le trouver drôlement chouette°, Djojo, et moi, je lui ai donné un bout de mon morceau de chocolat de la récréation. «Qu'est-ce qu'on fait comme sport dans ton pays?» a demandé Eudes. Djojo, bien sûr, n'a pas compris, il continuait à dire «dingue-dingue-dingue», mais Geoffroy a répondu: «En voilà une question°, ils jouent au tennis, chez eux!» —«Espèce de guignol°», a crié Eudes, «je ne te parle pas, à toi!» —«Espèce guignol! Dinguedingue!» a crié le nouveau qui avait l'air de beaucoup s'amuser avec nous. Mais Geoffroy n'avait pas aimé la façon dont lui avait répondu Eudes. «Qui est un guignol?» il a demandé et il a eu tort parce qu'Eudes est très fort et il aime bien donner des coups de poing° sur le nez et ça n'a pas raté° pour celui de Geoffroy. Quand il a vu le coup de poing, Djojo s'est arrêté de dire «dinguedingue» et «espèce guignol». Il a regardé Eudes et il a dit: «Boxing? Très bon!» Et il a mis ses poings devant sa figure et il a commencé à danser tout autour d'Eudes comme les boxeurs à la télévision chez Clotaire, parce que nous on n'en a pas encore et moi, je voudrais bien que papa en achète une. «Qu'est-ce qui lui prend°?» a demandé Eudes. «Il veut faire de la boxe avec toi, gros malin!°» a répondu Geoffroy qui se frottait° le nez. Eudes a dit «bon» et il a essayé de boxer avec Djojo. Mais Djojo se débrouillait° drôlement mieux qu'Eudes. Il lui donnait tout un tas de coups et Eudes commençait à se fâcher: «S'il ne laisse pas son nez en place, comment voulez-vous que je me batte?» il a crié et bing! Djojo a donné un coup de poing à Eudes qui l'a fait tomber assis. Eudes n'était pas fâché. «T'es costaud°!» il a dit en se relevant. «Costaud, dingue, espèce guignol!» il a répondu, le nouveau, qui apprend drôlement vite. La récréation s'est terminée, et, comme d'habitude, Alceste s'est plaint qu'on ne lui laissait pas le temps de terminer les quatre petits pains pleins de beurre qu'il apporte de chez lui.

En classe, quand nous sommes entrés, la maîtresse a demandé à Djojo s'il s'était bien amusé, alors. Agnan s'est levé et il a dit: «Mademoiselle, ils lui apprennent des gros mots°!» —«C'est pas vrai, sale menteur!» a crié Clotaire, qui n'était pas sorti en récréation. «Dingue, espèce guignol, sale menteur», a dit Djojo tout fier.

Nous, on ne disait rien, parce qu'on voyait que la maîtresse n'était pas contente du tout. «Vous devriez avoir honte°», elle a dit, «de profiter° d'un camarade qui ignore votre langue! Je vous avais demandé pourtant d'être gentils, mais on ne peut pas vous faire confiance°. Vous vous êtes conduits comme des petits sauvages, des mal élevés!°» —«Dingue, espèce guignol,

Au jour le jour

sale menteur, sauvage, mal élévé», a dit Djojo, qui avait l'air de plus en plus content d'apprendre tant de choses.

    La maîtresse l'a regardé avec des yeux tout ronds. «Mais... mais», elle a dit, «Georges, il ne faut pas dire des choses comme ça!» —«Vous avez vu, mademoiselle? Qu'est-ce que je vous disais?» a dit Agnan. «Si tu ne veux pas rester en retenue°, Agnan», a crié la maîtresse, «je te prierai de garder tes réflexions pour toi!» Agnan s'est mis à pleurer. «Vilain cafard!°» a crié quelqu'un, mais la maîtresse n'a pas su qui c'était, sinon, j'aurais été puni, alors, Agnan s'est roulé par terre en criant que personne ne l'aimait, que c'était affreux° et qu'il allait mourir, et la maîtresse a dû sortir avec lui pour lui passer de l'eau sur la figure et le calmer.

    Quand la maîtresse est revenue avec Agnan, elle avait l'air fatigué, mais heureusement, la cloche° a sonné la fin de la classe. Avant de partir, la maîtresse a regardé le nouveau et lui a dit: «Je me demande ce que tes parents vont penser.» —«Vilain cafard», a répondu Djojo en lui donnant la main.

    La maîtresse avait tort de s'inquiéter, parce que les parents de Djojo ont dû penser qu'il avait appris tout le français dont il avait besoin.

    La preuve, c'est que Djojo n'est plus revenu à l'école.

Sempé et Goscinny, Le Petit Nicolas

rester... : be kept in
vilain... : ugly cockroach

affreux: terrible

cloche: bell

La Langue française et la France moderne

Écrivez-vous le français?

En France on prend au sérieux le sujet de la langue française. Ainsi, il n'est pas surprenant de trouver cet intérêt manifesté souvent dans les journaux et magazines. Tout le monde a son opinion en ce qui concerne l'avenir du français. En novembre 1988, 90% des instituteurs° et professeurs de collège° en France se sont déclarés favorables à une réforme d'orthographe° en français. Au mois de février 1989, dix linguistes ont lancé un appel en faveur d'une «modernisation de l'écriture du français». Pour deviner° les sentiments du public, le magazine Lire a réalisé un sondage° pour déterminer la réaction à ce désir de réforme. Considérez vos propres réactions comme étudiant(e) de cette langue et réfléchissez sur votre propre langue maternelle. À la fin, on vous offre plusieurs pensées sur le sondage. Avec lesquelles êtes-vous d'accord? Trouvez-vous qu'on s'adresse à quelques-uns de vos problèmes linguistiques? Auxquels? Faut-il réformer l'orthographe?

instituteurs: elementary school teachers
professeurs... : junior high school teachers
orthographe: spelling rules
deviner: guess
sondage: opinion poll, survey

Telle la pomme, symbole de la connaissance mais aussi de la faute, l'orthographe française est depuis fort longtemps perçue de manière contradictoire. Les uns la considèrent comme une richesse de notre langue et une loi à laquelle il serait inconvenant° de ne point se plier°; les autres comme un corset bizarre et un instrument de discrimination sociale. Périodiquement il est d'ailleurs question de réforme. De sa nécessité ou de son impossibilité. Aujourd'hui c'est encore le cas. Des linguistes et des instituteurs lancent des manifestes. Leurs appels trouvent un appui° dans des milieux économiques, en particulier l'informatique°, pour lesquels les difficultés de notre orthographe seraient un frein° à leur expansion internationale. Le monde politique lui-même est alerté.

Mais les Français, qu'en pensent-ils au juste? Lire a demandé à IPSOS Opinion de réaliser un sondage national sur ce thème.

inconvenant: wrong
se plier: yield (to), obey
appui: support
informatique: data processing, computer science
frein: brake, obstacle
confier: entrust
Larousse... : dictionaries

---

1. Trouvez-vous l'orthographe de la langue française très facile, assez facile, assez difficile ou très difficile?
   Facile 29%
   Difficile 70%
   Ne se prononcent pas 1%

2. Et la grammaire française: la trouvez-vous très facile, assez facile, assez difficile ou très difficile?
   Facile 26%
   Difficile 73%
   Ne se prononcent pas 1%

3. Seriez-vous très favorable, assez favorable, assez hostile ou très hostile à une réforme de l'orthographe?
   Favorable 44%
   Hostile 50%
   Ne se prononcent pas 6%

4. À qui faudrait-il, selon vous, confier° la réforme de l'orthographe?
   Le Ministère de la culture 5%
   Le Petit Larousse et le Petit Robert 9%
   Les Écrivains 11%
   Le Ministère de l'éducation nationale 27%
   L'Académie française 36%

pensum: chore
casse-tête... : worthless headache, brain teaser
traits... : hyphens
cerf-volant: kite

5. Pour vous, l'orthographe, est-ce ou non...
une discipline scolaire comme une autre?
    Oui   87%
    Non   12%
un art, quelque chose qui fait partie de notre culture, de notre patrimoine?
    Oui   86%
    Non   10%
un des charmes de la langue française?
    Oui   76%
    Non   16%
un pensum°, un casse-tête inutile°?
    Oui   12%
    Non   83%

6. Seriez-vous, ou non, d'accord...
pour que l'on supprime les accents circonflexes?
    D'accord   44%
    Pas d'accord   52%
pour que l'on supprime le doublement de consonnes?
(Ex.: **charette** avec un seul **r** comme **chariot**)
    D'accord   40%
    Pas d'accord   56%
pour que l'on supprime les traits d'union°?
(Ex.: supprimer le trait d'union du mot **cerf-volant°**)
    D'accord   37%
    Pas d'accord   59%
pour que l'on remplace les **ph** par un **f**?
(Ex.: **éléfant** à la place de **éléphant**)
    D'accord   33%
    Pas d'accord   63%
pour qu'un mot puisse s'écrire de deux façons différentes?
    D'accord   32%
    Pas d'accord   65%
pour que l'on remplace le **x** par le **s** au pluriel de certains mots en **ou**?
(Ex.: **chous, genous, caillous, hibous, bijous, pous, joujous**)
    D'accord   32%
    Pas d'accord   63%

7. Partagez-vous, ou non, chacune des opinions suivantes?
Il est possible de retoucher l'orthographe pour en supprimer quelques bizarreries et absurdités.
    Oui   76%
    Non   19%
Il est impossible de réformer l'orthographe sans dénaturer la langue française
    Oui   65%
    Non   27%
Il est urgent de simplifier l'orthographe pour faciliter l'apprentissage de la langue française.
    Oui   42%
    Non   54%

La Langue française et la France moderne

Voici plusieurs commentaires des Français au sujet des réformes du français. Est-ce que leurs attitudes envers leur langue sont différentes des nôtres? Avec quelle attitude êtes-vous le plus d'accord? Pourquoi? Est-ce qu'il y a des attitudes que vous trouvez absurdes? Pourquoi?

François Huster: Comédien°

Je suis un défenseur de la langue française. Je fais du théâtre pour cela. Depuis vingt ans, on a fait mourir la langue française en laissant l'anglais la submerger.

Il faut faire la guerre, défendre la langue, la rendre vivante. Or, la grammaire et l'orthographe ont quelque chose de mort.

L'orthographe, c'est le costume de la langue et ce costume doit varier. On ne peut plus porter les costumes du dix-neuvième siècle. Toute réforme (qui ne devra pas toucher ce qui a été écrit jusqu'à présent) devra passer par une épuration° de la langue, ce qui ne signifie pas la suppression des mots mais la simplification de l'orthographe.

Il est inadmissible de pénaliser des étudiants pour une faute d'orthographe, mais il est moins choquant de le faire pour un manque de vocabulaire. Car ne pas avoir de vocabulaire c'est comme avoir un pied en moins°, tandis qu'une mauvaise orthographe, cela correspond à une simple élongation°.

Comédien: actor

épuration: purification

un pied... : one foot less
élongation: pulled muscle

Françoise Giroud: Journaliste et écrivain

Réformer l'orthographe? Il faudrait vraiment une équipe de grammariens qui aient la tête sur les épaules. Il y a bien des choses bizarres mais remplacer les **x** par un **s** pour le pluriel des mots en **–ou,** non, c'est toute mon enfance! L'orthographe, c'est une intuition. Je fais partie de ces gens qui ne font pas de fautes. Mais je ne le fais pas exprès°. Et pourtant, quand on me demande comment s'écrit un mot, je cale°. Le rapport avec l'orthographe est curieux. J'ai connu des gens de grande culture particulièrement peu doués° pour cet exercice. Vous savez que Saint-Exupéry°, par exemple, écrivait des lettres bourrées° de fautes.

exprès: on purpose, deliberately
cale: freeze, am baffled
peu doués: untalented
Saint-Exupéry: author of *Le Petit Prince*
bourrées: full

Serge July: Directeur du journal *Libération*

Depuis le dix-neuvième siècle d'intégration sociale, nous vivons sous l'emprise° de la loi de l'orthographe qui a valeur d'excommunication pour tous ceux qui ne s'y conforment pas. Avant, tout le monde lisait et se comprenait en utilisant plusieurs orthographes. Nous avions alors une langue très plastique qui avait en plus une capacité d'accueil° des mots étrangers exceptionnelle. Aujourd'hui, l'orthographe se fige°. Finalement, les conservateurs de la langue ne se soucient° pas assez d'elle. En France, nous avons un rapport assez particulier, assez fermé avec l'orthographe. Personnellement, je jette un regard à la fois amusé et ennuyé sur tout cela. Je suis moi-même moyen dans ce domaine, je n'ai pas une maîtrise parfaite de l'orthographe. Cela dit, certaines fautes m'énervent°, je ne sais pas pourquoi: par exemple, un seul **t** à **attelage** ou les fautes sur les verbes.

emprise: dominance

accueil: welcoming, receiving
se fige: is becoming frozen
se soucient: care

énervent: disturb, madden

Le problème du français, c'est qu'il est plein de prétentions: il tend à l'universalité mais, en même temps, il se refuse à toute pénétration étrangère, et c'est une langue qui ressortit° à une culture absolutiste, impliquant un idéal de perfection indépendamment de l'usage que l'on peut en faire. Je regrette, mais c'est justement cet usage qui fait la vraie valeur d'une langue.

ressortit à: traces its roots back to

Le charme? Pas vraiment. Nous reconnaissons tous le charme des jardins à la française, mais nous n'avons pas une langue à l'image de ces jardins. L'orthographe, c'est un paysage trop complexe.

Lire, mars 1989

Les Langues en Europe

Voici «La Barrière des langues», un court article qui traite du problème des langues en Europe comme barrière à une Europe unifiée. Notez ici le problème de la traduction et le prix de cet effort. Comment peut-on trouver une solution raisonable à ce dilemme? Avez-vous des idées là-dessus?

L'unilinguisme a un solide antécédent historique: le russe est imposé comme première langue étrangère obligatoire dans l'enseignement secondaire des pays de l'Est. Ce modèle a également ses fervents en Europe occidentale, mais beaucoup d'entre eux ne se risquent pas à le préconiser° publiquement. Aussi convient-il de saluer le courage de M. Alain Minc°, qui écrit noir sur blanc ce que bien d'autres pensent tout bas: l'anglais doit

préconiser: recommend, propose
Alain Minc: well-known French businessman and journalist

La Langue française et la France moderne **173**

devenir la langue commune de l'Europe des Douze. Exactement ce que le russe est—encore—aux membres du pacte de Varsovie... .

Une différence de taille°, cependant: M. Minc préconise l'obligation de l'enseignement de l'anglais dès le primaire, alors que les Soviétiques avaient eu la patience d'attendre le secondaire: L'omniprésence de l'anglais aura de toute façon lieu°: le choix est, comme toujours face à un phénomène inexorable, de le subir ou de l'anticiper... . L'anticiper, c'est s'adapter à marches forcées°, rendre l'enseignement de l'anglais obligatoire dès le primaire; n'admettre le choix d'une autre première langue qu'une fois vérifiée la parfaite maîtrise de l'anglais; renforcer les moyens pédagogiques; faire de la connaissance de cette langue européenne un préalable° dans les études, au même titre que les mathématiques ou l'orthographe. On ne saurait être plus clair!

de taille: substantial, sizable

aura... : will take place in any event

marches... : forced marches

préalable: requirement

Oublier les acquis° de l'histoire?

Accorder à une langue le privilège d'être le seul moyen de communication en Europe et dans le monde revient à° enfermer les autres dans les rapports privés°. Verra-t-on alors, compte tenu des° multiples facteurs d'inégalité dans l'apprentissage, s'ouvrir la perspective pour un groupe transnational parlant bien l'anglais de dominer d'autres groupes nationaux cloisonnés° dans une langue que personne d'autre n'apprendrait? Ce serait, paradoxalement, condamner une grande partie des Européens à ne pouvoir communiquer, ruinant ainsi par avance une construction qui ne survivrait pas à de fortes tensions linguistiques, reflets de tensions sociales et politiques... .

acquis: things learned or mastered

revient à: amounts to

rapports... : private relationships

compte... : given

cloisonnés: partitioned off, compartmentalized

... Au lieu d'une langue unique, le plurilinguisme et la traduction comme supports essentiels sont une grande partie de la diversité culturelle de l'Europe. Il convient donc d'encourager, dans chacun des États européens, l'enseignement des langues étrangères en offrant la plus grande diversité possible de choix.

Précisons d'ailleurs que l'enseignement des langues est une source importante de création d'emplois: très pragmatiquement, les Britanniques ont chiffré à 1,5 milliards de livres° (soit plus de 16 milliards de francs) le marché de l'anglais comme langue étrangère en 1993.

milliards... : billions of pounds

Former le futur citoyen

Même si les jeunes Européens apprennent deux, voire trois langues étrangères, le développement de la traduction restera une nécessité, elle-même créatrice de très nombreux emplois contribuant à une élévation du niveau culturel et à une amélioration de la qualité de la vie en commun. L'émergence des industries de la langue et le développement accéléré des outils de traduction assistée par ordinateur rendent désormais solubles des problèmes encore récemment jugés insurmontables... L'apprentissage des langues peut être un facteur décisif de la formation de la personnalité et de l'intégration sociale de l'enfant, futur citoyen.

Il est grand temps de renverser les paramètres de la communication et de redonner le primat à° l'écrit et à la parole pour développer les échanges et le dialogue; en d'autres termes, de «reverbaliser» les jeunes. La maîtrise de plusieurs langues, en premier lieu celle de la langue maternelle, est aussi un moyen d'échapper au silence et à la passivité du «loisir posté°» devant l'écran de télévision.

redonner... : restore emphasis to

loisir... : leisure (time) spent stationed

L'Actualité, mars 1988

■ ACTIVITÉS ■

A. On dit que l'anglais est aujourd'hui si riche comme langue parce qu'on n'a jamais essayé d'interdire les mots étrangers ou bien les néologismes tandis que le français a sans cesse lutté pour la pureté linguistique. Quels sont les avantages de chaque attitude? Considérez les changements évidents dans notre société contemporaine, mais aussi les problèmes de clarté et de communication. Préparez la défense ou bien de l'anglais ou bien du français. Employez des arguments présentés dans la lecture ci-dessus.

B. Comment apprend-on une langue secondaire? Quelle est votre méthode préférée? Considérez la différence entre le mot (forme écrite et encodée) et la parole (forme prononcée et sonore). Qu'est-ce qui vous intéresse le plus: la littérature, la capacité de communiquer et de comprendre la langue parlée, la capacité de bien écrire et de lire, la traduction, l'enseignement d'une deuxième langue? Pourquoi avez-vous décidé d'étudier une langue étrangère?

C. Dans le conte *Djojo,* le petit étranger avait très peu de personnalité, de caractère selon les autres garçons à l'école. À quel point est-ce que la personnalité dépend de la façon dont on s'exprime? Et l'intelligence? Et l'identité? Quand vous êtes dans un autre pays, qui êtes-vous? Discutez ce phénomène par rapport aux touristes qui voyagent outre-mer° et qui ne sont pas capables de parler une autre langue. Est-ce que vous y voyez des raisons pour lesquelles ils ont souvent de mauvaises expériences? Finalement, nous employons tous des styles différents dans notre langue maternelle selon les circonstances où nous nous trouvons. Combien de langues maternelles parlez-vous? En quelles circonstances?

outre-mer: abroad, overseas

D. Cherchez des exemples de la publicité française dans des magazines ou dans des journaux, surtout des publicités qui démontrent l'emploi d'un certain langage. Analysez l'emploi de ce langage par rapport au produit présenté.

E. Cherchez des exemples de l'influence du français ou de la France sur la publicité américaine. Comment et dans quel but est-ce qu'on emploie ce français?

La Langue française et la France moderne

UNITÉ QUATRE

Situer dans l'espace et dans le temps

- *Histoire en images:* Débrouillez-vous, Mademoiselle!
- *Préparons-nous!:* La localisation et la situation
- *Pour communiquer:* Comment se retrouver
- *À vous, maintenant!*

Au jour le jour: La Modernisation et l'américanisation en France

Une Francophile américaine et un Américophile français

Histoire en images

Débrouillez-vous, Mademoiselle!

1. Élizabeth Martin, architecte

A.
1. Où se trouvait Élizabeth? Que faisait-elle?
2. Quelle sorte de train attendait dans la gare?
3. Qu'est-ce qu'elle a ignoré?
4. Où avait-elle les bagages?
5. De quoi avait-elle peur?
6. Est-ce qu'elle croyait que son train soit parti?

B.
7. Une fois montée dans le train, qu'a-t-elle cherché?
8. Qu'est-ce qui lui manquait depuis six mois?
9. Où avait-elle l'intention d'aller?
10. Quel appareil est-ce qu'elle n'a pas remarqué?
11. Où portait-elle ses plans?
12. Qu'est-ce qu'Élizabeth portait?

C.
13. Qu'est-ce qu'elle voudrait faire à Chambery?
14. Comment dit-on «to be in a mess» en français?
15. Qu'est-ce qu'elle devrait obtenir avant de visiter le site?

Situer dans l'espace et dans le temps

Élizabeth Martin, architecte

A.
se débrouiller to manage for oneself
Vocabulaire du ballon:
    Zut! Rats! Darn!
    manquer *qqch.* to miss *s.th.*
    être prêt à to be ready to
    avoir de la chance to be lucky

porter des vêtements
    une robe d'été
    sans manches sleeveless
    des boucles d'oreille (*f. pl.*)

être en retard pour
    attraper le train
    le TGV (le train à grande vitesse)

se dépêcher; se presser; se précipiter sur/vers
to be in a hurry, rush toward
sur le quai de gare on the platform
un chariot à bagages luggage cart
être en gare to be in the station
le composteur de billets machine that stamps the date on tickets
    ignorer to be unaware of
    composter to stamp, punch
    passer sans voir

une serviette (pour documents à grand format) portfolio for large documents: art, etc.

B.
Vocabulaire du ballon:
    heureusement fortunately
    démarrer to depart, take off
    un boulot a job (*slang*)
    être dans le pétrin to be in a mess (*slang*)
    la grande bouffe a sumptuous feast (*slang*)
    à l'avenir in the future

monter dans le train
chercher une place libre
    s'asseoir

avoir (un) rendez-vous à
passer un bon voyage
une petite fille
    déranger les voyageurs

C.
Vocabulaire du ballon:
    Mince alors! = **Zut alors!**
    J'aurais dû I should have
    de la pellicule film
        une bobine de pellicule roll of film
    un endroit a place, location
    se rappeler; se souvenir de
    monter les bagages sur
    un porte-bagages luggage rack

une vieille femme
    les cheveux gris
    avoir les cheveux en chignon

Questions: vocabulaire

1. Quels vêtements est-ce qu'Élizabeth porte?
2. Que veut dire TGV?
3. Sur quoi est-ce qu'on peut mettre ses bagages?
4. Qu'est-ce que c'est qu'un composteur?
5. Quelle sorte de serviette porte Élizabeth?
6. Donnez un synonyme pour **se dépêcher**.
7. Qu'est-ce que c'est qu'**une grande bouffe**?
8. Quel est l'argot pour **un travail**?
9. Qu'est-ce qu'Élizabeth cherche en montant dans le train?
10. Qu'est-ce qu'on met dans un appareil photo?
11. Dans le train, où peut-on mettre ses bagages?
12. Comment est-ce que la vieille dame a les cheveux?
13. Quel est le verbe qu'on emploie pour indiquer qu'un train ou un autobus, etc. ont commencé son voyage?

2. Pourquoi on en a ras-le-bol

A.
1. Qui a demandé le billet à Élizabeth?
2. Est-ce qu'elle avait son billet?
3. Pourquoi le contrôleur voulait-il examiner les billets?

B.
4. Qu'est-ce que le contrôleur a demandé à Élizabeth?
5. Quelle a été sa réaction à cette question?
6. Qu'est-ce qu'elle n'a pas compris?

C.
7. Quel nom péjoratif le contrôleur a-t-il employé pour désigner les Américains?

8. Quand est-ce qu'on doit composter un billet?
9. Combien de fois est-ce qu'on peut se servir d'un billet?
10. Puisqu'Élizabeth n'a pas composté son billet, qu'est-ce que le contrôleur voulait voir?

D.
11. De quoi est-ce qu'Élizabeth s'est rendu compte?
12. Sur quoi est-ce qu'Élizabeth avait laissé son passeport?
13. Quel air avait Élizabeth quand elle s'est souvenue du moment où elle était partie pour la gare?

Situer dans l'espace et dans le temps

Pourquoi on en a ras-le-bol

A.
le contrôleur the conductor
   vérifier les billets
     valider la date
   demander *qqch.* **à** *qqn.*

B.
Élizabeth
   être confuse
   être dans l'infraction to be in violation (of the law)

C.
Vocabulaire du ballon:
   en avoir ras-le-bol to have it up to here with (*slang*)
   un(e) Amerloque pejorative name for an American
   les règlements (*m.*) regulations
   se servir de to use

le contrôleur
   s'impatienter
   en avoir marre de to be fed up with (*slang*)
   gronder to scold
   clarifier
   hautain(e) haughty
   selon les règles according to the rules

D.
Élizabeth
   se rendre compte de/que to realize
     être éberluée to be flabbergasted
   laisser to leave
     une commode dresser
   partir pour

Questions: vocabulaire

1. Qui vérifie les billets?
2. Qu'est-ce qu'on valide au composteur?
3. Quel air avait Élizabeth quand le contrôleur lui a dit qu'elle n'avait pas composté son billet?
4. Qui était dans l'infraction?
5. Quel est un synonyme pour **en avoir marre de**?
6. Selon le contrôleur, qu'est-ce qui rendait les actions des voyageurs obligatoires?
7. Quel est un synonyme pour **utiliser**?
8. Quel air avait le contrôleur quand il a grondé Élizabeth?
9. Quel est un synonyme pour **réaliser**?
10. Quelle est la différence entre **quitter, sortir, partir** et **laisser**?

3. Attendez, je m'explique!

A.
1. Selon Élizabeth, qu'est-ce que le contrôleur ne comprenait pas?
2. Qu'est-ce qu'elle voulait raconter au contrôleur?
3. Qu'a fait la vieille paysanne pendant qu'Élizabeth a commencé à raconter sa triste histoire?
4. Quelle attitude avait le contrôleur quand Élizabeth a commencé à raconter sa triste histoire?

B.
5. Quel était le métier d'Élizabeth?
6. Depuis combien de temps était-elle sans boulot?
7. Quelle était la spécialité d'Élizabeth?
8. Combien de temps avait-elle passé à faire les croquis?
9. Qu'est-ce qui s'est passé quand elle est arrivée à Paris?

C.
10. Ça faisait combien de temps qu'elle n'avait pas vu la France?
11. Est-ce qu'on avait vraiment volé son passeport? Pourquoi a-t-elle dit cela?

D.
12. Comment est-ce qu'Élizabeth excusait le fait qu'elle n'avait pas composté son billet?
13. Est-ce qu'Élizabeth pensait qu'elle ait raté le train à Chambéry? Quelle était son opinion des trains français?
14. Qu'est-ce que la paysanne a offert à Élizabeth?

Situer dans l'espace et dans le temps

Attendez, je m'explique!

A.
Vocabulaire du ballon:
    arriver à *qqn.* to happen to (someone)
    raconter to tell (a story)

une vieille paysanne an old peasant woman
    prendre un casse-croûte to have a snack
    déboucher to uncork, open a bottle
        un bouchon a cork

le contrôleur
    avoir l'air de
        être ennuyé à mourir
        les mains sur les hanches

Élizabeth
    s'expliquer
    se faire comprendre
    essayer de
        expliquer sa position
    être obligée de

B.
Vocabulaire du ballon:
    réaliser to realize, bring into reality
    une occasion an opportunity
    visiter le lieu to visit the site
    un croquis sketch

la paysanne
    verser to pour

C.
Vocabulaire du ballon:
    prévenir to foresee
    un étranger/une étrangère foreigner
    ça fait... que... it's been (*time*) since...
    voler à to steal from

la paysanne
    un salami
    avoir l'air compatissant to seem sympathetic
    être désolée de + *inf.* to be sorry about...

D.
Vocabulaire du ballon:
    avoir le temps de + *inf.*
    heureusement fortunately
    partir à l'heure to leave on time
    sinon if not, otherwise
    rater (le train) to miss (the train)
    et... et... both... and...
    ou... ou... either... or...

la paysanne
    offrir un verre à
    une tête sympa a pleasant face

Élizabeth
    s'adresser à

Questions: vocabulaire

1. On ne dit pas «dire une histoire». Qu'est-ce qu'il faut dire?
2. Que prenait la vieille paysanne pendant qu'Élizabeth s'expliquait?
3. Qu'a-t-elle fait à la bouteille de vin rouge?
4. Quoi d'autre avait-elle pour son casse-croûte?
5. En écoutant Élizabeth, le contrôleur, comment avait-il les mains?
6. Qu'est-ce qu'Élizabeth avait passé trois mois à faire?
7. Qu'est-ce qu'on lui avait volé à Paris? Quels articles spécifiquement?
8. Qu'est-ce qu'on l'avait invitée à faire?
9. Selon Élizabeth, qu'est-ce qu'on ne pouvait pas prévenir?
10. Est-ce qu'Élizabeth était française?
11. Elle avait combien de minutes de retard pour attraper son train?
12. Selon Élizabeth, qu'est-ce qu'elle aurait raté, si elle avait manqué son train?

4. Mais, Mademoiselle! Les trains français partent à l'heure!

A.
1. Pourquoi est-ce que le contrôleur a gesticulé en colère?
2. Selon le contrôleur, comment sont les trains en France?
3. Où allait le train dans lequel Élizabeth se trouvait?
4. Qu'est-ce qu'elle avait fait en y montant?

B.
5. Quand le contrôleur lui a dit qu'elle s'était trompée de train, comment est-ce qu'elle a réagi?
6. Qu'est-ce qu'elle voulait qu'on fasse au train?
7. Où devait-elle se rendre ce soir-là?

C.
8. Quel système est-ce que le contrôleur lui a suggéré?
9. Est-ce qu'il était toujours fâché contre elle? Comment était-il?
10. De quoi est-ce qu'Élizabeth n'avait pas besoin?

D.
11. Quelle possibilité d'aide est-ce que la vieille paysanne a suggérée? Et le contrôleur?
12. Comment se sentait Élizabeth à ce moment-là?

Situer dans l'espace et dans le temps

Mais, Mademoiselle! Les trains français partent à l'heure!

A.
Vocabulaire du ballon:
   penser à to think about/of
   d'ailleurs moreover
   se tromper de to be mistaken in/about

le contrôleur
   être fâché(e) to be angry
   gesticuler
   n'en pas croire ses oreilles not to believe one's ears (to be shocked)

Élizabeth
   répliquer à to retort to
      la dernière remarque
   falloir qu'elle se rende à to have to be at...

B.
Vocabulaire du ballon:
   être fichue to be undone

Élizabeth
   se paniquer/perdre la tête/s'affoler
   se désespérer to fall into dispair
   ne savoir où donner la tête not to know which way to turn
   déjouer les plans de *qqn* to ruin someone's plans

C.
Vocabulaire du ballon:
   réfléchir to reflect, think
   le système D the art of getting oneself out of a bad situation
   un malheur a misfortune
   avoir besoin de to need

Élizabeth
   se plaindre to pity herself; complain

le contrôleur
   s'adoucir envers to soften towards
   prendre un peu au sérieux
   consoler

D.
Vocabulaire du ballon:
   être sympa to be friendly/warm
   pas loin de not far from
   autrefois in the past

proposer des solutions différentes à
   apaiser to soothe

s'asseoir
   à côté de

Questions: vocabulaire

1. De quoi est-ce que vous vous êtes trompé(e) récemment?
2. Décrivez la réaction du contrôleur.
3. Pourquoi est-ce que le contrôleur a dit «À quoi pensez-vous?»
4. Quel est un synonyme pour **répondre?**
5. À quelle heure est-ce que le train est parti pour Chambéry?
6. Pourquoi est-ce qu'Élizabeth a dit qu'elle était fichue?
7. Donnez un synonyme pour **se paniquer.**
8. À quoi est-ce qu'un malheur est bon?
9. Au lieu d'arrêter le train, qu'est-ce que le contrôleur voulait qu'on fasse?
10. Quel était le métier de la fille de la paysanne?
11. Quel était le métier de l'ami de l'oncle du contrôleur?
12. Qu'est-ce que le contrôleur et la paysanne proposaient à Élizabeth?

5. À vous maintenant de faire le choix

1. Quels étaient les quatre choix d'Élizabeth?
2. Quels sont les avantages de chaque choix, à votre avis? Et les inconvénients (*disadvantages*)?
3. Quelle route choisiriez-vous? Pourquoi?
4. Est-ce que la route choisie nous dit quelque chose de la personne qui la choisit? Expliquez.
5. Quelle solution devrait être la plus rapide? Pourquoi?
6. Quelle solution serait la plus risquée? Pourquoi?
7. Quelle solution devrait être la moins sûre? Pourquoi?
8. Quelle solution devrait être la moins agréable à un Français/une Française? Pourquoi?
9. Quelle solution devrait être la plus agréable à un Américain/une Américaine? Pourquoi?

Situer dans l'espace et dans le temps

À vous maintenant de faire le choix

être assis(e)
    sur les rails (*m.*) **du chemin de fer**
    à la campagne in the countryside
choisir une solution
    satisfaisante/peu satisfaisante
      être confuse
se demander que faire

retourner aux autorités
    déclarer une perte
louer to rent
choisir sa propre route to choose one's own route
faire de l'autostop/faire du stop to hitchhike

Questions: vocabulaire

1. Élizabeth était-elle debout au bord de la route?
2. Où était-elle assise?
3. Qu'est-ce qu'elle se demandait?
4. Si elle allait aux autorités, qu'est-ce qu'elle leur déclarerait?
5. Si on veut les services d'un avion pour trois heures, qu'est-ce qu'on peut faire?
6. Si on n'a pas de véhicule et peu d'argent, comment peut-on aller de Paris à Besançon?

6. Le pilote ou les autorités?

A.
1. Pourquoi est-ce qu'Élizabeth aurait eu l'air déçu quand elle aurait vu l'avion?
2. L'avion daterait de quelle guerre?
3. Quel serait le nom de l'avion? Est-ce que l'avion irait bien ou non?
4. Que porterait le pilote?
5. Est-ce qu'Élizabeth serait raisonnable de se fier à lui?
6. Qu'est-ce qu'il y aurait sur le siège derrière le pilote?
7. Quel conseil donneriez-vous à Élizabeth?

B.
8. À la gestion, Élizabeth, à qui aurait-elle parlé?
9. Quelle sorte d'homme serait le fonctionnaire?
10. Qu'est-ce qu'il voudrait remplir?
11. Est-ce qu'il taperait la fiche à une machine à écrire?
12. Qui serait debout derrière Élizabeth?
13. Qu'est-ce qu'il voudrait vérifier?
14. Pourquoi est-ce qu'Élizabeth aurait l'air peu satisfaite?

Situer dans l'espace et dans le temps

Le pilote ou les autorités?

A.
un vieil avon
    la Première Guerre mondiale
    dangereux
    ravagé(e)/en mauvais état
    avion à hélice propeller plane
    subir (trop de réparations) to undergo (too many repairs)
    tomber en panne to break down

le pilote
    être en train de
        boire (le whiskey)
    paraître/sembler
        soûl(e); ivre drunk
    un ivrogne a drunk
    des lunettes (protectrices) goggles
    une casquette en cuir a leather cap
    être incapable de

B.
la gestion the administration
SNCF Société nationale des chemins de fer français
un fonctionnaire an official
    remplir une fiche to fill out a form
    être chauve
    peu compatissant not very sympathetic

Élizabeth
    expliquer son problème
    être coincée to be cornered, trapped

un policier
    vérifier les papiers

Questions: vocabulaire

1. Quels adjectifs décrivent bien l'avion?
2. Que portait l'aviateur sur sa casquette?
3. Est-ce que sa casquette était en plastique?
4. Qu'est-ce qu'il portait autour du cou?
5. Est-ce qu'il vivait dans le présent, le pilote?
6. Qu'est-ce qui restait sur l'aile de l'avion?
7. Probablement Elizabeth s'attendait à un avion à réaction, mais qu'est-ce qu'elle a trouvé?
8. Qui portait un uniforme?
9. Le fonctionnaire, avait-il beaucoup de cheveux?
10. Pourquoi est-ce qu'on peut dire qu'Élizabeth se trouvait coincée?
11. Quel est un synonyme pour **l'administration**?
12. De quelle gestion s'agissait-il?
13. Que veut dire **SNCF**?

7. Chez Mme Chantier *ou* On se débrouille tout seul?

C.
1. Où serait Élizabeth dans cette solution?
2. Que ferait-elle?
3. Comment trouverait-elle la coïncidence d'avoir rencontré Mme Chantier dans le train?
4. Qui serait Mlle Chantier?
5. Quand est-ce que Mlle Chantier et Élizabeth se réuniraient?
6. Quand est-ce qu'Élizabeth lui raconterait tout ce qui lui était arrivé?

D.
7. Si Élizabeth choisissait sa propre route, comment est-ce qu'elle essaierait de se débrouiller?
8. Est-ce qu'elle aurait beaucoup de chance? Que feraient les voitures qui y passeraient?
9. Enfin, qui y arriverait?
10. Qu'est-ce qu'Élizabeth proposerait?
11. Le vieux paysan, accepterait-il sa proposition?
12. Qu'est-ce qui se passerait au moment où Élizabeth se mettrait en route?

Situer dans l'espace et dans le temps

Chez Mme Chantier *ou* **On se débrouille tout seul?**

C.
Vocabulaire du ballon:
    gênant bothersome

une cuisine de campagne
    une cuisinière
    une batterie de cuisine

Élizabeth
    téléphoner à
    prendre contact avec
    (tout) s'arranger

la paysanne
    servir
        une grosse tasse de
        un biscuit
    un tablier apron

D.
Élizabeth
    en mauvaise forme

être déçu(e) to be disappointed
payer les yeux de la tête to pay an arm and a leg for
s'abriter (contre) to shelter onself (against)

passer sans s'arrêter
commencer à
    pleuvoir

la bicyclette
    en mauvaise condition
    un porte-bagages
        lier
        en arrière

un vieux paysan
    monter à bicyclette
    offrir... pour...
    vendre
    arranger une bonne affaire
    être content(e) de soi to be self-satisfied
    compter to count

Questions: vocabulaire

1. Qu'est-ce qui se trouvait derrière Mme Chantier?
2. Que prenait Élizabeth?
3. Avec qui est-ce qu'Élizabeth prenait enfin contact?
4. Qu'est-ce qu'Élizabeth devrait présenter à la fille de Mme Chantier?
5. Avec le coup de téléphone est-ce que tout tournera mal?
6. Que portait Mme Chantier pour protéger sa robe en faisant la cuisine?
7. En quelle forme sera Élizabeth quand elle parlera à Mlle Chantier?
8. En quelle forme sera-t-elle en faisant de l'autostop?
9. Qui a arrangé une bonne affaire?
10. Combien est-ce qu'Élizabeth a payé la bicyclette en mauvaise condition?
11. Où est-ce qu'elle a mis ses bagages?
12. Qu'est-ce qu'elle a essayé de faire quand il a commencé à pleuvoir?

7. Chez Mme Chantier *ou* On se débrouille tout seul?

C.
1. Où serait Élizabeth dans cette solution?
2. Que ferait-elle?
3. Comment trouverait-elle la coïncidence d'avoir rencontré Mme Chantier dans le train?
4. Qui serait Mlle Chantier?
5. Quand est-ce que Mlle Chantier et Élizabeth se réuniraient?
6. Quand est-ce qu'Élizabeth lui raconterait tout ce qui lui était arrivé?

D.
7. Si Élizabeth choisissait sa propre route, comment est-ce qu'elle essaierait de se débrouiller?
8. Est-ce qu'elle aurait beaucoup de chance? Que feraient les voitures qui y passeraient?
9. Enfin, qui y arriverait?
10. Qu'est-ce qu'Élizabeth proposerait?
11. Le vieux paysan, accepterait-il sa proposition?
12. Qu'est-ce qui se passerait au moment où Élizabeth se mettrait en route?

Situer dans l'espace et dans le temps

Chez Mme Chantier *ou* **On se débrouille tout seul?**

C.
Vocabulaire du ballon:
    gênant bothersome

une cuisine de campagne
    une cuisinière
    une batterie de cuisine

Élizabeth
    téléphoner à
    prendre contact avec
    (tout) s'arranger

la paysanne
    servir
        une grosse tasse de
        un biscuit
    un tablier apron

D.
Élizabeth
    en mauvaise forme

être déçu(e) to be disappointed
payer les yeux de la tête to pay an arm and a leg for
s'abriter (contre) to shelter onself (against)

passer sans s'arrêter
commencer à
    pleuvoir

la bicyclette
    en mauvaise condition
    un porte-bagages
        lier
        en arrière

un vieux paysan
    monter à bicyclette
    offrir... pour...
    vendre
    arranger une bonne affaire
    être content(e) de soi to be self-satisfied
compter to count

Questions: vocabulaire

1. Qu'est-ce qui se trouvait derrière Mme Chantier?
2. Que prenait Élizabeth?
3. Avec qui est-ce qu'Élizabeth prenait enfin contact?
4. Qu'est-ce qu'Élizabeth devrait présenter à la fille de Mme Chantier?
5. Avec le coup de téléphone est-ce que tout tournera mal?
6. Que portait Mme Chantier pour protéger sa robe en faisant la cuisine?
7. En quelle forme sera Élizabeth quand elle parlera à Mlle Chantier?
8. En quelle forme sera-t-elle en faisant de l'autostop?
9. Qui a arrangé une bonne affaire?
10. Combien est-ce qu'Élizabeth a payé la bicyclette en mauvaise condition?
11. Où est-ce qu'elle a mis ses bagages?
12. Qu'est-ce qu'elle a essayé de faire quand il a commencé à pleuvoir?

■ *Préparons-nous!*

La localisation et la situation

Quand on raconte une histoire, quand on se renseigne,° quand on fait une description, il est souvent nécessaire de situer les événements, les personnes et les choses dans le temps et dans l'espace. Dans cette unité, nous allons étudier comment les prépositions, les conjonctions et les temps verbaux fonctionnent pour situer l'histoire dans le temps et dans l'espace. Puisque l'espace et le temps sont des éléments essentiels de toute histoire, vous aurez l'occasion de revoir les actes de communication (déjà étudiés dans l'Unité Première) associés à la narration. Mais l'espace et le temps sont nécessaires aussi pour faire des projets. Quand on prend rendez-vous avec quelqu'un, quand on s'arrange pour sortir avec des amis, quand on organise un voyage, il est toujours nécessaire de préciser les lieux et le temps. Pour cette raison, vous allez apprendre aussi dans cette unité à utiliser les expressions grammaticales liées à la localisation et à la situation pour faire des projets.

se renseigne: informs oneself

LISTE DE CONTRÔLE

Ce qu'il faut savoir	Là où vous pouvez le trouver
Comment localiser dans l'espace et dans le temps de façon absolue	**E.E.**, p. 151
Comment localiser dans l'espace et dans le temps de façon relative	**E.E.**, p. 156
L'emploi des temps verbaux pour exprimer les rapports temporels	**E.E.**, p. 160
L'emploi des prépositions et des conjonctions pour exprimer les rapports de temps	**E.E.**, p. 174
Comment se retrouver dans l'espace	**E.O.**, p. 179
Comment se retrouver dans le temps	**E.O.**, p. 181
Comment proposer de faire quelque chose	**E.O.**, p. 182
Comment fixer un rendez-vous	**E.O.**, p. 183

A. Gaspar et Lulu au (à la)... Racontez les aventures de Gaspar et de Lulu en vous inspirant des dessins et en utilisant les expressions temporelles au-dessous de chaque image. Au moment où vous parlez, c'est lundi après-midi. Par conséquent, vous commencez votre narration dans le passé et vous la terminez dans le futur.

vendredi dernier / faire du hang-gliding   hier / acheter le nécessaire   ce matin   plus tard ce matin-ci

cet après-midi   ce soir   demain   le lendemain

VÉRIFICATION: Localisation absolue dans l'espace et dans le temps

Ex. A, B, and C, **E.E.**, pp. 154–156.

B. Des faits historiques. Ajoutez des précisions aux faits historiques suivants en répondant aux questions. Utilisez les renseignements donnés et servez-vous de la préposition convenable.

MODÈLE: Jeanne d'Arc a été brûlée vive comme hérétique. Quand? (1431) Où? (Rouen) Où se trouve Rouen? (Normandie)
En 1431. À Rouen. En Normandie.

1. Les Athéniens organisaient des fêtes théâtrales en l'honneur du dieu Dionysos. Quand? (printemps) Où? (Athènes) Où se trouve Athènes? (Grèce)
2. Pendant un certain temps Avignon a été la résidence des papes. Quand? (1378–1417) Où se trouve Avignon? (le Vaucluse)
3. L'explorateur Champlain a fondé la ville de Québec. Quand? (1608) Où se trouve Québec? (Canada)

4. L'explorateur Lasalle a exploré le Mississippi. Quand? (dix-septième siècle) Jusqu'où est-il allé? (la Nouvelle-Orléans)
5. Napoléon a été vaincu pour la dernière fois à Waterloo. Quand? (1815 / juin) Où se trouve Waterloo? (Belgique)
6. Abraham Lincoln a été le dix-septième président des États-Unis. Où est-il né? (une cabane en bois / Hodgeville) Où se trouve Hodgeville? (Kentucky)
7. Les alliés ont débarqué en France vers la fin de la Deuxième Guerre mondiale. Quand? (le 6 juin 1944) Où? (Normandie)
8. Les Américains ont lancé la première bombe atomique. Quand? (le 6 août 1945) Où? (Hiroshima) Où se trouve Hiroshima? (Japon) À quelle heure? (8.15)
9. Ronald Reagan a été élu deux fois président des États-Unis. Quand est-ce qu'il a été élu pour la première fois? (novembre 1980) Où est-ce qu'il passait ses vacances? (Californie)

C. **Où êtes-vous?** Précisez *exactement* où vous êtes (étiez, serez) dans les situations suivantes.

MODÈLE: Où êtes-vous maintenant?

Sur mon lit, dans ma chambre, au deuxième étage, dans une résidence universitaire, sur un campus, à l'université de Minnesota, à Minneapolis, etc.

1. Où êtes-vous maintenant?
2. Pensez à un moment très important de votre passé. Où étiez-vous?
3. Imaginez un moment très agréable de votre avenir. Où voudriez-vous être?

D. **Échange.** Posez les questions suivantes à un(e) camarade de classe qui va vous répondre.

1. Quelle est la date de ton anniversaire? En quelle année es-tu né(e)? Est-ce qu'il y a d'autres membres de ta famille dont l'anniversaire est à la même époque de l'année?
2. Parlons de ta vie passée. Dis-moi où tu étais, ce que tu as fait aux moments suivants—hier soir / samedi dernier / l'année dernière / il y a dix ans.
3. Parlons maintenant de tes projets et tes rêves. Dis-moi où tu vas être, ce que tu vas faire aux moments suivants—ce soir / samedi prochain / l'année prochaine / dans dix ans.
4. Es-tu content(e) de vivre au vingtième siècle ou est-ce que tu aimerais mieux vivre en un autre siècle? Pourquoi? Quel autre siècle?
5. Raconte-moi une journée typique pour toi. (Il faut indiquer l'heure où on fait certaines choses.)

Situer dans l'espace et dans le temps

VÉRIFICATION: Localisation relative dans l'espace et dans le temps

Ex. D and E, **E.E.** pp. 159–160.

E. Ton voyage à (en)... Posez les questions suivantes à un(e) camarade de classe afin de vous renseigner sur un voyage qu'il(elle) a fait. N'oubliez pas d'utiliser le *plus-que-parfait* pour parler du temps *avant* le commencement du voyage.

1. Où est-ce que tu es allé(e)?
2. Comment est-ce que tu y es allé(e)—en avion? en voiture? par le train? à vélo? en autocar? en bateau?
3. Quand est-ce que tu es parti(e) pour... ?
4. Qu'est-ce que tu avais fait la veille de ton départ? l'avant-veille de ton départ?
5. C'est la première fois que tu étais allé(e) à (en, au)... ?
6. Qu'est-ce que tu as fait le jour de ton arrivée? le lendemain? le surlendemain?
7. Est-ce que tu étais toujours à (en, au)... la semaine suivante?
8. Quand est-ce que tu es rentré(e) chez toi?
9. Est-ce que tu es retourné(e) à (en, au)... ? Quand?
10. Est-ce que tu voudrais y retourner (encore une fois)? Quand?

VÉRIFICATION: Le présent comme point de repère

Ex. F, G, and H, **E.E.**, pp. 163–165.

F. Le lundi d'Élizabeth. En vous inspirant des images 1 jusqu'à 4 de «Débrouillez-vous, Mademoiselle!» (voir pages 157–163) et en utilisant les expressions suggérées, racontez le lundi d'Élizabeth. Choisissez comme point de repère 12h30 (Élizabeth parle avec le contrôleur).

1. *Il est midi et demi...* (image 3)
   être dans le train pour / essayer d'expliquer / le contrôleur
2. *Il y a quelques minutes...* (images 1 et 2)
   arriver à la gare / être sur le point de / oublier de / monter dans le train / trouver une place / y avoir... assise en face d'elle / regarder son billet / remarquer que / demander de voir
3. *Dans quelques minutes...* (image 4)
   dire à Mlle A que / s'affoler / ne pas savoir quoi faire / consoler / proposer des solutions

G. **Aujourd'hui, dans la classe de français...** Utilisez les expressions suggérées pour parler de votre classe de français.

   MODÈLES: depuis (moment)
   Nous sommes en classe depuis (11h).
   depuis (durée)
   Nous sommes en classe depuis dix minutes.

   1. depuis (moment)
   2. depuis (durée)
   3. voilà (durée) que
   4. être en train de
   5. il y a (durée) que
   6. il y a (moment)
   7. venir de
   8. cela fait (durée) que
   9. être sur le point de
   10. dans

H. **Échange.** Posez des questions à un(e) camarade, qui vous répondra. Demandez-lui:

   1. où il(elle) habite
   2. depuis quand il(elle) y habite
   3. s'il(si elle) a vu ses parents récemment
   4. quand il(elle) reverra ses parents
   5. depuis combien de temps il(elle) fait des études à...
   6. ça fait combien de temps qu'il(elle) étudie le français
   7. s'il(si elle) est allé(e) en France
   8. quand il(elle) retournera (ira pour la première fois) en France
   9. depuis combien de temps il fait chaud (froid)
   10. ce qu'il(elle) fera dès qu'il fera moins chaud (froid)
   11. depuis combien de temps il(elle) a cette coupe de cheveux
   12. depuis quand il(elle) porte des lunettes (une bague, une montre)
   13. depuis combien de temps vous vous connaissez
   14. depuis quand vous suivez ce cours ensemble

I. **La ronde de questions.** Vous racontez vos activités à partir du moment où vous avez dîné hier soir, en utilisant les mots donnés. Vos camarades vous interrompront pour poser des questions sur: (a) vos activités habituelles, (b) votre enfance et (c) vos projets futurs.
   Vous pourrez ajouter ou substituer des activités appropriées.

   MODÈLES: dîner
   —*Hier j'ai dîné vers cinq heures et demie.*
   —*Tu dînes à cinq heures et demie d'habitude?*
   —*À quelle heure est-ce que tu dînais quand tu étais petit(e)?*
   —*Tu vas dîner à cinq heures et demie ce soir aussi?*

   1. étudier
   2. écouter de la musique
   3. regarder la télé
   4. parler avec des amis
   5. se coucher

Situer dans l'espace et dans le temps

VÉRIFICATION: Le passé comme point de repère

Ex. I, J, K, and L, **E.E.**, pp. 168–171.

J. La vie d'André (suite). Vous prenez comme point de repère le soir où André a dîné avec deux femmes au Club Méditerranée (voir l'image 5, page 29). Utilisez les expressions données pour parler de l'histoire d'André.

MODÈLE: ce soir-là / en train de / dîner

Ce soir-là il était en train de dîner avec deux femmes.

1. elles / parler / depuis
2. voilà… que / André / ne pas dire un mot
3. ce matin-là / il / se lever de très mauvaise humeur
4. il / décider de changer de vie
5. il / partir pour le Club Méditerranée
6. il / venir de / passer un mauvais après-midi sur la plage
7. il / s'ennuyer
8. il / être sur le point de / s'enfuir
9. dans deux minutes / il / aller chercher un canot pneumatique
10. dans quelques heures / il / arriver dans une île déserte
11. il / s'amuser à chasser des papillons / pendant quelques heures
12. mais enfin / il / y avoir une explosion / et / être blessé

K. Les Belœil au musée. En prenant comme point de repère l'image 6 (page 121), racontez les activités des Belœil. Utilisez au moins une fois chacune des expressions données ci-dessous.

Expressions: **depuis / voilà (il y avait, ça faisait)… que / en train de / venir de / sur le point de / déja / ne… pas encore / dans / plus tard**

MODÈLE: *Vers trois heures de l'après-midi la famille Belœil était dans la salle des surréalistes. Mathieu était en train de…*

L. Un week-end inoubliable. Racontez à un(e) camarade de classe les activités d'un week-end dont vous gardez un souvenir très clair. Choisissez le moment le plus intéressant du week-end. Racontez les autres événements du week-end par rapport à ce moment culminant. N'oubliez pas les expressions que vous avez apprises dans l'Unité Première pour raconter une histoire (voir pages 46–48).

MODÈLE: *Écoute, il faut que je te raconte ce qui m'est arrivé le week-end que j'ai passé à Chicago avec mes copines Sarah et Jane. Alors, nous sommes allés à Chicago pour voir l'exposition Gauguin à l'Institut de l'Art. Nous avions des billets pour samedi matin, à 9h30. Mais nous y sommes arrivés en retard. Nous étions arrivés à Chicago la veille, vers 7h du soir…*

VÉRIFICATION: Le futur comme point de repère

Ex. M, N, and O, **E.E.**, pp. 172–174.

M. À la place du Tertre. La famille Belœil est de retour au musée et tout se passe de la même manière. C'est-à-dire qu'après la visite du musée, ils iront à la place du Tertre (image 8, p. 125). En utilisant comme point de repère le moment où ils y arriveront, répondez aux questions suivantes.

1. Quelles sont quatre choses que la famille fera ou verra sur la place du Tertre?
2. Quelles sont trois choses que Mathieu aura faites avant d'arriver à la place du Tertre?
3. Quelles sont trois tableaux que Mme Belœil aura vus avant d'arriver à la place du Tertre?
4. Quelles sont trois choses que M. Belœil aura faites ou vues avant d'y arriver?
5. Que fera la famille après avoir visité la place du Tertre?

N. Demain. Utilisez les mots donnés pour poser des questions à un(e) camarade qui vous répondra.

MODÈLE: à quelle heure / se réveiller
—*À quelle heure est-ce que tu te réveilleras demain?*
—*Oh, je ne sais pas, je me réveillerai sans doute vers 8h, 8h30.*

1. se lever tout de suite
2. prendre une douche
3. se brosser les dents
4. prendre le petit déjeuner
5. à quelle heure / quitter la chambre (la maison)
6. son(sa) camarade de chambre (frère, sœur) / se lever (déjà)
7. où / aller
8. être de bonne humeur

O. La prochaine fois. Parlez à un(e) camarade de ce que vous ferez la prochaine fois que vous aurez l'occasion de faire quelque chose (visiter un certain lieu, voir une certaine personne, faire une certaine activité, passer un examen, etc.). Parlez aussi de ce que vous aurez fait comme préparatifs avant de faire cette chose.

Situer dans l'espace et dans le temps

Ex. P, Q, R and S, **E.E.**, pp. 178–182.

VÉRIFICATION: L'emploi des prépositions et des conjonctions

P. Au château dans le bois. En vous servant des prépositions ou des conjonctions pour préciser les rapports temporels entre les actions, utilisez les expressions suivantes pour parler du meurtre du maître du château (voir page 63). Vous prenez comme point de repère l'arrivée de l'inspecteur; par conséquent, tout ce qui a eu lieu pendant la journée représente le passé.

MODÈLE: (la vieille dame) descendre à la cave / verser un liquide

Après être descendue à la cave, la vieille dame a versé un liquide dans une bouteille de cognac.

1. (le beau-frère) parler à l'inconnu / faire sa valise
2. (le conservateur) venir d'ouvrir le coffre-fort / (la vieille dame) entrer dans la bibliothèque
3. (les conspirateurs) ouvrir la caisse / boire un verre ensemble
4. (la maîtresse) entrer dans la salle à manger / (le maître et la bonne) être en train de boire du champagne
5. (la vieille dame) lire un livre / surveiller les activités du maître et du beau-frère
6. (le jardinier) se cacher au coin de la cave / (la vieille dame) ne pas pouvoir le voir
7. (la bonne) découvrir le corps du maître / téléphoner à la police

Tout ce qui a lieu après l'arrivée de l'inspecteur doit être raconté au futur.

8. (l'inspecteur) poser une question à la bonne / (elle) commencer à pleurer
9. (l'inspecteur) interroger tous les témoins / (le conservateur du musée) pouvoir rentrer chez lui
10. (l'inspecteur) rester au château / trouver le ou la coupable

Q. Qu'est-ce qui se passe (s'est passé, se passera)? Pour chaque image, inventez une phrase qui utilise l'expression indiquée. Vous pourrez situer les actions au présent, au passé et au futur.

MODÈLE:

pendant que (voler: *to steal*)

L'agent de police a attrapé l'homme pendant qu'il volait (essayait de voler) des bijoux.

198   Unité Quatre

1. avant de/avant que   2. pendant que   3. dès que   4. en

R. Ce matin, ce soir. Parlez de vos activités en utilisant les expressions suggérées. Un(e) camarade de classe peut vous interrompre pour chercher des précisions.

1. Parlez de ce que vous avez fait ce matin.
   (après/avant de (ou) avant que/pendant que/en/quand/jusqu'à ce que)
2. Parlez de ce que vous ferez ce soir (ou demain matin, si vous préférez).
   (après (ou) après que / avant de (ou) avant que / pendant que / dès que / quand / jusqu'à ce que)
3. Parlez de ce que vous avez fait samedi dernier.
   (après / avant / en / quand / dès que)
4. parlez de ce que vous ferez le premier jour des vacances.
   (après / avant / pendant que / jusqu'à ce que)

■ *Pour communiquer*

Comment se retrouver

Comme nous l'avons déjà vu, l'espace et le temps jouent des rôles essentiels dans les narrations (Unité Première). Mais l'espace et le temps sont importants aussi dans les activités pratiques de tous les jours. Il faut pouvoir *se retrouver* (reconnaître son chemin, savoir où on est, quel jour ou quelle heure il est). Et il faut aussi savoir faire des projets, s'arranger pour *se retrouver* avec ses amis (préciser un lieu et un moment où on va se réunir pour faire quelque chose ensemble). Voici donc quelques expressions et quelques exercices qui vont vous aider à vous retrouver.

Pour se retrouver dans l'espace

(La rue Dauphine), s'il vous plaît?
Est-ce que (le musée Rodin) est près d'ici?
Est-ce qu'il y a (une pharmacie) dans le quartier?

Je m'excuse. | Je me suis perdu(e). Je cherche...
             | Je me suis trompé(e) de route (rue, adresse).
             | Je ne sais pas où se trouve...

Situer dans l'espace et dans le temps

Pour aider quelqu'un à se retrouver dans l'espace

C'est la (première) rue (à droite).
Vous prenez la (deuxième) rue (à gauche).
Vous allez (continuez) tout droit (jusqu'à la troisième rue, jusqu'au feu rouge).
Vous tournez (à gauche, à droite), puis vous traversez (le boulevard).
Vous suivez (l'avenue de Gaulle) jusqu'à (la place).
(La pharmacie), c'est tout droit (sur votre gauche, sur votre droite).

S. Je m'excuse... Jouez les petites scènes indiquées avec un(e) camarade de classe. Utilisez le plan de la ville de...

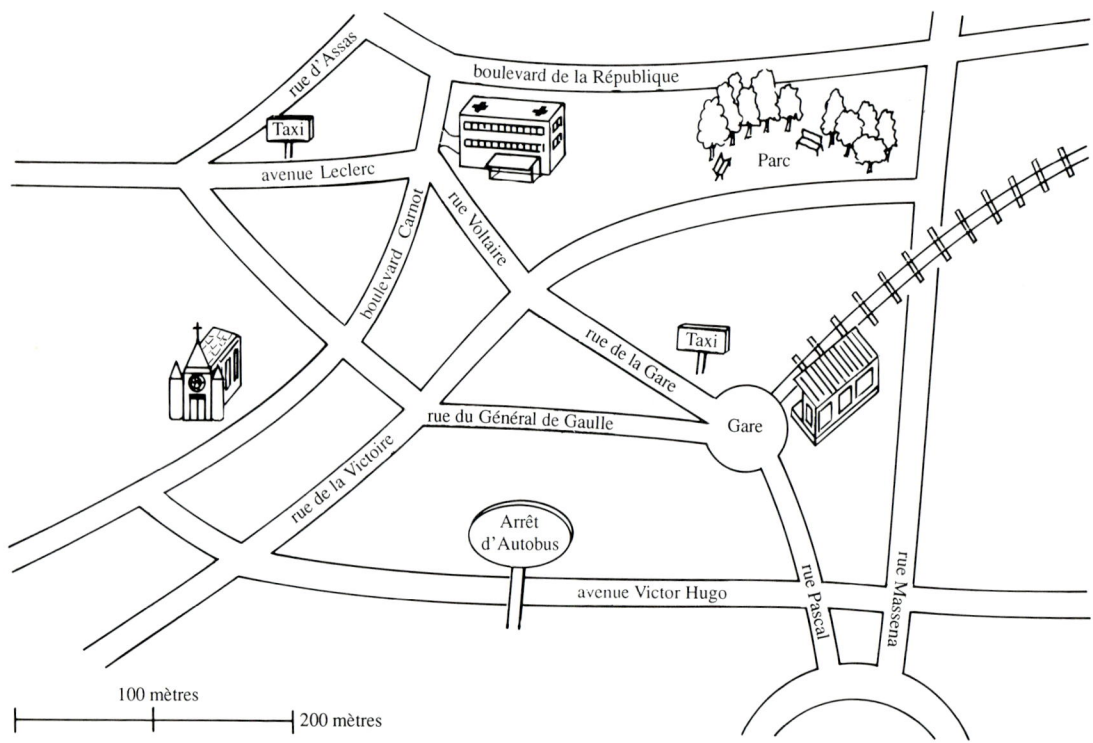

1. Pardon, Monsieur/Mademoiselle. Mais où se trouve le parc dans cette ville?
2. Excusez-moi, Monsieur/Mademoiselle. Je suis un peu pressé(e). Pouvez-vous me dire comment aller à la gare?
3. Je m'excuse Monsieur/Mademoiselle. La rue d'Assas, s'il vous plaît?
4. Pardon Monsieur/Mademoiselle. Savez-vous où je pourrais trouver un taxi libre?
5. Pourriez-vous m'aider? Je dois aller à l'hôpital, puis à l'église, mais je ne connais pas du tout la ville.

Il arrive qu'on vous demande un renseignement de cette sorte. Ce renseignement provoque d'habitude une réaction. Voici des expressions que vous pouvez utiliser pour vous retrouver dans le temps, pour aider quelqu'un d'autre à se retrouver et pour réagir à cette information.

Pour se retrouver dans le temps

S'il vous plaît, | quelle heure est-il?
| vous avez l'heure?
| pourriez-vous me dire l'heure qu'il est?

Quel jour sommes-nous aujourd'hui?
C'est quel jour aujourd'hui?
C'est aujourd'hui (mardi)?
Quelle est la date aujourd'hui?

Pour aider quelqu'un à se retrouver dans le temps

Il est tout juste (sept) heures.
Il est (dix) heures pile.°   **pile:** on the dot
Moi, j'ai (trois heures moins le quart).

Nous sommes aujourd'hui (mercredi).
C'est aujourd'hui (vendredi).
C'est aujourd'hui (mardi) le 17 (mars).

Pour réagir à un renseignement temporel

Trois heures moins le quart?
   Bon, nous avons beaucoup de temps.
   Nous sommes en avance.
   Nous serons à l'heure.
   Oh, non. Nous sommes en retard.
   Nous avons déjà un quart d'heure de retard.
Mardi? Le 17?
   Cet après-midi je dois... / Demain je dois (devrai)...
   Oh, non. J'ai oublié de... / Ce matin (hier) je devais...

T. S'il vous plaît,... Jouez les petites scènes indiquées en alternant de rôle avec votre partenaire. Une personne demande le renseignement; l'autre donne la réponse indiquée entre parenthèses.

1. Vous avez rendez-vous chez le dentiste à 15h. Vous n'avez pas votre montre. Vous demandez l'heure à un(e) passant(e). (3h20)
2. Vous avez un billet pour l'opéra. La représentation commence à 20h30. En sortant de la bouche du métro (*subway exit*) devant l'Opéra, vous demandez l'heure à un(e) passant(e). (8h15)

Situer dans l'espace et dans le temps

3. Vous avez pris rendez-vous avec des amis devant le Louvre pour 2h de l'après-midi. Vous arrivez devant le Louvre et vous demandez à quelqu'un l'heure qu'il est.   (2h)
4. Vous avez pris rendez-vous avec un camarade de cours (Jean-Louis) pour préparer un examen que vous allez passer (*take*). Jean-Louis était d'accord pour vous retrouver mercredi matin à 9h. Tout d'un coup, vous avez l'impression d'avoir oublié quelque chose. Vous demandez à un(e) autre camarade l'heure *et* le jour.   (12h30, mercredi)
5. Vous avez un billet pour un concert de Prince le 22 juin. Vous n'avez pas de calendrier. Vous demandez à un(e) ami(e) la date.   (21 juin)
6. Vous avez rendez-vous chez le dentiste pour l'après-midi du 3 septembre. Vous avez laissé votre carnet (*agenda*) à la maison et vous demandez à un(e) ami(e) la date.   (4 septembre)

Tous les jours, ou presque, nous avons l'occasion de faire des projets, de prendre des rendez-vous qui doivent être situés aussi dans l'espace et le temps. Pour faire un projet ou prendre un rendez-vous, il faut tout d'abord se mettre d'accord sur une activité—qu'il s'agisse d'aller voir un film, de faire du sport ou tout simplement de parler. Voici quelques expressions que vous pouvez utiliser pour proposer des activités et pour répondre à des suggestions.

Pour proposer de faire quelque chose avec quelqu'un

On va (au musée, au restaurant, au match de tennis, etc.)?
Si on allait (au cinéma)? / Si on (dînait) ensemble?
Si tu veux, nous pourrions (on pourrait)...
Que dirais-tu de... ?
Tu veux qu'on (aille au concert)?

Pour accepter une suggestion

Oui, allons-y!
Oui, pourquoi pas?
Oui, c'est une bonne idée.
Oui, je veux bien, moi.
D'accord.

Pour refuser une suggestion

Non, je ne veux pas...
Non, je ne peux pas...
Je voudrais bien, mais...
Oh, je ne sais pas. Tu ne voudrais / préférerais pas... ?

U. Si on allait... Proposez les activités suggérées à un(e) camarade de classe. Il(Elle) peut accepter ou bien il(elle) peut refuser. S'il(elle) refuse, il faut expliquer pourquoi ou proposer une autre activité.

MODÈLES: un film policier français

—*Si on allait au cinéma (ce soir)? Il y a un très bon film policier.*

—*Pourquoi pas? J'aime beaucoup les films policiers.* ou

—*Non, je ne peux pas. Il faut que j'écrive un devoir pour mon cours d'anglais.* ou

—*Non, je ne veux pas. Tu ne voudrais pas regarder la télé? Il y a un match de baseball ce soir.*

1. un film comique de Woody Allen
2. un concert de (choisissez un chanteur ou une chanteuse)
3. jouer à (choisissez un sport)
4. faire de (choisissez une activité)
5. aller à (choisissez un endroit)
6. faire une promenade (à pied, en voiture, à vélo)

Une fois l'activité choisie, il faut préciser les détails—le jour, l'heure et l'endroit où on va se retrouver. Voici des expressions qui vous aideront à fixer un rendez-vous.

Pour fixer un rendez-vous

Alors, quand est-ce qu'on y va?
Alors, quand est-ce que tu veux y aller?
Alors, quand est-ce que tu es libre?
Lundi soir, ça va (ça te convient)?
Tu es libre samedi après-midi?

    Oui, ça me va (convient) très bien. / D'accord.
    Non, je ne suis pas libre (je suis pris[e], je suis occupé[e]).

À quelle heure?
À quelle heure commence... ?

Où est-ce qu'on se retrouve?
On se retrouve (chez toi, devant le musée)?
On se donne rendez-vous à (la station de métro)?
Tu viens me chercher (prendre)?

    Oui, je vais te chercher.

Situer dans l'espace et dans le temps

V. Prenons rendez-vous. Choisissez une des activités de l'Exercice U et arrangez-vous pour faire cette activité avec votre partenaire. Fixez tous les détails de votre rendez-vous.

MODÈLE: *Alors, que dirais-tu de jouer au tennis?*
—*Oh, je voudrais bien. Quand est-ce que tu veux jouer?*
—*Tu es libre cet après-midi?*
—*Non. J'ai deux cours et puis je dois travailler. Samedi matin, ça te va? Disons, vers 10h, 10h30?*
—*Oui, ça va très bien. On se retrouve aux courts de tennis?*
—*D'accord. Samedi matin, vers 10h, à ma résidence.*

■ *À vous, maintenant!*

A. Élizabeth raconte. Il est trois heures de l'après-midi. Élizabeth, l'héroïne de «Débrouillez-vous, Mademoiselle!» (voir page 165), est assise au bord de la voie de chemin de fer. Quelqu'un s'approche d'elle et lui demande ce qu'elle fait là. Élizabeth lui raconte ce qui s'est passé dans le train, puis elle parle des possibilités qui lui sont ouvertes. Recréez le monologue d'Élizabeth.

B. L'interrogatoire. Élizabeth est au commissariat de police à Besançon (voir page 167). Un inspecteur l'interroge. Puisqu'il doit enregistrer l'interrogatoire au magnétophone, il commence par préciser le jour, la date, l'heure et le lieu. Il fait ensuite le signalement (*description*) de Mlle... , puis il lui pose une série de questions sur ses activités récentes et futures. Jouez la scène entre l'inspecteur et Élizabeth.

C. Les pensées d'un(e) criminel(le). Préparez un monologue intérieur inspiré des images du «Château dans le bois» (voir page 63). Vous êtes le(la) meurtrier(-ère). Il est huit heures moins cinq du soir; dans cinq minutes vous allez tuer le maître du château. Divisez votre monologue en trois parties: (1) Parlez du moment actuel—Où êtes-vous? Comment vous sentez-vous? Pourquoi allez-vous le tuer? (2) Parlez de ce qui s'est déjà passé aujourd'hui. (3) Imaginez le meurtre et ce qui se passera pendant le reste de la soirée.

D. Un moment très important. Racontez un moment très important de l'année universitaire. Commencez au milieu de l'action, puis précisez les événements qui ont précédé ce moment et aussi les événements qui l'ont suivi.

E. Faisons des projets. Vous et vos amis essayez d'organiser des activités pour le week-end. Il faut que les projets s'accordent avec les conditions précisées sur la fiche que vous avez reçue.

F. Un film. Les images reproduites ci-dessous représentent trois moments du même film. À partir de ces images, imaginez l'histoire du film en respectant l'ordre dans lequel les images vous sont données. C'est-à-dire que vous serez sans doute obligé(e) de faire un retour en arrière (*flashback*).

G. Un roman. Avec vos camarades de classe, inventez les éléments d'un roman que vous allez composer collectivement. Commencez par préciser un lieu, une époque et des personnages (des protagonistes, un ou une antagoniste). Puis indiquez le problème et commencez à imaginer l'action.

Situer dans l'espace et dans le temps

AU JOUR LE JOUR

La Modernisation et l'Américanisation en France

Numéro spécial 6

- L'Horizon 1992
- L'Europe unifiée?
  La Grande Illusion
  L'Éducation européenne

- Les Américains vus par les Francophones
  Une Interview avec un Canadien
  L'Amérique, le phantasme
  La Modernisation, qu'est-ce que c'est?

Ménie Grégoire, psychanalyste et sociologue bien connue en France pour son émission-radio de dialogue, écrit vers 1986 qu'un jour elle s'est rendu compte que le monde avait changé. Elle s'est dit un soir, tout en regardant une jeune fille en jeans qui dansait sur le trottoir à la musique d'un saxophoniste: «Tiens! le monde où j'ai vécu est terminé. C'est la fin d'une certaine façon occidentale et très ancienne d'être un homme, une femme, une famille et peut-être même une société. C'est la fin d'une morale, d'une armée cohérente de principes. Un autre monde naît, et le voilà.» (Ménie Grégoire: «Sagesse et Folies des Français», 1989.)

Il faut que nous nous demandions si cette voix prophétique a raison.

L'Horizon 1992

Le premier janvier 1993 marque la date du commencement du marché unifiée de la CEE (la Communauté économique européenne). L'article suivant vous offre une perspective globale de ce grand changement en communications, langues, impôts°, change°, transport et marchés. Lisez et dégagez les idées-clés de cette unification. Plus tard, on étudiera quelques problèmes prévus et les forces américaines qui semblent influencer la direction de cette modernisation.

impôts: income tax
change: monetary exchange

Quand vous prononcez—notamment en France—le mot «Europe», vous êtes à peu près certain de provoquer un gigantesque bâillement°. Vos interlocuteurs° se découvrent soudain une course° urgentissime à faire, une vieille tante à visiter. Il n'y a guère que la francophonie° qui provoque un tel effet soporifique dans les salons!

Et quand les gouvernements essaient de provoquer l'enthousiasme des masses en évoquant l'Horizon 1992—c'est-à-dire le fameux marché unique dont la création est prévue pour le 31 décembre de cette année-là—ils ne remplissent pas les salles. Un siècle exactement après la naissance d'un des pères de l'Europe unie, l'économiste Jean Monnet (dont les cendres° ont été récemment transférées au Panthéon), le sentiment le plus répandu° est que, en quinze ans, le projet Europe a pour l'essentiel donné ce qu'il pouvait donner. À une vitesse d'escargot et au prix d'une hypertrophie° technocratique.

D'un côté—modestement—l'Europe existe. J'ai déjà pris l'avion de Paris à Londres sans difficulté avec une carte de presse pour toute pièce d'identité. Si vous passez en voiture de la France à la Belgique, on ne vous demande à peu près jamais de papiers à la frontière. Idem° l'été à la frontière italienne. D'ici début de 1990, d'ailleurs, tous les pays membres du Marché commun délivreront le même «europasseport», où le nom du pays figurera sous celui de la Communauté économique européenne (CEE).

Quoi d'autre? Une journaliste hollandaise peut s'installer à Paris et prendre un emploi sans permis de travail°. Et quand vous achetez un frigo° Zanussi (italien), il y a une notice explicative en plusieurs langues qui

bâillement: yawn
interlocuteurs: people you are talking to
course: errand
la francophonie: French-speaking areas

■ Explain the importance of Jean Monnet in the French and European economy since 1945.

cendres: ashes
répandu: widespread
hypertrophie: abnormally large growth

Idem: ditto

permis...: work permit
frigo: refrigerator

La Modernisation et L'Américanisation en France

donne à penser que c'est le même appareil° que l'on vend à travers le Marché commun.

... Tant d'efforts, tant d'argent pour arriver à quoi?... Or l'objectif pour 1992, c'est justement la libre circulation des capitaux, des marchandises et des personnes!

Le chemin pour y arriver ressemble à un épouvantable parcours° du combattant. En petit, en moyen et en grand. L'Europe reste en bonne partie une tour de Babel où chaque pays est retranché derrière des frontières plus ou moins visibles. Certes, les frontières sont ouvertes, et il n'y a pas de droits de douane°. Mais chaque État, par le biais de réglementations ou de normes techniques, défend sournoisement° le marché national au profit de ses groupes industriels et autres lobbies.

... La protection des marchés publics a aussi des incidences technologiques. Dans le domaine de la télévision, l'Europe a non seulement choisi un système différent de l'américain, mais deux systèmes non compatibles (PAL et SECAM) qui forcent les fabricants à faire des récepteurs à deux systèmes, forcément° plus chers.

appareil: appliance

épouvantable... : frightful challenge

droits de... : customs
sournoisement: underhandedly

forcément: of necessity

Le siège principal de la C. E. E. (Communauté économique européenne) à Bruxelles, Belgique.

... Plus extravagant: les systèmes téléphoniques qui sont offerts dans presque chaque grand pays par une entreprise nationale. Résultat: sept modèles différents de communication numérique, plus ou moins compatibles entre eux! Une vraie catastrophe pour tout le monde, sinon pour les fournisseurs°. Cela pose des problèmes d'adaptation—parfois insolubles—pour les nouvelles techniques de transmission (télécopie, etc.). Un automobiliste équipé d'un téléphone qui traverserait la Grande-Bretagne, la Belgique et l'Allemagne, aurait besoin de trois modèles différents!

... Comme chacun sait, Marché commun signifie absence de frontières commerciales. Et, de fait, vous pouvez aller vendre toutes les marchandises que vous souhaitez dans le pays de votre choix (en leur appliquant le taux de TVA° locale, variable de 0 à 33%). Cependant, vous rencontrerez toutes sortes d'obstacles en cours de route.

Il y a, par exemple, la simple question du change. Valéry Giscard d'Estaing se plaisait à souligner qu'un voyageur qui quitterait la France avec mille francs et traverserait les douze pays de la Communauté en changeant son argent chaque fois en devises° locales (mais sans jamais rien dépenser°), reviendrait à Paris avec seulement 450 francs en poche!

Autre exemple. Vous mettez la marchandise sur un camion° en Grande-Bretagne, direction Milan. Deux frontières à traverser. Or les 1200 km, qui d'ordinaire demandent 36 heures, en prennent du coup° 58 (traversée de la Manche° non incluse). Les camionneurs passent 30% de leur temps de transport, en moyenne, à faire la queue à des postes de douane. Ce qui provoque un surcoût énorme aux transporteurs routiers° et décourage beaucoup d'entreprises d'exporter. Les raisons de ces délais aux frontières? Inspections sanitaires, contrôle des papiers, etc.

... Est-il envisageable de sortir de cette jungle amazonienne d'ici 1993? L'expression clé, dans les milieux de la CEE, c'est «la nouvelle approche». Au moins officiellement, les pays membres se sont entendus° pour accepter automatiquement comme normes européennes les normes courantes dans tel ou tel pays.°

... La perspective d'une Forteresse Europe engendrant en son sein° de puissants groupes industriels ne manque pas de susciter° des inquiétudes à l'extérieur. Le Japon dépêche° sur place des escadrons° de planificateurs°, les pays européens hors de la CEE (la Suède, la Suisse, l'Autriche...) surveillent les événements avec appréhension, les États-Unis et le Canada guettent° les moindres signes de repli° protectionniste. À ce propos, Jacques Delors (président de la Commission européenne) n'est guère rassurant: «La constitution° d'un espace économique commun n'a pas pour objet de livrer nos marchés domestiques aux appétits extérieurs!» De plus, la CEE parle maintenant de «réciprocité»: on ouvrira la porte aux concurrents° de l'extérieur dans la mesure où ils libéreront l'accès à leurs propres marchés.

L'opinion publique européenne, pendant ce temps, reste largement indifférente à l'affaire. Mais les responsables—Delors en tête—semblent y croire vraiment. Le slogan pourrait être: on est capable.

Louis-Bernard Robitaille, «L'Empire Europe s'en vient», dans *L'Actualité*, février 1989.

fournisseurs: suppliers, manufacturers

taux... : value-added taxes

devises: currencies
dépenser: spend
camion: truck
du coup: therefore
traversée... : Channel crossing
transporteurs... : truck companies

se sont... : reached an agreement
tel... : one country or the other
en son sein: within itself
ne manque... : will not fail to arouse
dépêche: dispatches
escadrons: crowds, squadrons
planificateurs: planners
guettent: watch out for
repli: withdrawal
constitution: formation
concurrents: competitors

L'Europe unifiée?

La Grande Illusion

On a présenté récemment les idées d'Alain Minc, le financier français au sujet de la possibilité d'une Europe unifiée en 1992 en le citant dans quelques articles de magazines. Malheureusement, il y voit des obstacles énormes. Imaginez ce qui pourrait gêner le développement d'une Europe unifiée. Réfléchissez et faites une petite liste des problèmes avant de lire ce qui suit.

Voici sept vérités proposées par M. Minc qui menacent l'identité européenne. Essayez de dégager au moins une raison pour laquelle chaque vérité pose une barrière à l'Europe unifiée:

Première vérité: l'Europe est faite d'espaces culturels disjoints et ses frontières actuelles n'ont en la matière° aucune signification: le vieux cercle européen est brisé... .

Deuxième vérité: l'essor° culturel des dernières décennies° témoigne de l'opulence de l'Occident; l'Europe n'y joue aucun rôle spécifique... . Pour la classe moyenne, synonyme du mode de vie occidental, la consommation culturelle en est devenue un instrument d'identification.

Troisième vérité: [L'Europe] n'exerce plus d'influence mondiale. Ni dans les arts plastiques: l'impulsion vient des États-Unis. Ni en musique, ni en littérature, ni en philosophie, discipline exclusivement européenne, ni dans les sciences humaines... . L'Europe avait inventé un formidable produit pour sociétés riches: le magistère° intellectuel... . Ce n'est pas l'expression d'un déclin, mais d'une transformation de l'univers culturel... . Mais vue d'ailleurs°, l'Europe n'y gagne aucune identité.

Quatrième vérité: la culture est devenue à sa façon une gigantesque industrie, servant de prétexte à un tourisme de masse qui suffit à rééquilibrer ou à déstabiliser des balances de paiement! Monuments, musées, expositions, événements culturels exceptionnels: autant d'armes pour faire entrer les visiteurs, les devises° et les capitaux!

Cinquième vérité: qui° dit politique culturelle européenne dit action étatique°. Or les États en ce domaine ne se ressemblent guère... . Au moment où l'État perd année après année une partie de ses attributions, il s'ancre davantage encore dans la tradition d'un État bâtisseur et mécène... .°

Sixième vérité: l'idée même d'une communauté culturelle européenne n'a pas de sens... . Qu'offriraient-ils [des musées et des espaces] de particulier, sauf à être les mausolées du rêve européen?

Septième vérité: la culture demeure un des derniers vestiges de l'identité nationale... . Débordés par° l'audiovisuel, la musique, les modes, la valse des signes et des symboles, [les États-nations] auront tendance à survaloriser° leur culture nationale, comme s'il s'agissait de la preuve ultime de leur identité.

Alain Minc, extraits de *La Grande Illusion*
© Éditions Bernard Grasset

---

en la matière: on this subject
essor: expansion, blossoming
décennies: decades

magistère: teaching authority
d'ailleurs: from elsewhere

devises: foreign currency
qui: whoever
étatique: state (*adj.*)

mécène: (art) patron

Débordés par: flooded (with)
survaloriser: overestimate

L'Éducation européenne

L'éducation va jouer un rôle bien significatif dans le projet Europe. Malheureusement, le système d'éducation peut aussi résister aux exigences de la société. Les idées suivantes vous semblent-elles justifiables? Ces problèmes existent-ils aux États-Unis? À votre avis, quelle sont les responsabilités d'un système universitaire dans la société moderne?

Une culture commune peut naître d'un enseignement commun; sans enseignement commun, elle n'a aucune chance d'exister. D'où° l'exigence d'une matrice pédagogique européenne°. Celle-ci suppose, entre autres, de mêmes programmes, des échanges systématiques, les prémices d'un système universitaire européen. Depuis trente ans cette Europe-là n'a pas progressé d'un iota.

L'ethnocentrisme, cette maladie typiquement européenne, ne s'applique même plus, quand il s'agit de pédagogie, aux frontières de l'Europe; elle redevient bornée°, nationale, villageoise.

Le conservatisme des programmes scolaires n'est pas un choix de caractère exclusivement idéologique. Il porte la marque des traditions, du passé, des procédures techniques et de l'immobilité inhérente à ces monstres bureaucratiques que représente dans chaque pays le système éducatif.

[L]es universitaires ne se sont préoccupés ni d'échanges intensifs entre universités européennes, ni d'associations, ni de fusions. Après trente ans d'Europe, la carte universitaire du continent n'a pas changé: elle demeure irréductiblement nationale.

Alain Minc, extraits de *La Grande Illusion*
© Éditions Bernard Grasset

D'où: whence; this is the origin of

matrice...: European educational base

bornée: limited

Les Américains vus par les Francophones

Une Interview avec un Canadien

Considérons maintenant les Américains vus par les Francophones. La revue «L'Actualité» a publié une interview avec Allan Gotlieb, ancien ambassadeur du Canada à Washington et pionnier de la nouvelle diplomatie activiste. Selon James Baker, c'est «le plus remarquable ambassadeur que cette ville ait accueilli depuis très, très longtemps». Dessinez le portrait de l'Américain vu à travers les commentaires de cet homme.

L'Actualité: Si vous aviez trois conseils à donner à votre successeur sur l'art et la manière d'amadouer les Américains, quels seraient-ils?

Allan Gotlieb: D'abord, ne jamais accepter un «non». La roue° tourne. Des choses impensables aujourd'hui seront réalisables demain. Il faut être agressif et têtu°, surtout ne pas être réservé ou se laisser intimider par ce

roue: wheel

têtu: stubborn

qui semble politiquement impossible. Ensuite, il faut lancer ses filets° aussi loin que possible, être partout. Le processus de décision est ici très mystérieux, très complexe, il y a beaucoup de joueurs et on ne sait jamais quand on appuiera sur le bon bouton° au bon endroit. Il faut jouer sur tout le terrain, connaître tout le monde. Finalement, il ne faut pas être une fleur de tapis°, ne pas s'avancer à pas feutrés°. Il faut être franc et direct.

L'Actualité: Et dire aux Américains que vous les aimez?

A.G.: Absolument, c'est très important. Les Américains aiment être aimés, nous aussi, bien sûr. Mais beaucoup ne s'en rendent pas compte°. Ils pensent que parce que les États-Unis sont une super-puissance, ils se fichent de° ce que les gens pensent. C'est complètement faux.

L'Actualité: Vous avez fréquenté les décideurs américains; quelle est l'ampleur° de leur connaissance, ou de leur ignorance, du Canada?

A.G.: Leur niveau de connaissance est très bas. Mais il est très bas sur les autres pays aussi. Leur intérêt pour l'Europe est négligeable.

L'Actualité: Mais nous sommes voisins.

A.G.: Les Américains tirent 80% de leurs informations de la télévision, où le contenu international est presque nul. Vous avez vu le récent rapport du *National Geographic* sur les connaissances des Américains en géographie? Ils sont un peu comme Al Capone qui disait: «Le Canada? Je ne sais pas sur quelle rue c'est!». Aussi, nous ne sommes pas assez étrangers, assez différents ou exotiques à leur goût.

Jean-François Lisée, dans *L'Actualité*, fevrier 1989.

L'Éducation européenne

L'éducation va jouer un rôle bien significatif dans le projet Europe. Malheureusement, le système d'éducation peut aussi résister aux exigences de la société. Les idées suivantes vous semblent-elles justifiables? Ces problèmes existent-ils aux États-Unis? À votre avis, quelle sont les responsabilités d'un système universitaire dans la société moderne?

Une culture commune peut naître d'un enseignement commun; sans enseignement commun, elle n'a aucune chance d'exister. D'où° l'exigence d'une matrice pédagogique européenne°. Celle-ci suppose, entre autres, de mêmes programmes, des échanges systématiques, les prémices d'un système universitaire européen. Depuis trente ans cette Europe-là n'a pas progressé d'un iota.

D'où: whence; this is the origin of

matrice... : European educational base

L'ethnocentrisme, cette maladie typiquement européenne, ne s'applique même plus, quand il s'agit de pédagogie, aux frontières de l'Europe; elle redevient bornée°, nationale, villageoise.

bornée: limited

Le conservatisme des programmes scolaires n'est pas un choix de caractère exclusivement idéologique. Il porte la marque des traditions, du passé, des procédures techniques et de l'immobilité inhérente à ces monstres bureaucratiques que représente dans chaque pays le système éducatif.

[L]es universitaires ne se sont préoccupés ni d'échanges intensifs entre universités européennes, ni d'associations, ni de fusions. Après trente ans d'Europe, la carte universitaire du continent n'a pas changé: elle demeure irréductiblement nationale.

Alain Minc, extraits de *La Grande Illusion*
© Éditions Bernard Grasset

Les Américains vus par les Francophones

Une Interview avec un Canadien

Considérons maintenant les Américains vus par les Francophones. La revue «L'Actualité» a publié une interview avec Allan Gotlieb, ancien ambassadeur du Canada à Washington et pionnier de la nouvelle diplomatie activiste. Selon James Baker, c'est «le plus remarquable ambassadeur que cette ville ait accueilli depuis très, très longtemps». Dessinez le portrait de l'Américain vu à travers les commentaires de cet homme.

L'Actualité: Si vous aviez trois conseils à donner à votre successeur sur l'art et la manière d'amadouer les Américains, quels seraient-ils?

Allan Gotlieb: D'abord, ne jamais accepter un «non». La roue° tourne. Des choses impensables aujourd'hui seront réalisables demain. Il faut être agressif et têtu°, surtout ne pas être réservé ou se laisser intimider par ce

roue: wheel

têtu: stubborn

qui semble politiquement impossible. Ensuite, il faut lancer ses filets° aussi loin que possible, être partout. Le processus de décision est ici très mystérieux, très complexe, il y a beaucoup de joueurs et on ne sait jamais quand on appuiera sur le bon bouton° au bon endroit. Il faut jouer sur tout le terrain, connaître tout le monde. Finalement, il ne faut pas être une fleur de tapis°, ne pas s'avancer à pas feutrés°. Il faut être franc et direct.

L'Actualité: Et dire aux Américains que vous les aimez?

A.G.: Absolument, c'est très important. Les Américains aiment être aimés, nous aussi, bien sûr. Mais beaucoup ne s'en rendent pas compte°. Ils pensent que parce que les États-Unis sont une super-puissance, ils se fichent de° ce que les gens pensent. C'est complètement faux.

L'Actualité: Vous avez fréquenté les décideurs américains; quelle est l'ampleur° de leur connaissance, ou de leur ignorance, du Canada?

A.G.: Leur niveau de connaissance est très bas. Mais il est très bas sur les autres pays aussi. Leur intérêt pour l'Europe est négligeable.

L'Actualité: Mais nous sommes voisins.

A.G.: Les Américains tirent 80% de leurs informations de la télévision, où le contenu international est presque nul. Vous avez vu le récent rapport du *National Geographic* sur les connaissances des Américains en géographie? Ils sont un peu comme Al Capone qui disait: «Le Canada? Je ne sais pas sur quelle rue c'est!». Aussi, nous ne sommes pas assez étrangers, assez différents ou exotiques à leur goût.

Jean-François Lisée, dans *L'Actualité*, fevrier 1989.

lancer... : cast your nets

appuiera... : will push the right button
fleur... : wallflower
à pas... : to pad along, walk softly

s'en rendent... : don't realize

se fichent... : don't give a darn about
ampleur: extent

L'Amérique, le phantasme

Enfin, essayons de comprendre la situation de la France tout en considérant la description de l'Amérique faite par Jean Baudrillard. Comparons ce qu'il envisage comme l'Amérique avec ce qu'il suggère être la France. D'après lui, notre pays représente une vie bien différente de celle de l'Européen. Cherchez d'abord dans un dictionnaire ces mots: simulacre, simulation, méta-, eccentricité, hyper- *et* modernisation. *Comment est-ce que ces mots s'appliquent à son idée des États-Unis et au monde moderne? Comment est-ce qu'il définit la culture américaine?*

Oui, la Californie (et l'Amérique avec elle) est le miroir de notre décadence, mais elle n'est pas décadente du tout, elle est d'une vitalité hyperréelle, elle a toute l'énergie du simulacre°. C'est le lieu mondial de l'inauthentique—bien sûr: c'est ça qui fait son originalité et sa puissance. Cette montée en puissance du simulacre, vous l'éprouvez° ici sans effort... .

Ce qui est neuf en Amérique, c'est le choc du premier niveau (primitif et sauvage) et du troisième type (le simulacre absolu). Pas de second degré. Situation difficile à saisir pour nous, qui avons toujours privilégié le second niveau, le réflexif, le dédoublement°, la conscience malheureuse. Mais nulle vision de l'Amérique ne se justifie en dehors de ce renversement: Disneyland, ça, c'est authentique! Le cinéma, la télé, ça, c'est le réel! Les *freeways*, les *safeways*, les *skylines*, la vitesse, les déserts, ça, c'est l'Amérique, pas les musées, pas les églises, pas la culture... . Ayons pour ce pays l'admiration qu'il mérite, et tournons les yeux vers le ridicule de nos propres mœurs°, c'est le bénéfice et l'agrément° des voyages. Pour voir et sentir l'Amérique, il faut au moins un instant avoir senti dans la jungle d'un *downtown*, dans le Painted Desert ou dans la courbe d'un *freeway*, que l'Europe avait disparu. Il faut au moins un instant s'être demandé: Comment peut-on être Européen?...

Nous avons en Europe l'art de penser les choses, de les analyser, de les réfléchir. Personne ne peut nous contester cette subtilité historique et cette imagination conceptuelle, même les esprits d'outre-Atlantique en sont jaloux. Mais les vérités éclatantes°, les effets actuels prodigieux sont aux confins du Pacifique ou dans la sphère de Manhattan. New York, Los Angeles sont au centre du monde, il faut le dire—même si quelque chose là-dedans nous exalte et nous désenchante à la fois... .

Cet univers complètement pourri° de richesse, de puissance, de sénilité, d'indifférence, de puritanisme et d'hygiène mentale, de misère et de gaspillage°, de vanité technologique et de violence inutile, je ne peux m'empêcher de lui trouver un air de matin du monde. C'est peut-être que le monde entier continue de rêver de lui alors même qu'il le domine et l'exploite.

simulacre: artifice, pretense
éprouvez: feel
dédoublement: splitting in two
mœurs: customs, habits
agrément: pleasure
éclatantes: blatant
pourri: rotten, corrupt
gaspillage: wastefulness

* * *

Le sourire est évidemment un phénomène qui reflète des différences culturelles. Que pensez-vous de l'analyse suivante du sourire américain?

Le sourire que chacun vous adresse en passant, crispation° sympathique des maxillaires° sous l'effet de la chaleur humaine. C'est l'éternel sourire de la communication, celui par lequel l'enfant s'éveille à la présence des autres, ou par lequel il s'interroge désespérément sur la présence des autres, l'équivalent du cri primal de l'homme seul au monde. Quoi qu'il en soit°, on vous sourit ici, et ce n'est ni par courtoisie ni par séduction. Ce sourire ne signifie que la nécessité de sourire. C'est un peu comme celui du chat de Chester: il flotte encore sur les visages longtemps après que tout affect a disparu. Il est sans arrière-pensée°, mais il vous tient à distance. Sourire immunitaire, sourire publicitaire: «Ce pays est bon, je suis bon, nous sommes les meilleurs». C'est aussi celui de Reagan, où culmine l'autosatisfaction° de toute la nation américaine, et qui est en passe° de devenir le seul principe de gouvernement. Sourire autoprophétique°, comme tous les signes publicitaires: souriez, on vous sourira. Souriez pour montrer votre transparence, votre candeur. Souricz si vous n'avez rien à dire, ne cachez surtout pas que vous n'avez rien à dire, ou que les autres vous sont indifférents. Laissez transparaître spontanément ce vide, cette indifférence profonde dans votre visage du degré zéro de la joie et du plaisir, souriez, souriez…. À défaut d'identité, les Américains ont une dentition° merveilleuse….

Tout est tellement informel, il y a si peu de retenue° et de manières (seul l'éternel sourire pelliculaire°, qui est une bien frêle protection) qu'on sent que n'importe quoi peut éclater à chaque instant, qu'une réaction en chaîne peut électriser d'un seul coup toute cette hystérie latente.

crispation: tightening
maxillaires: jaw bones

Quoi…: Be that as it may

arrière-pensée: hidden motives

autosatisfaction: self-satisfaction
en passe: on the way
autoprophétique: self-fulfilling prophecy

dentition: teeth
retenue: restraint
pelliculaire: celluloid

* * *

Qu'est-ce que l'observation suivante nous dit de l'importance pour les Français du besoin de se nourrir?

Le nombre de gens ici qui pensent seuls, qui chantent seuls, qui mangent et parlent seuls dans les rues est effarant°. Pourtant ils ne s'additionnent pas. Au contraire, ils se soustraient° les uns aux autres, et leur ressemblance est incertaine.

Mais une certaine solitude ne ressemble à aucune autre. Celle de l'homme qui prépare publiquement son repas, sur un mur, sur le capot° d'une voiture, le long d'une grille, seul.

On voit ça partout ici, c'est la scène au monde la plus triste, plus triste que la misère, plus triste que celui qui mendie° est l'homme qui mange seul en public. Rien de plus contradictoire avec les lois humaines ou bestiales, car les bêtes se font toujours l'honneur de partager ou de se disputer la nourriture. Celui qui mange seul est mort [mais pas celui qui boit, pourquoi?]… .

effarant: frightening
se soustraient: subtract themselves

capot: hood

mendie: begs

Jean Baudrillard, *L'Amérique*
© Éditions Bernard Grasset

«L'Amérique est la version originale de la modernité»... Voici la version française qu'on peut voir en France sur l'Antenne 2.

La Modernisation, qu'est-ce que c'est?

Quels rôles est-ce que le passé jouent dans la société? Pensez à la discussion des musées dans l'Unité Trois.

L'Amérique est la version originale de la modernité, nous [les Français] sommes la version doublée° ou sous-titrée. L'Amérique exerce la question de l'origine, elle ne cultive pas d'origine ou d'authenticité mythique, elle n'a pas de passé ni de vérité fondatrice. Pour ne pas avoir connu d'accumulation primitive du temps, elle vit dans une actualité° perpétuelle. Pour ne pas avoir connu d'accumulation lente et séculaire° du principe de vérité, elle vit dans la simulation perpétuelle, dans l'actualité perpétuelle des signes. Elle n'a pas de territoire ancestral... .

doublée: dubbed (a film)

actualité: present

séculaire: century-long

* * *

Pensez-vous que l'Europe soit victime de son passé? Que pensez-vous de la citation suivante de l'actrice, Isabelle Huppert?

Nous [les Européens] sommes toujours au centre, mais au centre du Vieux Monde. Eux [les Américains] qui furent une transcendance marginale de ce Vieux Monde en sont aujourd'hui le centre neuf et excentrique. L'excentricité est leur acte de naissance. Nous ne pourrons jamais la leur ravir°. Nous ne pourrons jamais nous excentrer, nous décentrer de la même façon, nous ne serons donc jamais modernes au sens propre du terme... .

la leur... : take it away from them

Du jour où est née outre-Atlantique cette modernité excentrique en pleine puissance, l'Europe a commencé à disparaître. Les mythes se sont

La Modernisation et L'Américanisation en France   **215**

déplacés. Tous les mythes de la modernité sont aujourd'hui américains. Rien ne sert de s'en affliger°. À Los Angeles, l'Europe a disparu. Comme dit I. Huppert: «Ils ont tout. Ils n'ont besoin de rien. Ils envient certes, et admirent notre passé et notre culture, mais au fond nous leur apparaissons comme une sorte de Tiers Monde élégant.»...

Nous sommes une culture, l'européenne, qui a parié° sur l'universel, et le danger qui la guette est de périr par l'universel...

Cette prétention° à l'universalité a pour conséquence une égale impossibilité à se diversifier vers le bas et à se fédérer vers le haut.

Rien... : No point in worrying about it

parié: bet

prétention: claim

* * *

Quelle différence dans la façon de penser des Français et des Américains est soulignée ici? Êtes-vous d'accord que cette différence existe?

Ils [les Américains] ont un comportement° intellectuel suave, tout en douceur. Ils ne prétendent° pas à ce que nous appelons l'intelligence, et ne se sentent pas menacés par celle des autres. C'est seulement pour eux une forme d'esprit singulière, à laquelle il ne faut pas s'exposer outre mesure°. Ils ne songent donc pas spontanément à nier ou à démentir, leur mouvement naturel est d'approuver. Quand nous disons: je suis d'accord avec vous, c'est pour tout contester par la suite. Quand l'Américain dit qu'il est d'accord, c'est qu'en toute franchise, il ne voit rien au-delà°. Mais bien souvent il confirmera votre analyse par des faits, des statistiques ou des expériences vécues qui lui enlèveront° de facto toute valeur conceptuelle... .

[Les Américains] s'inscrivent plus près des modèles de pensée du dix-huitième siècle: utopique et pragmatique, que de ceux qu'imposera la Révolution française: idéologique et révolutionnaire.

comportement: behavior
prétendent: aspire to

outre... : unduly

au-delà: beyond

enlèveront: will remove

L'influence de l'Amérique se voit partout: voici un McDonald's sur les Champs-Élysées à Paris.

216   *Au jour le jour*

Enfin, trouvez-vous que cette idée de la liberté soit la raison pour laquelle les États-Unis se trouvent au centre de la modernisation?

Libéré n'est pas l'homme dans sa réalité idéale, dans sa vérité intérieure ou dans sa transparence—libéré est l'homme qui change d'espace, qui circule, qui change de sexe, de vêtements, de mœurs selon la mode, et non selon la morale, qui change d'opinion selon les modèles d'opinion, et non selon sa conscience. C'est ça la libération pratique, qu'on le veuille ou non°, qu'on en déplore ou non le gaspillage et l'obscénité. D'ailleurs, les gens des pays totalitaires savent bien que c'est là la liberté vraie, ils ne rêvent que de cela: la mode, les modèles, les idoles, le jeu des images, pouvoir circuler pour circuler, la publicité, le déchaînement° publicitaire. L'orgie, quoi... .

Nous nous traînons° en Europe dans le culte de la différence, nous sommes donc handicapés par rapport à la modernité radicale, qui repose sur l'indifférence. Nous devenons modernes et indifférents à contrecœur°, d'où le peu d'éclat de notre modernité, d'où l'absence de génie moderne dans nos entreprises. Nous n'avons même pas le malin génie de la modernité, celui qui pousse l'innovation jusqu'à l'extravagance et retrouve par là une sorte de liberté fantastique.

qu'on... : like it or non

déchaînement: explosion

Nous... : We are dragging ourselves

à contrecœur: half-heartedly

Jean Baudrillard, *L'Amérique*
© Éditions Bernard Grasset

■ ACTIVITÉS ■

A. Pensez à l'époque où vous aviez sept ans. Quels produits existent aujourd'hui qui n'existaient pas encore à cette époque-là?

B. Cherchez des exemples publicitaires de l'influence américaine sur la France; d'autres exemples de l'influence de la France sur les États-Unis.

C. En 1989, on était en train de construire le Disneyland européen. Cherchez des réactions à ce phénomène dans des publications françaises.

D. Les articles cités ci-dessus datent, pour la plupart, de 1988. Cherchez dans les journaux et les magazines (américains ou français) des articles qui soutiennent ou qui contredisent les arguments présentés et discutez-les en classe. Voici des autres thèmes à considérer:

  1. Le rôle de la langue anglaise en Europe
  2. La santé du marché européen
  3. Les États-Unis et la France
  4. La France et le Japon
  5. Le rôle du tourisme et/ou la conservation du passé
  6. L'importance actuelle de la technologie dans le monde économique et en France en particulier
  7. La Forteresse Europe et le protectionisme, existent-ils?
  8. Le système universitaire et la réaction aux changements sociaux: le projet Érasme, par exemple.

UNITÉ CINQ

Exprimer

- *Histoire en images:* Le dragueur
- *Préparons-nous!:* L'Expression des désirs, des sentiments et des opinions
- *Pour communiquer:* Comment réagir à ce qu'on dit et à ce qu'on fait
- *À vous, maintenant!*

Au jour le jour: La Femme

—«Pourquoi as-tu réagi comme ça? Le pauvre monsieur!»
—«Je n'aime pas quand on me drague, moi!»

Histoire en images

Le dragueur

1. L'arrivée à Paris

1. À quel aéroport est-ce qu'Anne (la brune) et Nancy (la blonde) sont arrivées? Et dans quelle ville?
2. Comment ont-elles voyagé?
3. Qu'est-ce qu'elles allaient prendre comme moyen de transport pour aller de l'aéroport en ville?
4. Décrivez la façon de s'habiller des deux femmes.
5. Ont-elles l'air d'avoir la même personnalité?
6. Pourquoi les jeunes Américaines sont-elles venues à Paris?
7. Pourquoi Nancy était-elle si fatiguée?
8. Quelle réaction Anne a-t-elle eue en arrivant à Paris?
9. Que faisait le porteur qui avait les mains dans les poches?
10. Et l'autre porteur accroupi près de l'autobus?
11. Qui était déjà dans l'autobus? Quel air avait-il?
12. Qu'est-ce qui se passait derrière Nancy?

Exprimer

L'arrivée à Paris

l'aéroport (*m.*)
    être à... kilomètres de

le car (excursion) bus
    attendre *qqn*
        à la sortie (de l'aéroport)
        transporter *qqn* en ville

le chauffeur du car
    accroupi crouched down
    s'appuyer sur *qqch.*
    charger le car to load the bus
        mettre *qqch.* dans la soute à bagages
          to put in the baggage compartment
    un trousseau de clés key ring
    vendre des billets à *qqn*

Nancy
    être épuisée
        un décalage de (six) heures entre (New York) et (Paris) a time differential of (six) hours between (New York) and (Paris)
    ne pas fermer l'œil de la nuit not to sleep a wink
    l'heure de Paris Paris time
    être exigeante to be hard to please
    sérieuse
    vêtue à la mode d'étudiantes américaines

Anne
    s'émerveiller de *qqch.* ou de + *inf.* to marvel at
    faire des études (*f. pl.*) to study
        étudier la culture française
            l'histoire (*f.*)
            la langue
            la littérature
        suivre un cours d'été
    une jeune fille innocente, naïve
    porter un pull (de tennis)
        un sac en bandoulière a shoulder-strap bag
    atterrir to land
    venir pour la première fois
    le dragueur "pickup" artist
    aborder *qqn* to approach, accost
    un porteur
        pousser les chariots to push luggage carts
        regarder *qqn* avec intérêt
        faire la connaissance des jeunes filles

le hippie
    être décontracté to be relaxed
    être installé dans
    se ficher de tout (*familier*) not to care about anything
    se reposer

le policier
    un calepin notebook

Questions: vocabulaire

1. Sur quoi écrivait le policier?
2. Où est-ce qu'on met les bagages dans l'autobus?
3. Qu'est-ce qui était attaché à la ceinture du porteur?
4. Quelle sorte de sac portait Anne?
5. Anne était debout. Et Nancy?
6. Qu'est-ce que le porteur, avec les mains dans les poches, voulait faire?
7. Comment s'appelle quelqu'un qui conduit un car?
8. Quel trajet fait cet autobus?
9. Sur quoi est-ce qu'on peut mettre les bagages pour les transporter à l'intérieur de l'aérogare?
10. Est-ce qu'un taxi coûte moins cher qu'un autobus?
11. Qu'est-ce qu'on peut étudier dans un cours d'été à Paris?

2. Une chambre d'étudiant

1. Qu'est-ce que les étudiantes ont trouvé enfin?
2. Quelle réaction ont-elles eue en regardant dans la pièce?
3. Qui leur a montré la chambre? Décrivez ce personnage.
4. Donnez votre description de la chambre que les étudiantes ont louée.
5. Apparemment, elles étaient déçues. À quoi s'attendaient-elles, à votre avis?
6. De quoi allaient-elles se plaindre pendant l'été probablement?
7. Pourquoi ont-elles décidé de louer cette chambre?
8. En ce moment-là, qui sortait des W.C.? Décrivez-le.
9. Qu'est-ce que le hippie portait?
10. À quoi s'intéressait le chat que la concierge tenait dans les bras?
11. Décrivez la chambre que vous voudriez avoir si vous faisiez un séjour à Paris.
12. Est-ce que vous pourriez vous accommoder de cette chambre?

Exprimer

Une chambre d'étudiant

au dernier étage on the top floor
    un balai a broom
        une pelle à poussière dustpan
    un couloir corridor
    des fissures (*f.*) cracks
    infester (de)
        des insectes
    du papier peint wallpaper
        s'écailler to peel off
    une souris mouse
    un tapis rug

la concierge caretaker
    donner la clé à *qqn*
        un trousseau de clés ring of keys
    monter le courrier to bring up the mail
    montrer la chambre à *qqn*
    porter
        des pantoufles
        un tablier apron
    tenir son chat

le hippie
    se brosser les dents
    une brosse à dents
    une serviette towel
    du dentifrice
    être torse nu to be barechested
    la salle de bains
        sortir de

Nancy et Anne
    s'accommoder de *qqch.* to make the best of s.th.
    s'attendre à to expect
    être à bout de souffle to be out of breath
        découragées discouraged
        déçues disappointed
        dépaysées homesick
    louer une chambre to rent a room
        avoir pas mal de difficulté à + *inf.* to have quite a bit of trouble in (doing something)
        une crise de logement housing shortage
        le loyer rent
            ...francs par mois
        payer à l'avance
    monter *qqch.* **jusqu'à**
    se plaindre de *qqch.* **ou que** to complain (about *or* that)
    regarder *qqch.* **avec surprise**
    trouver une chambre de bonne inexpensive (former maid's) room
        ensoleillée sunny
        minuscule
        neuve brand new
        sombre dark
        spacieuse

Questions: vocabulaire

1. Qu'est-ce qui se trouvait appuyé contre le mur dans le couloir?
2. Qu'avait le hippie dans la main droite? Dans la bouche?
3. Que faisait-il avec la main gauche?
4. Quel air avaient Nancy et Anne?
5. Quels adjectifs s'opposent à «spacieux, ensoleillé et neuf»?
6. Que portait la concierge pour protéger sa jupe?
7. Qu'est-ce qu'il y avait par terre dans le couloir?
8. Qu'est-ce qu'il faut payer pour louer une chambre?
9. Si on montait à pied au dernier étage d'un grand immeuble tout en portant ses valises, en quel état serait-on en y arrivant?
10. Quels sont les devoirs d'un/une concierge?
11. Comment était le papier peint dans cet immeuble?

3. Au jardin du Luxembourg

1. Où les deux étudiantes passaient-elles l'après-midi?
2. Décrivez quelques activités dans le parc.
3. Quel bâtiment se trouve à l'arrière-plan?
4. Quel organe du gouvernement français s'y assemble actuellement?
5. Que faisait Nancy? Pourquoi?
6. Et que faisait Anne? Quel air avait-elle?
7. Qui a attiré son intérêt?
8. Quelle était l'attitude de l'homme appuyé contre le bassin?
9. À quoi ou à qui s'intéressait-il? À quoi pensait-il?
10. Le hippie y était aussi. Que faisait-il?
11. De qui attirait-il l'intérêt?
12. Que faisait-on dans le bassin?

Exprimer

Au jardin du Luxembourg

le parc
  une allée path
  un bassin pool
    des bateaux (*m. pl.*) **à voiles** sailboats
      jouer aux bateaux
      rattraper *qqch.* to recover
  une fontaine
  à l'arrière-plan in the background
  le Palais du Luxembourg
    le Sénat s'y assemble actuellement
    un drapeau a flag

les enfants
  faire des bulles (*f. pl.*) **de savon** to blow (soap) bubbles
  des gosses (*m., f. pl.*) kids
  jouer avec
    un ballon de football soccer ball
  regarder par dessus l'épaule de *qqn*
  sauter à la corde to jump rope

Nancy
  être sur le point de to be about to
    être énervée to be annoyed
  se faire bronzer au soleil to get a tan
  un plan de Paris street guide of Paris
  profiter de *qqch.* **pour** + *inf.* to take advantage of something in order to
  se renseigner (sur) to get information (on)

Anne
  chercher des distractions
  se laisser distraire to let herself be distracted
  un homme qui lui plaît man who appeals to her
  prendre un bain de soleil to sunbathe
    prendre un coup de soleil to get sunburned
  tourner la corde à sauter

le dragueur
  allumer/fumer to light/to smoke
    une cigarette
  avoir l'air assuré
  connaître la vie to be worldly
  draguer to look for a "pickup"
  être sûr de lui
  faire le magnifique to act as if he is great
  faire croire à *qqn* **que** to give the impression to s.o. that
  se montrer devant *qqn* to show himself off before someone

le hippie
  jouer de la flûte
  mettre les pieds nus dans...
  retrousser les jambes de son (blue-)jean to roll up his jeans

---

Questions: vocabulaire

1. De quel instrument jouait le hippie?
2. Quelle sorte de ballon portait le garçon qui regardait le hippie?
3. Que faisait le garçon qui regardait l'agent de police?
4. Que tenait Anne dans la main gauche?
5. Qu'est-ce qui se trouve au centre de ce bassin?
6. Qu'est-ce que le dragueur voulait faire croire à Anne?
7. Il faisait du soleil. Alors, que faisaient les jeunes filles dans le parc?
8. Pourquoi est-ce que Nancy étudiait le plan de Paris?
9. Qu'est-ce qui flottait au-dessus du dôme du Palais du Luxembourg?
10. Où est-ce que le hippie avait les pieds? Qu'avait-il fait aux jambes de son jean?
11. Qui allait bientôt énerver Anne? Pourquoi?
12. Est-ce que le hippie avait l'air d'être gêné par l'agent de police? Quel air avait-il alors?

4. Après la pétanque, l'opération «charme» démarre

1. Où allaient les étudiantes ce jour-là?
2. Laquelle des deux jeunes Américaines a décidé de changer de look? Comment?
3. Où voulait aller Nancy? Que voulait-elle y faire?
4. Et Anne? Est-ce qu'elle s'y intéressait? Comment le savez-vous? Qu'est-ce qui a failli lui arriver?
5. Que faisaient le dragueur et le hippie près de la rue?
6. Anne ne regardait pas où elle marchait; alors, qu'a fait le chauffeur? Qu'est-ce qu'il a failli faire?
7. À la banque, qu'est-ce que Nancy était en train de faire quand elle a remarqué le dragueur?
8. Qu'est-ce qu'on doit faire avant de toucher de l'argent au bureau de change?
9. Pendant que Nancy était devant le bureau de change, qui a-t-elle vu?
10. Comment est-ce que le dragueur était habillé cette fois?
11. Quelle a été la réaction d'Anne?
12. Nancy, a-t-elle réagi de la même façon?

Exprimer

Après la pétanque, l'opération «charme» démarre

le magasin de vêtements
  des soldes (*m. pl.*) sales (bargains)

Nancy
  changer de look
  avoir une coiffure à la garçonne bobbed, very short hair
  entraîner *qqn* to drag along
  faire des achats
  porter
    des bottines (*f. pl.*)
    une mini-jupe

Anne
  être attirée par to be attracted by
  ne pas regarder où elle marche
  regarder derrière elle
  rougir to blush

un chauffeur de voiture
  faillir + *inf.* to almost (do something)
    se heurter à to collide with, hit
  freiner brutalement to brake hard

le dragueur
  faire un clin d'œil à *qqn* to wink at

la pétanque
  jouer à la pétanque
    lancer le cochonnet to throw out the little ball
    mettre la boule le plus près possible du cochonnet
    tirer la boule to throw the ball

les joueurs (*m. pl.*)
  du Midi to be from southern France

à la banque
  le bureau de change exchange office
    changer de l'argent
    le cours du change exchange rate
    un dollar américain vaut…
    remplir un formulaire to fill out a form

Nancy
  être choquée de *qqch.*
  se présenter à la caisse
  toucher un chèque (de voyage) to cash a (traveler's) check
    donner son adresse (*f.*) **à Paris**
    fournir une pièce d'identité to show some identification

Anne
  être flattée de *qqch.*

le dragueur
  aborder *qqn* to initiate contact with
  baiser la main de *qqn*
  démarrer l'opération «charme» to get "Operation Charm" started
  enlever to take off, remove

Questions: vocabulaire

1. Qu'est-ce qu'on vendait dans la boutique?
2. Expliquez brièvement le jeu de la pétanque.
3. Les joueurs sont-ils d'habitude de Paris?
4. Qu'est-ce que Nancy portait aux pieds? Comment était-elle coiffée?
5. Comment est-ce que Nancy guidait Anne vers le magasin?
6. Qu'a fait le dragueur quand Anne l'a regardé?
7. Quand le dragueur a baisé la main d'Anne, qu'a-t-elle fait?
8. Qu'est-ce que le dragueur a essayé de faire?
9. Le dragueur qu'a-t-il fait avec son chapeau?
10. Savez-vous le cours du change d'un dollar américain contre le franc français cette semaine?

5. L'opération «charme» continue

1. Où le dragueur a-t-il retrouvé les deux jeunes Américaines?
2. À votre avis, pourquoi était-il là?
3. Qui dominait la conversation? Quel était le sujet de la conversation?
4. Pendant qu'il parlait, que faisait Anne?
5. Comment est-ce que Nancy réagissait à la situation?
6. Que faisait-elle à ce moment-là?
7. Le hippie y était aussi. Faisait-il attention à eux?
8. Croyez-vous que Nancy et le hippie constituaient un couple bien assorti? Pourquoi (pas)?
9. Que faisait l'employé derrière le comptoir?
10. Que faisait l'employée au bout du comptoir?

Exprimer

L'opération «charme» continue

au restaurant universitaire
  le déjeuner
    une brochette meat on a skewer
    la caisse cash register
      le caissier/la caissière the cashier
    le comptoir the counter
      au bout de at the end of
    une crêpe
    un express espresso coffee
    des frites (*f. pl.*) French fries
      une barquette de a little box of
        (=**un cornet**)
    une gauffre waffle
    une louche ladle
    une omelette
    un sandwich
    une pizza

Nancy
  ne pas approuver *qqch.*
  faire ses devoirs
  jeter un coup d'œil sur to glance at
  en vouloir à *qqn* to be put out with (someone)

Anne
  appuyer ses coudes sur la table to lean her elbows on the table
  dévorer *qqn* **des yeux**

le dragueur
  essayer de plaire à *qqn*
  faire du baratin à / baratiner *qqn* to feed a line to s.o.
  un fumeur a smoker
    un fumiste a joker; someone who clouds his speech with false or exaggerated stories
  raconter des histoires amusantes à *qqn*

le hippie
  des bandes dessinées (*f. pl.*)
  ne pas faire attention à *qqn* **ou** *qqch.*
  un couple bien assorti a well-matched couple

Questions: vocabulaire

1. Comment s'appelait ce restaurant?
2. Qu'est-ce qu'il y avait sur la table devant Anne? Pourquoi?
3. Comment est-ce que le jeune homme devant le comptoir était habillé? Avait-il l'air français?
4. Qu'est-ce qui coûtait huit francs la pièce?
5. Combien coûtait une barquette de frites?
6. Quels sandwichs vendait-on?
7. À qui en voulait Nancy? Pourquoi?
8. Avec quoi est-ce que l'employé servait la soupe?
9. Où est-ce qu'on payait?
10. Qui est Lucky Luke?
11. Qu'est-ce que vous préférez, les crêpes ou les gauffres? Qu'est-ce que vous aimez mettre dessus?
12. Quelles boissons vendait-on?

6. L'opération «charme» a ses inconvénients

1. Où est-ce que les étudiantes faisaient leurs courses?
2. Qui les accompagnait?
3. Qu'est-ce qu'on y vendait?
4. Pourquoi l'épicier les regardait-il d'un air amusé?
5. Qui était obligé de payer? Pourquoi?
6. Pendant qu'Anne fouillait dans son sac, que faisait le dragueur?
7. Qui s'était déjà épris du dragueur et qui se méfiait de lui?
8. Ce soir-là, où se trouvait tout le monde?
9. À votre avis, qui a invité qui à aller au cinéma?
10. Comment Nancy a-t-elle réagi en voyant Anne acheter les billets? Avait-elle raison?
11. Le hippie aussi était à sec. Alors, qu'a-t-il fait pour gagner assez d'argent pour voir le film?
12. Qu'a fait le passant?

Exprimer

L'opération «charme» a ses inconvénients

un magasin d'alimentation générale / une épicerie grocery store
    un épicier, une épicière
        une balance scale
            coûter... F le kilo
            peser *qqch.*
        des biscuits (*m. pl.*) crackers, cookies
        des boissons (*f. pl.*) beverages
        des conserves (*f. pl.*) canned goods
        des fruits (*m. pl.*)
        des légumes (*m. pl.*)
        des produits laitiers (*m. pl.*) dairy products
        un sac (en papier, en plastique)

le cinéma
    passer un film to show a film
    une salle climatisée air-conditioned theater
    une séance show, performance

Nancy
    accompagner *qqn* to go with
    bouder to sulk
    gêner *qqn* to bother, be in the way

Anne
    s'éprendre de *qqn* to be taken with
    être généreuse
    vouloir bien + *inf.* to be willing to

le dragueur
    avoir un sourire gêné
    chercher son portefeuille
    être fauché / être à sec to be broke
    jeter un regard sur
    lorgner to ogle, leer
    un pull à col roulé turtleneck

le hippie
    être à sec
    demander l'aumône aux passants / faire la quête to pass the hat (for money)
    jeter une pièce de monnaie
    jouer de la guitare
    manger une banane

Questions: vocabulaire

1. Qu'est-ce que le hippie était sur le point de manger?
2. Que portait le dragueur?
3. Qui est-ce qu'il lorgnait?
4. Nommez deux légumes et deux fruits. Lesquels aimez-vous? Lesquels détestez-vous?
5. Quels mots décrivent l'attitude de Nancy?
6. Qui trouvait la scène amusante?
7. Qui voulait bien toujours payer les frais?
8. De quel instrument musical le hippie jouait-il cette fois-là?
9. Pourquoi est-ce que le dragueur avait un sourire gêné?
10. Qu'est-ce que le hippie faisait?
11. Qui doutait de la sincérité du dragueur? Pourquoi?
12. Qu'est-ce que le passant a jeté au hippie?

7. Le jour des examens

1. Que faisaient les étudiants du cours de français?
2. Le prof surveillait-il soigneusement les étudiants?
3. Décrivez le prof.
4. Croyez-vous que Nancy trouvait l'examen difficile?
5. Qui obtiendrait sans doute le meilleur résultat?
6. Et le hippie, sur quoi s'acharnait-il probablement?
7. Où était Anne pendant que Nancy attaquait l'examen?
8. À qui et à quoi rêvait-elle?
9. Quels souvenirs garderait-elle toujours de Paris? Et Nancy?
10. Est-ce que tous les autres étudiants avaient autant de confiance en eux-mêmes que Nancy? Expliquez.

Exprimer 231

Le jour des examens

la salle de classe
- **le professeur**
  - **distrait**
    - **s'ennuyer** to become bored
  - **les étudiants**
    - **céder / se rendre** to give up
      - **effacer** *qqch.* to erase s.th.
        - **une faute** mistake
        - **une gomme** eraser
      - **froisser** *qqch.* to crumple s.th.
        - **une feuille de papier**
      - **mâchonner** *qqch.* to chew on s.th.
        - **un crayon**
    - **passer un examen** to take an exam
    - **des pupitres** (*m. pl.*) students' desks
    - **surveiller** *qqn* ou *qqch.*
  - **le tableau (noir)**

Nancy
- **s'acharner à** + *inf.* to be intent on
- **un cerveau** a "brain," bright student
- **réussir l'examen** to pass the exam

Anne
- **casser** *qqch.*
- **être dans les nuages** to have her mind in the clouds, elsewhere

penser à autre chose
- **l'amour**
- **le bonheur de** + *inf.*
- **les moments qu'elle a passés avec** *qqn* **à** + *inf.*

ne pas pouvoir s'appliquer not to be able to concentrate

rêvasser to daydream
- **un danseur apache** an apache dancer (turn of the century "street" dancer)

le hippie
- **avoir l'air perplexe** to look confused
- **le cancre** dunce
- **échouer à l'examen** to fail the exam
- **rater l'examen** to fail the exam
- **perdre son temps à** + *inf.* to waste his time doing s.th.
- **dessiner**

Questions: vocabulaire

1. Quel nom donne-t-on au meilleur étudiant de la classe? Et au pire?
2. À quoi sert une gomme?
3. Qu'est-ce que la jeune fille derrière le hippie a jeté en l'air?
4. L'étudiant à droite d'Anne, que faisait-il avec son crayon?
5. Pourquoi est-ce qu'Anne ne pouvait pas s'appliquer pendant son examen?
6. Qu'a-t-elle fait de son crayon?
7. Quels souvenirs flottaient dans sa tête?
8. Quels étudiants allaient réussir l'examen? Lesquels allaient y échouer probablement?
9. Est-ce que le hippie et Anne avaient profité de leur séjour en France?
10. Comment est-ce qu'Anne se voyait dans ses rêves?

8. Le départ de Paris

1. Sur quelle voie partirait le train?
2. À quelle heure partirait le train? Où irait-il?
3. Où étaient les deux jeunes Américaines?
4. Qu'est-ce qu'elles allaient faire dans un instant?
5. Quels étaient les sentiments d'Anne, à votre avis?
6. Et ceux de Nancy, étaient-ils les mêmes? Expliquez.
7. Pourquoi est-ce que le hippie ne partirait pas avec elles?
8. Le dragueur, comment était-il vêtu ce jour-là?
9. Quelles sont les deux choses qu'il faisait en même temps?
10. Décrivez l'étudiante qui attirait l'attention du dragueur.
11. À votre avis, quelle histoire était sur le point de recommencer?

Exprimer

Le départ de Paris

la gare
    une pancarte sign
        annoncer *qqch.*
        l'heure (*f.*) **du départ**
    le quai platform
        un chariot à bagages
    le train
        être en gare to be in the station
        la voie track
        un wagon coach car
            un wagon-lit sleeper
            un wagon-restaurant dining car

Anne
    être aveuglée par to be blinded by
    faire un signe d'adieu à *qqn* to wave goodbye to s.o.
    se séparer de *qqn*
    ne pas y voir clair not to see clearly

le dragueur
    avoir le cœur volage to be fickle
    faire ses adieux
    faire le galant to play the ladies' man
    lorgner *qqn* to ogle
    recommencer to start all over again
    trouver une nouvelle victime

le hippie
    s'endormir
    rater son train

Questions: vocabulaire

1. Où était le train?
2. Pourquoi est-ce que le hippie allait rater le train?
3. Pourquoi est-ce qu'Anne était un peu triste?
4. Quelle sorte de signe est-ce qu'Anne a fait au dragueur?
5. Est-ce que Nancy croyait qu'Anne y voyait enfin clair?
6. Qu'annonçait la pancarte?
7. Décrivez d'autres voyageurs qui y étaient.
8. Où le dragueur se trouvait-il?
9. Sur quoi est-ce qu'on peut transporter les bagages?
10. Pourquoi est-ce qu'Anne n'y voyait pas clair?
11. Comment décrire le cœur du dragueur?

■ *Préparons-nous!*

L'Expression des désirs, des sentiments et des opinions

On peut utiliser le langage—pour raconter une suite d'actions; pour s'informer; pour décrire une personne, une chose ou une activité; pour situer des gens et des objets et des événements les uns par rapport aux autres—en essayant d'être aussi *objectif* que possible. Mais le langage a aussi un côté *affectif*—c'est-à-dire qu'on peut l'utiliser pour parler de ce qu'on veut, de ce qu'on sent, de ce qu'on pense. On veut souvent faire connaître un désir, exprimer un sentiment ou donner une opinion. Le but principal de cette unité est de vous donner les structures grammaticales et communicatives nécessaires pour réagir de façon personnelle à ce qui se passe en vous et autour de vous.

LISTE DE CONTRÔLE

Ce qu'il faut savoir	Là où vous pouvez le trouver
La syntaxe de la phrase	**E.E.**, p. 193
Les expressions de volonté	**E.E.**, p. 200
Les expressions d'émotion	**E.E.**, p. 203
Les expressions d'opinion	**E.E.**, p. 206
Les expressions de jugement	**E.E.**, p. 209
Comment réagir à ce qu'on dit et à ce qu'on fait	**E.O.**, p. 243

VÉRIFICATION: Les expressions de volonté

Ex. C and D, **E.E.**, pp. 201–202.

Voir «Debrouillez-vous, Mademoiselle!», page 177.

A. La pauvre Mlle Martin. Après avoir appris qu'elle s'était trompée de train, Mlle Martin se trouvait devant un choix difficile. Utilisez les expressions suivantes pour parler de ses désirs et de ceux des autres personnages. Distinguez entre les phrases où il faut le subjonctif et celles où on peut utiliser l'infinitif.

MODÈLES: (elle / choisir) Mlle Martin ne voulait pas...
Mlle Martin ne voulait pas choisir.

(elle / choisir) Le contrôleur voulait...
Le contrôleur voulait qu'elle choisisse.

1. (elle / rester dans le train) Elle voulait...
2. (elle / descendre à Chambéry) Le contrôleur a exigé...

Exprimer **235**

3. (elle / prendre l'avion)   Le pilote voulait...
4. (le pilote / ne pas être soûl)   Elle aurait préféré...
5. (le fonctionnaire / l'aider)   Elle souhaitait...
6. (elle / remplir des fiches)   Il voulait...
7. (elle / téléphoner à Mlle Chantier)   Elle désirait...
8. (la vieille dame / lui servir du thé)   La vieille dame tenait à...
9. (elle / partir tout de suite)   Elle voulait...
10. (elle / faire de l'autostop)   La vieille dame ne voulait pas...

B. Gaspar et Lulu ne s'entendent pas très bien. Gaspar et Lulu passent par une période difficile: les désirs de l'un ne s'accordent pas avec ceux de l'autre. En vous inspirant des bandes dessinées, utilisez des expressions de volonté pour préciser ce qui les sépare.

MODÈLE:

Gaspar veut faire un petit tour à la campagne, mais Lulu préfère aller à la plage (Lulu ne veut pas faire un petit tour à la campagne; elle préfère qu'ils aillent à la plage.)

1.   2.   3.

4.   5.

C. Des souhaits. Complétez les phrases suivantes en indiquant ce que vous souhaitez pour vous-même.

1. Je voudrais être...
2. J'aimerais bien avoir...
3. Je souhaite savoir...
4. Je voudrais pouvoir...
5. J'aimerais connaître...
6. Je veux bien aller...
7. Je préférerais avoir...
8.–10. Je voudrais...

Et maintenant continuez en indiquant ce que vous souhaitez chez les autres personnes.

11. Je préférerais que mes parents...
12. Je voudrais que mon professeur de...
13. Je voudrais que mon frère (ma sœur)...
14. Je voudrais que mon ami(e)...
15. Je voudrais que mes ami(e)s...
16. Je voudrais que le président...
17.–20. Je voudrais que...

VÉRIFICATION: Les expressions d'émotion

Ex. E and F, **E.E.**, pp. 204–205.

D. Gaspar et Lulu sortent ensemble. Gaspar a invité Lulu à sortir avec lui et des amis samedi soir. Choisissez de la liste donnée une expression pour exprimer les sentiments de la personne indiquée entre parenthèses. Distinguez entre les phrases où on peut utiliser un infinitif pour le deuxième verbe et celles où il faut un verbe conjugué.

Expressions: **avoir peur, espérer, être content, être fâché, être furieux, être ravi, être surpris, être triste, regretter.**

MODÈLES: Les amis de Gaspar ne peuvent pas venir. (Lulu)

Lulu est triste (regrette, est contente) que les amis de Gaspar ne puissent pas venir.

Les amis de Gaspar ne peuvent pas venir. (Les amis de Gaspar)

Les amis de Gaspar sont désolés (regrettent, sont heureux) de ne pas pouvoir venir.

1. Les amis de Gaspar ne peuvent pas venir. (Gaspar)
2. Gaspar arrive avant l'heure prévue. (Lulu)
3. Lulu n'est pas encore habillée. (Gaspar)
4. Lulu prend son temps pour s'habiller. (Lulu)
5. Lulu prend son temps pour s'habiller. (Gaspar)
6. Ils vont à un restaurant très élégant. (Lulu)
7. Lulu choisit le menu à 120F. (Gaspar)

8. Gaspar a oublié son portefeuille. (Lulu)
9. Lulu est obligée de payer l'addition. (Lulu)
10. Lulu acceptera peut-être de sortir encore une fois avec Gaspar. (Gaspar)

E. **De nouvelles scènes au Château dans le bois.** Voici des scènes que vous n'avez pas vues en étudiant «Le château dans le bois» (voir p. 63). Utilisez les expressions suggérées pour préciser les réactions des personnages à ce qui se passe.

MODÈLES:

avoir peur

La bonne a peur d'ouvrir la porte de la salle d'armes. ou
La bonne a peur que le maître soit mort.

1. ne pas s'étonner ~~est surpris~~ / est étonné que

2. il est probable

3. être heureux

4. être furieux

5. regretter (écraser)

6. être ravi

7. être surpris

F. Des réactions variées. Les sentiments qu'on éprouve à l'égard d'un événement ou d'une situation peuvent varier selon son point de vue personnel. Complétez les phrases suivantes, puis écoutez les réactions de plusieurs camarades.

MODÈLES: (Anne-Marie) sort avec (Georges).

—*Comment! Je suis étonné(e) qu'elle sorte avec lui.* ou

—*Moi, je suis ravie qu'elle sorte avec lui (qu'ils sortent ensemble).* ou

—*Moi, je regrette qu'elle sorte avec Georges. J'aimerais mieux qu'elle sorte avec Henri.*

1. ... sort avec...
2. ... a eu un A à l'examen de...
3. ... est malade. Nous ne pourrons pas...
4. ... va faire un voyage... cet été
5. ... a perdu son (sa) (ses)...
6. ... a décidé de...
7. ... ira...

VÉRIFICATION: Les expressions d'opinion

Ex. G and H, **E.E.**, pp. 207–209.

G. Gaspar arrivera-t-il le premier? Répondez aux questions suivantes en donnant votre opinion d'après les dessins.

MODÈLE: Gaspar arrivera-t-il le premier?

Il est peu probable (impossible) qu'il arrive le premier. ou

Je doute (ne pense pas) qu'il arrive le premier. ou

Je sais (il est évident) qu'il n'arrivera pas le premier.

1.   2.   3.   4.

1. Est-ce que les boissons seront bientôt servies?
2. Croyez-vous qu'ils puissent attraper l'autobus?
3. Pensez-vous que Lulu aille attraper un rhume?
4. Gaspar réussira-t-il à faire sa maison de cartes?

Exprimer

5. 6. 7.

   5. Est-ce qu'ils arriveront au sommet?
   6. Gaspar trouvera-t-il le moyen de retourner en ville ce soir?
   7. Est-ce que Lulu retrouvera son collier perdu?

H. L'avenir. Pensez aux personnages principaux des histoires en images déjà étudiées. Donnez votre opinion à l'égard des possibilités futures que l'on suggère pour chaque personnage.

   MODÈLES: André sera heureux de reprendre son travail.

   Je doute (fort) qu'il soit heureux de reprendre son travail. ou

   Je suis certain(e) qu'il ne sera pas heureux de reprendre son travail. ou

   Il est peu probable qu'il soit heureux de reprendre son travail.

   1. «Le paradis perdu»   Voir page 21.
      a. André cherchera un nouveau travail.
      b. André retournera au Club Méditerranée.
      c. André sortira avec sa collègue de bureau.
   2. «Le château dans le bois»   Voir page 63.
      a. La maîtresse du château se mariera avec le conservateur du musée.
      b. La bonne aura de la difficulté à travailler pour la maîtresse.
      c. L'inspecteur pourra trouver le(la) coupable.
   3. «Les amateurs d'art»   Voir page 111.
      a. La famille Belœil visitera le musée encore une fois.
      b. Le gardien de musée sera content de les voir.
      c. Mathieu fera tranquillement le tour du musée.
   4. «Débrouillez-vous, Mademoiselle!»   Voir page 177.
      a. Élizabeth réussira à voir Mlle Chantier.
      b. Le contrôleur regrettera ses actions.
      c. Élizabeth prendra bientôt le train.

I. Qu'en pensez-vous? Donnez votre opinion à l'égard des idées énoncées ci-dessous.

MODÈLES: La langue française est plus facile à apprendre que la langue anglaise.

Je ne pense pas que la langue française soit plus facile que la langue anglaise. ou

Il se peut que le français soit plus facile à apprendre que l'anglais. ou

Moi, je pense que la langue française est plus difficile à apprendre que l'anglais. ou

Il n'est pas évident que le français soit moins difficile.

1. Les enfants de cette génération auront beaucoup moins de choix dans la vie que n'avaient leurs parents.
2. L'art qui ne cherche pas à plaire au public vaut bien (*deserves*) d'être ridiculisé.
3. Dans cette époque moderne, l'Europe deviendra une sorte d'Epcot Center pour les touristes riches du monde.
4. Il sera bon le jour où l'anglais deviendra la langue universelle.
5. L'anglais est plus riche en vocabulaire, mais le français permet à l'individu de s'exprimer avec plus de clarté.
6. Si on ne parle pas une langue étrangère, on perd son identité dans le pays où cette langue se parle.
7. Les Américains ont la responsabilité de présenter le bon modèle au reste du monde.
8. Les produits américains, japonais et européens ne diffèrent pas vraiment. Ce sont la publicité et les journaux qui créent l'idée d'une différence de qualité.
9. L'ordinateur ne remplacera jamais le professeur, mais le professeur qui sait se servir des ordinateurs remplacera celui qui n'en sait rien.
10. Les problèmes écologiques sont souvent exagérés par les gens qui veulent faire ralentir (*slow down*) la modernisation et les changements trop rapides de la société.
11. Avec l'internationalisation du monde, le danger d'une troisième guerre mondiale est en train de disparaître.
12. Notre société n'est qu'une société de surfaces. On ne trouve ni de profondeur sous les costumes portés ni de substance sous les poses.

VÉRIFICATION: Les expressions de jugement

Ex. I and J, **E.E.**, pp. 210–212.

J. Anne va en France. Quand Anne (l'héroïne de «Le dragueur», voir p. 219) est allée en France pour la première fois, tout le monde avait quelque chose à lui dire. Rétablissez ce qu'on lui a dit en utilisant les expressions données.

MODÈLES: Est-ce qu'il faut reconfirmer le vol? (il est important)
Oui, il est important de reconfirmer le vol. ou
Il est important que tu reconfirmes ton vol.

Avant le départ d'Anne, son père lui a donné des conseils.

1. Nancy et moi, nous avons un vol direct. (il est bon)
2. Nous ne savons pas où nous allons habiter. (c'est dommage)
3. Je sortirai peut-être avec de beaux garçons français. (il ne faut pas)
4. Je peux suivre un ou deux cours cet été. (il vaut mieux)

En France, elle a fait la connaissance d'un dragueur qui voulait lui faire des suggestions.

5. Je suis toujours avec mon amie Nancy. (il n'est pas nécessaire)
6. Je peux aller en classe ou je peux faire une promenade avec toi. (devoir)
7. Ce hippie va toujours aux mêmes endroits que nous. (il est bizarre)
8. Je dois faire des devoirs pour demain. (ce n'est pas la peine)

De retour aux États-Unis, son amie Nancy voulait lui faire des reproches.

9. Je n'ai pas réussi à mes examens. (il est mauvais)
10. J'avais la possibilité d'étudier ou de sortir avec mon ami français. Donc, je suis sorti avec mon ami. (faire bien)

K. Les réactions d'un(e) ami(e). Quand un(e) ami(e) vous raconte ce qu'il(elle) fait (a fait, va faire), vous réagissez selon l'indication entre parenthèses, en choisissant une expression appropriée.

MODÈLES: Moi, je vais en France l'été prochain. (approbation)
Il est formidable que tu ailles en France l'été prochain. ou
Je suis ravi(e) que tu ailles en France l'été prochain.

1. Jean-Luc ne vient pas; il a décidé de rester chez lui. (désapprobation)

2. J'ai la possibilité d'aller en Europe l'année prochaine. (encouragement)
3. Je suis crevé(e) ce matin; j'ai regardé un film à la télé jusqu'à 2h du matin. (reproche)
4. J'ai l'intention de passer tout le week-end à préparer mon examen de français. (découragement)
5. Mon frère a acheté une Jaguar. (approbation)
6. Mes parents voudraient que j'apprenne une autre langue étrangère, mais moi, je ne sais pas. (encouragement)
7. Henri a la possibilité d'aller en Europe, mais il ne veut pas y aller. (désapprobation)
8. On a invité Chantal à passer le week-end au bord de la mer; mais elle a décidé de rester chez elle. (reproche)
9. On m'a proposé un «job». C'est assez bien payé, mais il faut travailler tout le week-end. Est-ce que je devrais le prendre? (découragement)

L. **Toi et moi.** Vous parlez avec un(e) camarade de classe à propos de votre vie et de la sienne—de vos intérêts, de vos goûts, de vos projets futurs. Vous parlez très franchement, c'est-à-dire que vous n'hésitez pas à évaluer ce que vous faites, tous les deux. Variez autant que possible les réactions que vous exprimez—approbation, désapprobation, encouragement, découragement, reproches.

■ *Pour communiquer*

Comment réagir à ce qu'on dit et à ce qu'on fait

Jusqu'ici vous avez appris à exprimer vos désirs, vos sentiments, vos opinions, vos évaluations en phrases complètes et en utilisant un infinitif ou un verbe à l'indicatif ou au subjonctif. Mais il arrive souvent qu'on réagisse à ce qui se passe à l'aide d'un seul mot ou d'un petit groupe de mots. Ces expressions peuvent être utilisées seules ou en combinaison avec des phrases plus longues. Nous allons donc apprendre maintenant quelques-unes de ces expressions. Nous allons les diviser en deux groupes—d'abord, celles qui servent de complément aux catégories de réactions déjà étudiées (surtout les opinions et les jugements) et ensuite, des expressions utilisées pour exprimer d'autres types de réactions (l'intérêt, l'indifférence, la surprise, la gêne°, l'admiration, le dégoût).

la gêne: embarrassment

Pour exprimer une opinion	Pour encourager quelqu'un
À mon avis,...	Allez-y! (Vas-y!)
D'après moi,...	N'ayez pas peur! (N'aie pas peur!)
Pour moi,...	N'hésitez pas! (N'hésite pas!)
Selon moi,...	
Quant à moi,...	

Pour décourager quelqu'un	Pour montrer son approbation
Attention!	C'est parfait!
Doucement!	C'est très bien!
À ta place, moi, je (ferais autre chose).	Formidable!
Si j'étais toi, moi, je (ferais autre chose).	

Pour exprimer la certitude	Pour exprimer l'incertitude
Bien sûr, ...	Oh, je ne sais pas...
Évidemment, ...	Ce n'est pas sûr (évident).
... sans aucun doute...	

Quelques-unes de ces expressions s'emploient à la place des expressions que vous avez déjà étudiées:

Je pense qu'elle a tort.   **À mon avis**, elle a tort.
Je ne crois pas qu'il vienne.   **D'après moi**, il ne viendra pas.
Il vaudrait mieux que tu restes ici. **À ta place, moi**, je resterais ici.
Il est évident qu'il ne veut pas. **Évidemment**, il ne veut pas.

Mais d'autres peuvent s'ajouter aux expressions déjà étudiées.

Attention! Tu ferais mieux d'attendre.
Vas-y! N'hésite pas! Il est très important de te renseigner là-dessus.

M. Autrement dit... Les amis d'André réagissent à la narration de son aventure dans l'île tropicale (voir page 21). Refaites leurs réactions en utilisant une des expressions que vous venez d'apprendre. Dans certains cas, il s'agit de remplacer une expression par une autre; dans d'autres cas, il faut ajouter la nouvelle expression à ce qu'on a déjà dit.

MODÈLE: Je suis sûr(e) que tu retourneras dans cette île.

Tu retourneras sans aucun doute dans cette île. ou
Tu retourneras dans cette île, c'est sûr.

1. Moi, je trouve que ton travail est très ennuyeux.
2. Tu devrais chercher quelque chose d'autre.
3. Il est évident que tu ne seras jamais heureux dans ce travail.
4. Il faut que tu commences à chercher tout de suite.
5. Je ne pense pas que tes collègues te comprennent.
6. Il est bon que tu puisses jouer au tennis après ta convalescence.
7. Ton patron est venu te voir? Je doute qu'il s'intéresse à toi.
8. Il est important que tu quittes ce bureau le plus vite possible.

Pour indiquer son intérêt	Pour exprimer son indifférence
Je m'intéresse (beaucoup) à…	Ça ne me dit rien.
…, ça m'intéresse beaucoup.	Ça ne m'intéresse pas (du tout).
…, ça me tente.	*(un choix)* Ça m'est égal.
	(une nouvelle) Et alors? (Je m'en moque.) (Je m'en fous.)

Pour exprimer sa surprise	Pour indiquer sa gêne
Ça m'étonne. (Ça me surprend.)	Je suis désolé(e).
Ce n'est pas possible (croyable).	Je suis confus(e).
Tiens!	Je ne sais pas quoi dire.
Ça alors!	

Pour exprimer l'admiration	Pour indiquer le dégoût
Incroyable!	C'est affreux!
Formidable!	C'est dégoûtant!
Magnifique!	J'en ai assez (de…)!
Bravo!	J'en ai marre (de…)!
Sensationnel! Super!	

N. Vos réactions! Utilisez une des expressions que vous venez d'apprendre pour réagir à ce que disent les étudiants suivants. Il y a souvent plus d'un type de réponse possible.

MODÈLE: «J'ai eu un A à mon examen!»

Formidable! ou *Ce n'est pas croyable!* ou *Et alors?*

1. «On aura encore trois examens dans ce cours.»
2. «Il y aura bientôt une exposition des tableaux de Picasso au musée en ville.»
3. «Le président des États-Unis vient ici faire un discours.»
4. «Mes grands-parents sont morts dans un accident de voiture.»

Exprimer

5. «Voici un excellent livre sur la politique étrangère américaine.»
6. «La famille de Martine a quatre voitures—deux Mercédès, une Jaguar et une Cadillac.»
7. «Tu veux sortir dîner ou on mange à la maison ce soir?»
8. «On vous a choisi pour représenter cette université à un congrès mondial d'étudiants universitaires qui aura lieu à Paris l'année prochaine.»

■ À vous, maintenant!

A. **Des points de vue différents.** Choisissez un des personnages principaux du «Dragueur» (voir p. 219)—Anne, Nancy, le dragueur, le hippie. Préparez un monologue dans lequel vous raconterez, du point de vue du personnage que vous avez choisi, ce qui s'est passé au cours d'été. Insistez non seulement sur les événements mais aussi sur les *réactions* aux événements.

B. **Un séjour en France.** Interviewez un(e) étudiant(e) de France ou un(e) étudiant(e) avancé(e) de français qui a fait des études ou a voyagé en France. Essayez de découvrir ses opinions, ses sentiments, ses jugements à l'égard de la France, des Français, du système d'enseignement en France, etc.

C. **Des sujets de discussion.** Avec un(e) camarade de classe, préparez-vous à soutenir le côté affirmatif *ou* le côté négatif des sujets proposés ci-dessous. Sujets possibles:
   a. Le mariage est une institution sociale positive.
   b. Les examens ont une place nécessaire au niveau universitaire.
   c. Il faut savoir se servir de la nouvelle technologie pour réussir dans la vie.
   d. Un homme ne peut pas être vraiment moderne s'il ne sait pas faire le ménage, s'occuper des enfants et encourager sa femme dans sa carrière à elle.
   e. Les universités changent trop lentement devant les exigences du monde moderne.
   f. La femme dans les affaires doit souvent travailler deux fois plus que l'homme pour parvenir au même poste ou pour gagner le même salaire.
   g. Le cinéma et les bandes dessinées ne sont pas de vrais arts.

D. **Des images cinématographiques.** Regardez les images tirées de films français à la page 50. D'abord, décrivez chaque image en insistant sur les sentiments et les désirs des personnages illustrés. Puis donnez votre réaction personnelle aux images, aux sujets des films, aux acteurs et actrices, etc.

AU JOUR LE JOUR

La Femme
Numéro 7

- La Femme «moderne»
- Les Contraintes des femmes
- Elles étudient mieux
- Un Sondage
- Une Femme amoureuse

La Femme «moderne»

Jugez ces idées et ces observations. Donnez votre réaction à chacune d'elles et classifiez-les comme traditionnelles ou modernes. Enfin, dites pourquoi vous êtes de cet avis.

Brigitte Bardot au sujet de la femme: Se libérer, c'est ne plus supporter le joug° d'un homme qui ne veut pas vous donner assez d'argent; c'est pouvoir vivre et gagner sa vie sans dépendre de personne. Bravo! Mais, d'un autre côté, je crois qu'en voulant trop se libérer, les femmes vont devenir de plus en plus malheureuses. Parce qu'une femme n'est pas faite pour mener° la vie d'un homme. C'est un être qui a ses faiblesses, qui est, ô combien, vulnérable... . Une femme, c'est la douceur.

joug: yoke, domination

mener: lead

Dans *Les Français*, Theodore Zeldin

* * *

C'est par le travail que la femme a en grande partie franchi° la distance qui la séparait du mâle; c'est le travail qui peut seul lui garantir une liberté concrète. Dès qu'elle cesse d'être une parasite, le système fondé sur sa dépendance s'écoule°; entre elle et l'univers il n'est plus besoin d'un médiateur masculin.

franchi: overcome, crossed

s'écoule: collapses

À l'heure qu'il est°, sans même parler des paysannes°, la majorité des femmes qui travaillent ne s'évadent° pas du monde féminin traditionnel; elles ne reçoivent ni de la société, ni de leur mari, l'aide qui leur serait nécessaire pour devenir concrètement les égales des hommes.

À... : As things now stand
paysannes: peasant women
s'évader: escape

... les débats entre les féministes et les antiféministes se prolongent. Ceux-ci affirment que les femmes émancipées d'aujourd'hui ne réussissent dans le monde rien d'important et que, d'autre part, elles ont peine à trouver leur équilibre intérieur. Ceux-là exagèrent les résultats qu'elles obtiennent et s'aveuglent sur leur désarroi°... . La femme qui s'affranchit° économiquement de l'homme n'est pas pour autant dans une situation morale, sociale, psychologique identique à celle de l'homme. La manière dont elle s'engage dans sa profession et dont elle s'y consacre dépend du contexte constitué par la forme globale de sa vie.

désarroi: predicament
s'affranchit: frees herself

Simone de Beauvoir, *Le Deuxième Sexe* (1949)

Au jour le jour

Les contraintes des femmes

Gisèle Halimi nous raconte ses propres expériences comme jeune femme qui n'acceptait pas la culture telle qu'elle la trouvait. Ici, elle décrit la première manifestation de sa révolte contre l'image stéréotypée de la femme. Contre quelles valeurs familiales ou culturelles s'est-elle révoltée? Est-ce que ces valeurs se trouvent dans notre société moderne? Si oui, donnez-en quelques exemples.

Très tôt mes parents comprirent° qu'ils ne pourraient me contraindre. Mise en quarantaine°, enfermée dans mon silence, isolée par celui des autres, je n'hésitais pas, à dix ans, à me lancer dans une grève de la faim° illimitée. Je refusais alors de souscrire aux obligations des filles de la maison, ménage°, vaisselle°, service des hommes de la famille. Je ne souffrais pas. Je ne théorisais pas. Je m'arc-boutais° dans le rejet d'un ordre.

Les tenants° de cet ordre cédèrent très vite, comme confrontés à un phénomène qui échappait, par son étrangeté, à tout traitement connu. Ma mère redit, une fois encore, la malédiction° d'avoir engendré une fille garçon manqué°, mon père s'en prit aux maléfices° des livres. Il ne les connaissait pas. Il craignait leur pouvoir. Je lisais trop, c'était évident, et ces livres faisaient de moi une révoltée.

Tous deux renoncèrent donc, provisoirement° du moins, à me faire rentrer dans le droit chemin.

Pour Édouard [son père] et Fortunée [sa mère], je posais un problème que la raison ne pouvait résoudre.° Je n'étais pas normale, voilà le fond de

comprirent: understood
Mise...: quarantined, isolated
grève...: hunger strike
ménage: housework
vaisselle: dishwashing
m'arc-boutais: stiffened, resisted
tenants: proponents
malédiction: curse
garçon...: tomboy
s'en prit...: blamed the evils
provisoirement: for the time being
résoudre: resolve

La Femme

l'histoire. Je devais être atteinte° d'une forme de folie, bénigne certes mais folie tout de même, pour dévier° ainsi du comportement des gens normaux.

Ma mère affectionnait certaines expressions telles que «les normes», «les gens normaux», «la vie normale». Elles traduisent une sorte de laissez-passer° pour un bonheur tranquille, une reconnaissance sociale sans éclat, le respect des voisins et de la famille. Pour son malheur et celui de ladite° famille, je me situais en dehors, en marge, contre... . Bref, j'étais affligée d'une tare° dont mes parents se renvoyaient° la responsabilité.

* * *

Gisèle Halimi nous donne également le portrait d'une femme tunisienne traditionnelle, qui essaie de se libérer de ses contraintes. Ici, elle parle d'elle-même et de ses copines° de l'Union des jeunes filles de Tunisie qu'elle avait formée. Elle raconte des discussions parmi elles au sujet de leur condition.

[Nous parlions de] nous, presque exclusivement. De nos parents qui ne comprenaient rien, de nos frères qui nous tyrannisaient, de nos désirs naissants, de nos enfermements°, de nos solitudes. Ce que nous avions cru particulier à chacune d'entre nous, nous le découvrions commun à toutes. Même sort°, même impuissance, donc même analyse et même combat.

Nous disions non seulement «nous, les filles», mais «notre vie de femmes». Notre infériorité crevait les yeux° et nous le constations sans avoir à nous embarrasser de la contradiction, inexistante à cette époque [vers 1940], entre le discours égalitaire et la pratique de rejet°. Tout nous contraignait, depuis notre naissance, à une soumission globale: la tradition, l'éducation, la loi. À quinze ou seize ans, je me sentais femme et l'on me voyait enfant, comme chaque femme ne cesserait jamais de l'être. Les garçons du même âge accédaient au statut° d'adultes, pour devenir, quelques années plus tard, des hommes.

Sans échos, ni appui, nous étions parties seules à la recherche de notre identité. À dire vrai, notre Union des jeunes filles prit à peine conscience de sa démarche. Elle se repaissait° de la volupté de nos échanges et, pour le reste, se laissait, avec sérénité, manipuler par le Parti communiste. Les moyens de se révolter, de toute manière, manquaient. La plupart de ces femmes savaient à peine° lire et certaines, travaillant comme vendeuses ou petites dactylos°, remettaient° l'intégralité de° leur salaire au père ou aux frères pour nourrir la famille-tribu°. Leurs loisirs se passaient entre elles, femmes. Le gynécée°, les réunions de jeunes filles où elles débattaient de la grande affaire: se préparer à être conduites à l'époux. Elles ne se faisaient guère° d'illusions. Un jour, dans leur quinzième ou seizième année, elles se marieraient. Tout aurait été discuté en dehors d'elles, la dot°, la maison, le lieu de vie, les couverts°, les draps° et, bien sûr, l'homme.

Gisèle Halimi, *Le Lait de l'oranger*

atteinte: afflicted
dévier: deviate

laissez... : passport, admission ticket
ladite: the aforesaid
tare: defect
se renvoyaient: gave one another

copines: girlfriends

enfermements: seclusions

sort: fate

crevait... : was obvious

rejet: rejection

accédaient... : attained the status

se repaissait: reveled in

à peine: scarcely
dactylos: typists
remettaient: turned over
l'intégralité de: all of
tribu: tribe
gynécée: women's circle, (pejorative)
guère: scarcely any
dot: dowry
couverts: place settings (for table)
draps: bedsheets

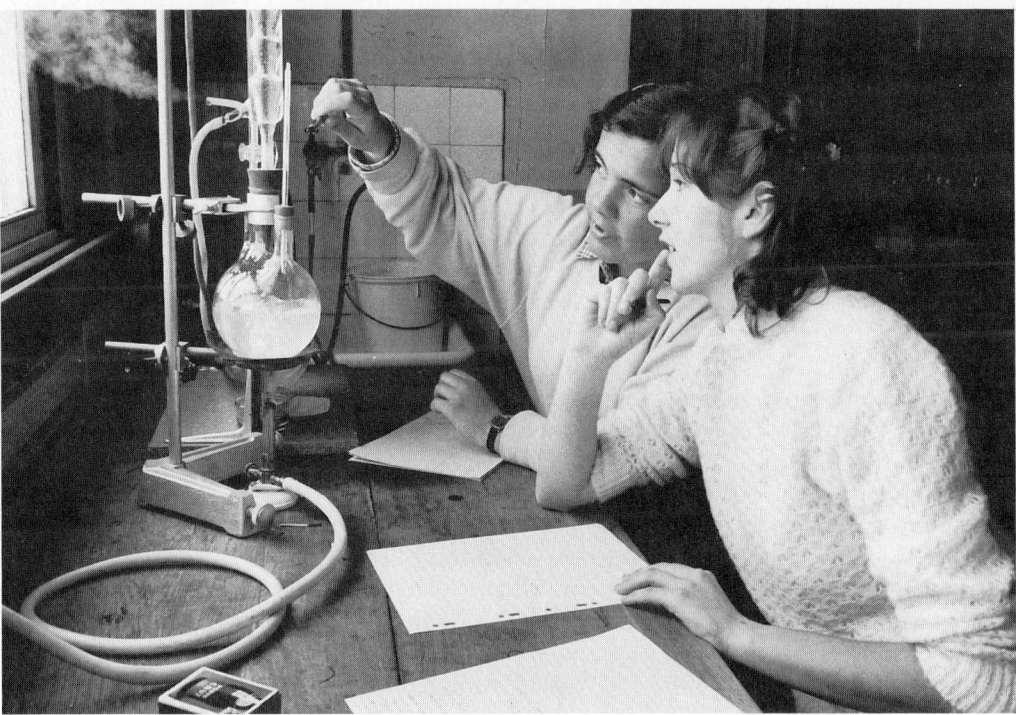

Elles étudient mieux

L'article suivant nous présente des faits et des chiffres° récents au sujet des jeunes filles en concurrence° avec les garçons dans l'éducation française. Croyez-vous que la même situation existe en Amérique? Quelles preuves avez-vous?

chiffres: figures
concurrence: competition

Des créateurs aux cheveux longs et aux idées courtes, les filles? Allons, donc! Depuis qu'elles usent° leurs jeans sur les mêmes bancs que leurs camarades masculins, elles bossent°, elles s'accrochent°, elles font des étincelles°. En un mot, elles réussissent mieux que les garçons, de l'école primaire au lycée. Et même au-delà. Après que, en 1861, une certaine Julie Aubié eut été la première bachelière° à côté de 4.000 lauréats°, les filles ont peu à peu conquis tous les bastions scolaires et universitaires. Bien que la pression° sociale s'exerce encore nettement° en faveur des hommes.

Toutes les études le montrent: les filles obtiennent de meilleurs résultats dès le cours préparatoire. «Elles redoublent° moins fréquemment que les garçons et confirment leur avance au collège», constate Jean Guichard, chercheur° à l'Institut national d'étude du travail et d'orientation professionnelle. Question d'intelligence ou de chromosomes? Ni l'un ni l'autre, bien sûr. «D'abord, à l'âge égal, leur maturité est plus grande», explique

usent: wear out
bossent: work hard
s'accrochent: dig in
etincelles: sparks
bachelière: woman graduate
lauréats: graduates
pression: pressure
nettement: clearly
redoublent: repeat a year, fail
chercheur: researcher

La Femme

Robert Baillon, chercheur au CNRS [Centre national de la recherche scientifique]. Ensuite, les filles sont plus dociles, mieux adaptées à l'institution scolaire. Traduisez: pendant que les garçons chahutent° en classe et shootent dans leur ballon° à la récré, les «nanas°» s'exaltent pour Proust et dévorent des romans°.

Résultat: 57% des bacheliers sont des femmes. Entre-temps, les garçons ont été massivement éjectés vers l'enseignement° technique—ils représentent 60% des élèves préparant un CAP (certificat d'aptitude professionnelle). Après le bac°, l'avancée des femmes a été spectaculaire depuis trente ans. À l'université, elles sont passées de 39% des effectifs°, en 1960, à 52%, aujourd'hui. Elles ont conquis les grandes écoles commerciales à 40%. En revanche, les voilà qui piétinent° à l'entrée des écoles d'ingénieurs (18%). Ainsi, à Polytechnique, Anne Chopinet, sortie major° de la première promotion° mixte, en 1972, entraînera peu de féministes dans son sillage°: l'école compte moins d'une trentaine de femmes par promotion (sur 300 élèves), comme l'École centrale.

Alors, les filles manqueraient-elles d'ambition? «En réalité, ce sont les familles, parfois même les enseignants, qui poussent davantage les garçons sur la voie des grandes écoles», constate un conseiller d'orientation. Les filles ne sont, effectivement, que 34,4% à décrocher° un bac C, celui qui offre pourtant les meilleurs débouchés°. À l'université, elles règnent sur les lettres et les sciences sociales (69%), et restent minoritaires en médecine et en sciences économiques (45%).

Question de goût ou d'influence socioculturelle? À moins que° la pratique de sélection par les maths ne joue contre les femmes. Des études américaines très sérieuses ont montré que les garçons avaient une meilleure aptitude au raisonnement mathématique que les filles, plus douées° pour les langues. «C'est donc clair: la primauté des maths dans notre système scolaire est terriblement sexiste!» s'indigne Arnaud Aaron-Upinsky, mathématicien. Plus grave encore: on murmure que certains jurys, lors des concours d'entrée° aux grandes écoles de commerce, se montreraient sexistes en faveur des garçons, afin d'éviter l'invasion féminine. Donc, la dévalorisation° supposée des diplômes. Ainsi, à l'entrée d'HEC°, les garçons sont, proportionnellement, plus nombreux à être admis que les filles. Ces derniers sont-ils réellement chaque fois les plus forts?

Marie-Laure de Léotard; *L'Express*,
20 janvier 1989.

chahutent: misbehave
shootent dans... : kick soccer balls around
nanas: gals
romans: novels
enseignement: teaching
bac: baccalaureate exam (after high school)
effectifs: enrolled students
piétinent: are making no progress
major: first
promotion: graduating class
sillage: wake

décrocher: land, obtain
débouchés: jobs, openings

À moins... : Unless

douées: talented

concours... : entrance exams

dévalorisation: loss of value
HEC: Haute École de Commerce

Un Sondage

Voici un sondage tiré de L'Express *sur les femmes. Il a été effectué par l'Institut Louis Harris les 16 et 17 décembre 1988 à partir d'°un échantillon° national représentatif de 1.005 personnes âgées de 18 ans et plus. Maintenant, réagissez à chacun de ces résultats. Qu'est-ce qu'ils vous apprennent?*

à partir de... : based on
échantillon: sampling

Libres et égales aux hommes?
Non: 49%

Dans la Déclaration des droits de l'homme et du citoyen, il est dit que les hommes naissent libres et égaux en droits. Selon vous, aujourd'hui en France, les femmes sont-elles libres et égales aux hommes?

Oui	50%
Non	49
Ne se prononcent pas	1

Elle est plus courageuse°: 47%
Il est plus solide: 53%

courageuse: hard-working

Selon vous, qui, en général, de l'homme ou de la femme, est le plus...

	L'homme	La femme	Ne se prononcent pas
Intelligent	16%	25%	59%
Courageux	28	47	25
Sociable	29	48	23
Intuitif	11	77	12
Sensible°	16	70	14
Solide	56	32	12

Sensible: sensitive

Pour une femme à l'Élysée? 22%

Pour chacune des personnalités suivantes, dites si vous préféreriez que ce soit un homme ou une femme:

La Femme

	Un homme	Une femme	Ne se prononcent pas
Le maire de votre commune	50%	20%	30%
Votre député°	53	18	29
Le président de la République	58	22	20

député: congressman

Quelques points d'écart° (de 5 à 7) entre les électeurs de gauche et ceux de droite, ces derniers préférant les hommes. Là encore, ce sont les femmes qui votent le plus pour les hommes. Fatalisme ou réalisme?

écart: gap

Patrons?° Oui!
Patronnes? Mmmh!

Patrons: male bosses

Vous, personnellement, préféreriez-vous que votre patron soit un homme ou une femme?

Un homme	48%
Une femme	16
Ne se prononcent pas	36

Las°! 57% des femmes plébiscitent°... un homme. Ce qui s'explique par d'autres critères: plus on est catholique, moins on est actif; plus on est âgé, plus on se méfie des femmes. Les hommes sont plus «cools» (37% seulement penchent pour° un homme, 63% s'en moquent°). Une tolérance sans risque: les femmes patrons sont denrée° rare.

Las! : (hélas) Alas!
plébiscitent: elect

penchent pour: prefer
s'en... : don't care
denrée: commodity

Fort en thème°

Fort... : clever, good scholar

Dites qui, selon vous, dans chacun des domaines suivants, est, en général, le meilleur: l'homme ou la femme?

	L'homme	La femme	Ne se prononcent pas
Sport	68%	8%	24%
École	14	55	31
Professions manuelles	53	26	21
Professions intellectuelles	29	28	43
Politique	68	12	20
Affaires	45	28	27

Marie-Laure de Léotard, *L'Express*, le 20 janvier 1989

Une Femme amoureuse

Maintenant, vous allez avoir l'occasion de lire une narration plus longue que d'habitude. Elle vous donnera le beau portrait d'une femme qui essaie de résoudre beaucoup des problèmes déjà posés.

C'est l'histoire de Fabienne Hervé, jeune avocate, célibataire°, ayant réussi, qui cherche les moyens de réconcilier sa profession, sa liberté et son désir d'amour. Ici, on la trouve seule dans un restaurant, attirée par un homme d'affaires qu'elle croit américain assis à une table près d'elle. En réalité, cet homme est un Français qui a passé beaucoup d'années aux États-Unis.

Rien n'est plus triste un samedi soir à Paris qu'une femme seule dans un restaurant. Ce fut la première réflexion que se fit Fabienne lorsque, confortablement attablée au Récamier, dans le septième arrondissement°, elle découvrit, non loin d'elle, une autre dîneuse solitaire. Ma semblable°, ma sœur, pensa-t-elle avec un sentiment de gêne°. La dîneuse, quoique plus âgée que Fabienne, arborait° le même air emprunté°. Avec elle aussi, le maître d'hôtel redoublait d'attentions°, emplissant° son verre avant que celui-ci fût vide car les maîtres d'hôtel, à Paris ou ailleurs, savent bien la tristesse de ces dîners solitaires, et tentent de compenser, par la qualité du service, le manque d'affection.

Afin de se donner une contenance°, l'avocate avait ouvert le dossier de Catherine Levanteur, qu'elle parcourait° entre chaque plat°. Elle sentait bien que quelque chose n'allait pas. Qu'un rouage se grippait° dans la machine—bien huilée°—d'une existence qu'on lui enviait souvent. Qu'avait-elle donc fait—ou omis de faire—pour se retrouver seule, fin mai, au Récamier, le soir de ses trente-cinq ans? À une table voisine, deux hommes d'une cinquantaine d'années parlaient à voix basse investissements, taux d'intérêt°, hausse du dollar°, dans un anglais rapide, celui des affaires. Au léger accent de celui qui faisait face à Fabienne, elle découvrit qu'il était français. L'autre, son invité sans doute, un *businessman* de New York, lunettes d'écaille°, cravate club° et chemise à col boutonné°, buvait à grandes lampées° un champagne qui devait sceller° quelque contrat récemment signé. Le Français avait le visage de ceux qui ont tout fait un peu trop. Ce visage las° des hommes qui, vers la cinquantaine°, vont être vieux bientôt. En l'observant, Fabienne se disait que cette menace, lorsqu'elle se précise, augmente le charme de certains êtres. Comme elle s'ennuyait et que les deux hommes, absorbés par leur conversation, ne faisaient guère attention à elle, elle eut le loisir de vérifier en quoi l'homme assis en face d'elle lui semblait séduisant.° Brun, ou plutôt grisonnant°, il avait les cheveux coupés court sur la nuque° quoique longs sur le devant. Un nez à peine busqué° donnait du caractère à un visage extrêmement mobile où les yeux, larges, sombres, retenaient d'abord l'attention. Quand il souriait, quelques ridules se creusaient° çà et là, accentuant soudain la tristesse du regard. La bouche était charnue°, bien dessinée. Sur le menton° ferme, une fossette°. Fabienne poursuivait son examen lorsque, sans crier gare°,

célibataire: unmarried

arrondissement: district of Paris
semblable: close, similar person
gêne: embarrassment
arborait: displayed
emprunté: self-conscious
redoublait... : lavished service on her
emplissant: filling
Afin de... : To cover her embarrassment
parcourait: skimmed
plat: course (of a meal)
rouage... : gear was locking
huilée: oiled
taux... : interest rates
hausse... : rise in value of the dollar
lunettes... : horn-rimmed glasses
cravate... : striped tie
col... : button-down collar
lampées: swigs
sceller: celebrate
las: tired
cinquantaine: approximately fifty years old
séduisant: attractive
grisonnant: graying
nuque: nape of neck
busqué: hooked
ridules... : small wrinkles appeared
charnue: fleshy
menton: chin
fossette: dimple
crier... : warning

La Femme

l'homme leva les yeux vers elle en allumant son cigare. Il avait dû se sentir observé. Elle rougit. Il eut un vague sourire. Je lui plais, se dit-elle, flattée. L'Américain qui tournait le dos à Fabienne, intrigué par le silence soudain de son interlocuteur, se retourna vers l'avocate. Il se pencha° vers le Français en murmurant, assez haut pour qu'elle entendît:

—*Pretty, isn't she*?

Pretty, Fabienne Hervé ne l'était pas. Elle pouvait même, à certaines heures, devenir franchement laide°. Quelque chose de blanc, de terne°, de rond dans le visage—comme une enfance qui s'attarderait mal à propos°—lui donnait, les lendemains° d'insomnie, l'allure d'une vieille fillette°. Le soir, dans les toilettes des restaurants, elle se remaquillait en douce° avant que n'apparaisse l'architecture banale d'un visage qu'elle savait refaire.

Ses cheveux courts, châtains°, frisottaient° sous la pluie. Elle n'était même pas grande mais avait de belles mains. Cependant, comme il arrive à Paris aux femmes qui ne sont ni belles ni laides, elle parvenait°, à force d'aplomb, à posséder cet éclat qui tient lieu de beauté. Elle savait maintenir son corps en bonne santé et, par chance, il était bien proportionné. Elle aimait par-dessus tout qu'on lui fît compliment de ses charmes. D'abord parce qu'elle savait en manquer°, ensuite parce que lorsqu'un homme évoquait son intelligence, elle comprenait que cet hommage consacrait sa défaite°. L'intelligence, Fabienne Hervé avait dû se résoudre à constater qu'il s'agissait encore pour les femmes d'un handicap. Qu'il fallait des hommes particulièrement sûrs d'eux°—et de leur virilité—pour ne pas craindre cette dame raisonneuse, revêche°, qu'elle était parfois. L'on ne troque° pas si facilement sur l'oreiller° le ton et les gestes du bureau.

L'Américain poursuivait son exposé. Il sortait de sa poche une minuscule calculatrice et s'absorba dans ses comptes. Pendant ce temps, le Français fixait° toujours Fabienne.

—S'il vous plaît, l'addition, dit-elle, car elle voulait toujours agir quand elle se sentait troublée.

Le Français se leva pour se diriger vers le bar et la caisse. Sous prétexte de téléphoner, sans doute allait-il régler discrètement la note°. Fabienne Hervé connaissait les milles façons de payer l'addition° sans gêner ses invités. Il passa près d'elle sans la regarder. Elle apprécia sa démarche° légère, quoique décidée. Parfois, il suffit d'observer à quel pas vont les êtres° pour tout connaître d'eux. Le garçon déposa devant elle une soucoupe°. Elle fit un chèque, rangea ses cigarettes, son briquet°, ferma son dossier. Levant la tête, elle découvrit que le Français et l'Américain avaient disparu. Et moi qui pensais lui avoir plu, se dit-elle, ulcérée°. Il aurait pu me faire un signe, me dire au revoir en passant. Elle en était là de ses réflexions lorsque le maître d'hôtel se précipita vers elle:

—Madame Hervé, excusez-moi mais on m'a chargé de vous remettre ceci.

Il tendit cérémonieusement un plateau sur lequel se découpait°, dans l'obscurité, une enveloppe blanche.

... il fallait des hommes particulièrement sûrs d'eux... pour ne pas craindre cette dame raisonneuse...

—Je vous remercie, fit-elle avec un aplomb qui la surprit, comme si toute sa vie on lui avait remis des billets doux° dans les restaurants.

billets... : love letters

Pour se faire pardonner, elle lui laissa trente francs et courut vers le Lutétia sous prétexte qu'elle avait repéré un taxi... .

* * *

Plus tard, Fabienne a une liaison avec le Français américanisé, Jean Freeman, qu'elle rejoint à New York. Jean et elle passent des vacances à South Hampton sur la plage. Quand Fabienne a quitté la France, elle a du quitter aussi sa cliente, Catherine Levanteur, qui était en train de divorcer. Un jour, Fabienne reçoit un coup de téléphone à South Hampton. On lui annonce le fait que Catherine se soit suicidée. Accablée de culpabilité d'avoir abandonné sa cliente si faible, Fabienne se rend compte qu'elle doit choisir entre son désir d'être aimée et sa carrière. À la fin, elle choisit sa carrière: elle laisse une lettre d'adieu pour Jean Freeman (qui retournera à sa famille) et va à l'aéroport. Voici les pensées de Fabienne à son arrivée à l'aéroport.

Fabienne arrive à l'aérogare Charles de Gaulle, Roissy.

Roissy. 8 heures du matin. Attendre le défilé° des valises. Elle se laissa tomber dans un fauteuil° en plastique. Que faisait-il en ce moment? Il dormait. Près de Betty. Il dormait, le Français de New York. Se souvenir que là-bas elle rêvait de Paris. Ne pas gratter la plaie°. Attendre pour

défilé: parade
fauteuil: armchair

gratter... : rub the wound

La Femme 257

penser à lui. Et puis, depuis la mort de Jeanne Hervé [sa mère], elle avait appris qu'un jour la douleur de Freeman, deviendraient supportables. On avait beau souffrir° comme un bœuf, l'on s'en sortait°, de la douleur, elle s'atténuait°, et c'était sans doute ça le pire. On s'habituait. On faisait face. On agissait. On décidait. On se résignait. Comme tout le monde, on portait son poids en secret, avec le sourire. Ne restait plus avec le temps qu'un léger clapotis° à la surface des choses, des bulles° de mémoire qui crevaient à la longue°. Elle se souvint soudain de la plaque mortuaire° dont elle avait voulu, en vain, se débarrasser°. Quelle idiote elle avait été! Il s'agissait de la garder, au contraire. D'en faire une relique. Un talisman. Ces petites roses, ce: «À ma mère», dérisoires°, lui rappelleraient que Jeanne Hervé et Jean Freeman, malgré les apparences, étaient originaires du même pays. Que les plages de Bretagne ressemblaient comme deux gouttes d'eau° à celles de Long Island. C'était le secret qu'elle aurait voulu livrer° à Jeanne Hervé: l'on vivait la même joie, enfant, à se promener sur une plage avec sa mère que celle éprouvée plus tard, sur d'autres rivages, aux côtés d'un homme.

Autour d'elle, femmes défaites, hommes maussades°, chariots encombrés.

L'arrivée à New York était moins fatigante, car la nuit approchait. À Paris, dès la descente d'avion, l'on recevait le matin comme une gifle°. Elle irait boulevard Montparnasse. Non, mieux valait° passer d'abord chez elle. Prendre une douche, poser les bagages. Faire livrer des fleurs pour l'enterrement. Appeler la fille de Catherine. Téléphoner aussi à Pierre Levanteur. Lui dire qu'il n'était pas plus coupable qu'elle, ou tout autant°. Le métier, il n'y avait que ça de vrai. Le métier, pour peu qu'on l'aimât°, ne vous trahissait° pas. Elle deviendrait une avocate dont même Jeanne Hervé eût été fière.

Je n'ai pas perdu mon temps, se dit-elle, pas perdu mon temps.

Parfois, le nom de Freeman résonnait en elle tel un écho intermittent, toutes les fois où elle croyait avoir dominé sa souffrance. Elle s'y ferait°. Entre elle et le souvenir ce serait un combat équitable et la force de Fabienne l'emporterait°. Elle l'avait su dès que l'avion s'était posé. Elle s'était même dit que c'était amusant de sentir naître et croître° en elle cette force qui venait d'on ne savait où. Sans doute fallait-il appeler ça du courage? Jeanne Hervé aussi en Bretagne, à marée basse°, dans les vents contraires, savait se tenir debout. À quoi bon les passions? Si. Une passion. Le métier. Encore plus qu'avant. Il s'agissait de battre ses propres records. À ce prix-là, on survivait. Elle se battrait. Résisterait. Trente-cinq ans, ce n'était pas si vieux, pour finir.°

Annick Geille, Une Femme amoureuse
© Éditions Bernard Grasset

On avait... : No matter how you may have suffered
s'en sortait: recovered
s'atténuait: softened
clapotis: splashing sound
bulles: bubbles
crevaient... : eventually burst
plaque... : gravestone
se débarrasser: get rid (of)
dérisoires: pathetic
ressemblaient... : were identical
livrer: reveal

maussades: sullen, gloomy

gifle: slap
mieux... : it was better

tout autant: just as much
pour peu... : no matter how little you liked it
trahissait: betrayed

s'y ferait: would get used to it
l'emporterait: would prevail
croître: grow
à marée... : at low tide

pour finir: after all

■ ACTIVITÉS ■

A. Faites un petit reportage sur Gisèle Halimi. Qui est-elle? Pourquoi est-elle bien connue en France?

B. Complétez les phrases suivantes.

1. Pour se préparer pour l'avenir, la première responsabilité de la femme d'aujourd'hui est...
2. Le rôle de ménagère consiste en...
3. Les enfants doivent être soignés par...
4. L'éducation des enfants se base sur...
5. La femme qui ne travaille pas aujourd'hui est...
6. La beauté féminine crée...
7. Les émotions et les sentiments sont...
8. La femme stéréotypée se définit comme...
9. Il faut que la femme d'aujourd'hui... si elle veut aider...
10. La femme serait plus contente si...
11. La vie est plus facile pour... [parce que]...
12. Le problème du salaire devrait être...
13. Je connais une femme qui...
14. Je ne crois pas que la femme...
15. On souhaite que la femme...
16. Les problèmes majeurs pour la femme sont...

C. Dans *Une Femme amoureuse,* Fabienne essaie de trouver de l'équilibre entre son passé et son éducation, représenté par sa mère, sa vie de femme amoureuse et sa vie professionnelle. Croyez-vous que son dilemme soit réel? Pensez-vous qu'elle ait bien résolu la situation en choisissant son métier? A-t-elle fait une erreur en suivant Freeman à New York? Doit-elle accepter plus de responsabilité pour le suicide de sa cliente ou en a-t-elle déjà accepté trop? À quel point est-ce que l'éducation influence notre rôle dans la société et la façon dont nous nous voyons?

D. Cherchez quatre publicités françaises où il y a une femme représentée et présentez à la classe votre analyse de ces représentations.

E. Une considération pour la femme, c'est l'enfant. Dans *Francoscopie: 1989* on remarque, «Les enfants sont d'autant plus coûteux qu'ils viennent concurrencer° l'activité professionnelle des mères.» Si on considère l'éducation, les métiers, le divorce, ou bien, la femme au foyer° on voit que le rôle de mère change. Discutez. Aussi, discutez comment l'enfant complique la situation de la famille contemporaine.

concurrencer: compete with, threaten

femme au... : housewife

F. Voici un portrait. Une femme de 53 ans, après 33 ans de mariage, trois enfants élevés, se retrouve divorcée. Elle n'a aucun métier, n'a jamais travaillé hors de la maison. Elle a reçu la maison et $450 par mois. Donc, elle n'a pas assez d'argent pour subvenir à ses besoins et entretenir la maison. Autrefois, elle s'intéressait à la mode internationale, mais parce qu'elle n'a aucune expérience et seulement un diplôme secondaire, elle sait qu'elle a peu de chance de retrouver du travail dans cette branche. Quels choix cette femme a-t-elle fait dans sa vie et quel rôle notre système de valeurs a-t-il joué dans sa formation?

UNITÉ SIX

Expliquer et raisonner

- *Histoire en images:* La France à bicyclette
- *Préparons-nous!:* Les explications et les raisonnements
- *Pour communiquer:* Comment discuter
- *À vous, maintenant!*

Au jour le jour: L'Homme d'aujourd'hui

«Oh pardon! Je dois bien me contrôler quand tu me dis que tu vas faire le tour de France *avec ton petit ami* cet été? Pas possible!»

2. En route!

1. À ce moment-là, Robert et Francine se trouvaient à combien de kilomètres de Paris?
2. Qu'est-ce qu'on voit derrière eux?
3. À quel moment de la journée est-ce qu'ils ont quitté la ville?
4. Comment est-ce que Francine pédalait?
5. Est-ce que Robert prenait plaisir à ce qu'il était en train de faire?
6. Pourquoi est-ce que Robert souffrait tandis que Francine semblait en bonne forme?
7. Est-ce que vous avez déjà fait une longue excursion à bicyclette? (Racontez-la.)
8. Les deux jeunes gens se sont arrêtés sur la route. Pourquoi? Qu'est-ce qui leur est arrivé?
9. Pour changer de chambre à air, qu'est-ce qu'il faut faire d'abord?
10. Expliquez ce qu'il faut faire une fois que la roue est démontée.
11. Qu'est-ce que Robert n'avait pas, probablement?
12. Qui et quoi étaient derrière le mur de pierre?
13. À quoi est-ce que ces gens s'intéressaient?
14. Est-ce que Robert avait l'air de bien savoir ce qu'il devait faire avec le pneu crevé?
15. Heureusement, qui va savoir ce qu'il faut faire?

Expliquer et raisonner

En route!

les vacances commencent
  le départ de Paris
    une borne kilométrique mileage marker
    être à... km de...
    indiquer la distance de... à...
   partir à bicyclette
     à vélo
    très tôt le matin
  voir la silhouette de la ville
   la tour Eiffel
   la tour Montparnasse

Francine
  avoir l'habitude (de + *inf.*)
  pédaler tranquillement
  porter un bandeau autour de la tête
   pour relever ses cheveux
  prendre plaisir à *qqch.* **ou à** + *inf.*
Robert
  ne pas avoir l'entraînement not to have the practice
   nécessaire
   suffisant
  avoir de la peine à + *inf.*
  ne pas être en bonne forme not to be in shape
   un sac à dos backpack
    lourd

   des provisions (*f. pl.*) supplies
  souffrir

un contretemps mishap
  un petit village français typique
   un château
   une église
   un mur de pierre
  Francine
   s'agenouiller to kneel down
    être à genoux
   encourager *qqn*
   tenir
    la pompe à vélo
     gonfler to inflate
  Robert
   avoir un pneu crevé to get a flat tire
    un clou nail
    un trou hole
   ne pas avoir les outils nécessaires not to have the necessary tools
   faire une réparation
    démonter la roue
    mettre une nouvelle chambre à air to put on a new innertube
    remonter la roue
    sortir la chambre à air

Questions: vocabulaire

1. Qu'est-ce qui commence ce beau matin d'été pour Francine et Robert?
2. Quel monument de Paris était bien en évidence derrière ces deux cyclistes?
3. Apparemment, Robert n'était pas en bonne forme. Alors, qu'est-ce qu'il n'avait pas?
4. Tous les deux portaient des sacs à dos, mais comment semblait celui de Robert?
5. Qu'est-ce qu'il y avait dans leurs sacs?
6. Que portait Francine pour relever ses cheveux?
7. Agenouillée par terre, qu'est-ce que Francine tenait dans les mains?
8. À quoi sert cet outil?
9. Qu'est-ce que Robert tenait dans les mains?
10. Quel était l'état de cet objet?
11. Qu'est-ce qui a fait le trou dans la chambre à air?
12. Comment s'appelle un petit accident comme celui de Robert?
13. Décrivez brièvement les gens près du mur.

3. La descente de la Garonne

1. Comment est-ce que Francine et Robert ont fait cette étape de leur voyage?
2. Quel était le nom de ce bateau?
3. Quelle sorte de voyage faisaient-ils?
4. Qui était à la proue de la péniche?
5. Ce père de famille, comment se sentait-il?
6. Qu'est-ce qu'il était sur le point de faire?
7. Pourquoi est-ce que Mme Beloeil s'inquiétait? De quoi avait-elle peur?
8. Que faisait Francine? Que portait-elle?
9. Et Robert, où se trouvait-il?
10. Appréciait-il le paysage? Pourquoi (pas)?
11. Qui pilotait la péniche? Où était-il?
12. Qui était assis sur le quai? Pourquoi cette personne était-elle là?
13. Ce paysan avait l'air bien fâché. Pourquoi?
14. Est-ce que le fleuve était bien propre?

Expliquer et raisonner

La descente de la Garonne

une péniche barge
  le capitaine
    piloter le bateau
      la cabine
        une antenne
  descendre la Garonne to go down the
   Garonne River
    la Garonne river in southwestern
     France
      des détritus (*m. pl.*) refuse, junk
      flotter
      propre clean
      pollué(e)
      la pollution
  des nuages (*m. pl.*) clouds
  passer à travers les villages
    passer sous un pont
  le quai embankment, waterfront
  un voyage assez lent
        pittoresque
        tranquille

Francine
  se faire bronzer
  des lunettes (*f. pl.*) de soleil
  se mettre en deux pièces to put on her
   two-piece swimsuit
        en maillot de bain

  mettre de la crème solaire
  une serviette de bain

Robert
  appuyé contre la cabine
  ne pas faire attention au paysage
  se perdre dans ses lectures to lose himself in his reading

la famille Belœil
  le fils, Mathieu
    monter à l'avant de la péniche
    la proue prow (of boat)
  Mme Belœil
    avoir peur que + *subjonctif*
    s'inquiéter (au sujet de)
    réprimander *qqn* = gronder *qqn*
  M. Belœil
    avoir le mal de mer
    être sur le point de vomir
  le paysan
    pêcher du poisson
    un pêcheur/une pêcheuse
    la canne à pêche fishing rod
    la ligne

Questions: vocabulaire

1. Qu'est-ce que c'est que la Garonne?
2. Quelle était la responsabilité essentielle du capitaine?
3. De quoi se servait le paysan pour pêcher?
4. Où est-ce que Mathieu était assis?
5. Avez-vous jamais eu le mal de mer? (Si oui, racontez.)
6. Mme Belœil s'inquiétait; donc, qu'est-ce qu'elle disait à son fils?
7. À quoi est-ce que Robert ne faisait pas attention?
8. Qu'est-ce qu'on met d'habitude pour se protéger contre les rayons de soleil?
9. Qu'est-ce qui se trouvait dans le ciel derrière le village?
10. Qu'est-ce qui était monté sur la cabine?
11. Combien de personnes y avait-il sur la péniche?
12. Quelles lunettes portait Francine?
13. Qu'est-ce qui était pittoresque?
14. Sur quoi est-ce que Francine était étendue?

4. Dans le bois

1. Où se trouvaient Francine et Robert?
2. Quel temps faisait-il? Faisait-il beau temps pour faire de la bicyclette?
3. Que cherchaient Robert et Francine?
4. Quel air avait Robert?
5. De quoi grelottait-il?
6. Qui a frappé à la porte? Qui a répondu?
7. Est-ce que le château semblait un lieu accueillant?
8. Quand Francine a demandé l'hospitalité au conservateur, qu'est-ce qu'il lui a dit de faire, à votre avis?
9. Que faisait la personne à la fenêtre? À votre avis, qui était-ce?
10. À quoi pensait Robert probablement?

Expliquer et raisonner

Dans le bois

dans le bois
  un château
    accueillant welcoming, inviting
    menaçant threatening
    en bon état
  une nuit
    lugubre gloomy
    triste
  à la fenêtre
    épier to spy on
    tirer les rideaux
      une fleur-de-lys iris flower, used as the emblem of the Kings of France
  les voyageurs
    s'abriter to take refuge
    chercher refuge chez l'habitant
    être surpris par l'orage (*m.*)
  la pluie
    il pleut à grosses gouttes it is raining heavily
      à verse in buckets

Francine
  demander l'hospitalité à *qqn*
  frapper à la porte to knock at the door
Robert
  claquer des dents to have his teeth chatter
  être frigorifié to be frozen
    mouillé wet
    trempé soaked
  grelotter to shiver
    de froid
    de peur

le conservateur du musée
  dire à *qqn* **de** + *inf.*
    déguerpir to scram
    s'éloigner to move away
    partir au plus vite
  faire des menaces (*f. pl.*)
  refuser à *qqn* **l'hospitalité**

Questions: vocabulaire

1. Qu'est-ce qui a surpris les deux jeunes gens sur leur route cette nuit-là?
2. Où se trouvait ce château?
3. Quel était le métier de l'homme qui a ouvert la porte?
4. Qu'est-ce que l'inconnu à la fenêtre tirait de côté?
5. Que faisait cette personne qui fumait à la fenêtre?
6. Est-ce qu'il pleuvait peu?
7. Qu'est-ce que Francine a demandé au conservateur?
8. Quel verbe décrit l'acte de vous éloigner vite d'un lieu où l'on ne vous veut pas?
9. Robert n'avait plus de vêtements secs. Comment étaient-ils à ce moment-là?
10. Que faisaient Robert à cause de la froideur?
11. Quel symbole se trouvait sur les rideaux?
12. Décrivez cette nuit dans le bois.

5. À la montagne

1. Que faisaient Francine et Robert?
2. Où ont-ils planté leurs tentes?
3. Quels animaux se trouvaient dans la région?
4. Est-ce que Robert a passé une bonne nuit? Expliquez.
5. Qu'est-ce que le mouton a fait à la tente de Robert?
6. Au moment de se réveiller, à quoi rêvait Robert?
7. Qui a sorti la tête de sa tente quand Robert a crié?
8. Quelle sorte de nuit faisait-il?
9. Qui d'autre a observé la scène?
10. Décrivez cet homme. Que faisait-il là?
11. Qu'est-ce que Robert aurait à faire après?
12. Qu'est-ce qui restait par terre entre les deux tentes?
13. Qu'est-ce qui plaisait au mouton qui était entré dans la tente de Robert?

Expliquer et raisonner

À la montagne

le camping (faire du camping)
   le feu de camp
      éteint gone out
      la vaisselle de la veille the previous day's dishes
      une cafetière coffee pot
   la pleine lune the full moon
      au clair de lune moonlight
   planter les tentes (*f. pl.*)
      au bord d'un chemin
      près d'un ruisseau near a stream
      près d'un pont en pierre
   la tente
      une corde
      un piquet stake

le berger shepherd
   garder un troupeau de moutons (*m. pl.*) to watch over a herd of sheep
   un bâton shepherd's crook
   porter
      une blouse
      un béret basque
      un gros sourire
   regarder les campeurs

le mouton
   entrer dans la tente

être épris d'un chandail de laine to be in love with a wool sweater
faire des dégâts to cause damage
mettre la tente par terre
renverser *qqch.* to knock over s.th.
réveiller *qqn*

Francine
   s'amuser de la scène
   donner un coup de main à *qqn* to offer a hand to s.o.
   dormir bien
   prendre la situation à la rigolade to take the situation lightly
   sorter de la tente en riant

Robert
   être réveillé
      rêver to dream
      avoir un cauchemar to have a nightmare
         être menacé par
            une tronçonneuse a chain saw
   remonter sa tente
   sortir de la tente en hurlant

Questions: vocabulaire

1. Où est-ce qu'on réchauffe le café quand on fait du camping? Et dans quoi?
2. Qu'est-ce qu'il faut pour planter une tente?
3. Comment s'appelle un homme qui garde les moutons?
4. Décrivez le cauchemar de Robert.
5. Qu'est-ce que Francine a pris à la rigolade?
6. Comment est-ce que Robert est sorti de sa tente?
7. Et Francine, comment en est-elle sortie?
8. Qu'est-ce que le mouton portait?
9. Quelle sorte de rêve avait Robert?
10. Que portait l'homme dans son rêve?
11. Qu'est-ce qu'on n'avait pas fait la veille?
12. Comment s'appelle ce groupe de moutons?
13. Qu'est-ce qui traverse le ruisseau?

6. Les vendanges

1. Comment est-ce que Francine et Robert ont passé le mois de septembre?
2. Où dormaient-ils?
3. À quel moment de la journée est-ce qu'on a réveillé Robert?
4. Pourquoi Robert avait-il de la difficulté à se lever le matin?
5. Une fois dans les vignes, qu'est-ce qui tapait fortement sur les vendangeurs?
6. Où est-ce qu'on mettait les grappes de raisin?
7. Après avoir récolté le raisin, qui s'amusait à faire du vin tout en employant un système archaïque?
8. Décrivez ce système.
9. Robert, qu'est-ce qu'il n'appréciait pas?
10. Après de dures journées de travail, comment est-ce que Francine s'est amusée pour fêter la fin des vendanges?
11. Qui est-ce que le vendangeur à la casquette voulait imiter?
12. Qui n'y a pas participé?
13. Qui trouvait la situation bien rigolote?

Expliquer et raisonner

Les vendanges

faire les vendanges (*f. pl.*) to harvest grapes
  un dortoir dormitory
  Francine
    se réveiller tôt / toute seule
    réveiller *qqn* **en lui montrant le soleil**
  Robert
    avoir du mal à se lever
    lire très tard la veille
    vouloir faire la grasse matinée to want to sleep late

dans les vignes
  Francine et Robert
    couper le raisin
      un sécateur pruning scissors
    cueillir le raisin to pick grapes
    déverser le raisin dans une hotte to dump the grapes in a basket
    récolter les grappes to harvest the bunches (of grapes)
    transpirer/suer to perspire/sweat
    vendanger to harvest (grapes)
    vendangeur (*m.*) grape harvester
  un travail pénible hard work
    avoir le dos courbé
    être baissé
    porter une hotte sur le dos
      taper to beat down

la pression
  une cuve en bois wooden vat
  écraser le raisin avec les pieds
  le jus de raisin
    sortir par le robinet
  Francine et Robert
    avoir l'air de s'amuser
    ne pas apprécier de se salir les pieds not to like getting his feet dirty
    être pieds nus

après une dure journée de travail
  la salle principale de la ferme
  les vendangeurs
    fêter la fin des vendanges
    raconter des histoires rigolotes to tell funny stories
    se reposer
  Francine et la brune
    s'amuser énormément
    prendre plaisir à + *inf.*
    se tordre de rire
    participer à la fête
    rire de bon cœur to laugh heartily
  Robert et la blonde
    avoir l'air fatigué
    s'ennuyer
    être dans un coin
    froncer les sourcils
    jeter un regard méprisant
    rigolo(te) amusing

Questions: vocabulaire

1. Qu'est-ce que Robert voulait faire le matin?
2. Comment s'appelle la récolte du raisin?
3. De quoi se sert-on pour couper du raisin?
4. Qu'est-ce que les vendangeurs portaient sur le dos?
5. Qu'est-ce que Robert et Francine faisaient dans la cuve en bois?
6. Qu'est-ce qui sortirait enfin du robinet de la cuve?
7. Comment est-ce qu'ils avaient les pieds?
8. Quel air Robert et la blonde à côté de lui avaient-ils pendant la fête?
9. Quelle expression la blonde avait-elle?
10. Pourquoi est-ce qu'ils ne pouvaient pas se reposer probablement?
11. Comment est-ce que Francine et la brune ont répondu aux histoires rigolotes des deux vendangeurs?
12. Faire les vendanges, quelle sorte de travail est-ce?
13. Comment s'appelle le terrain où on fait les vendanges?

7. La tranquillité de la vie sur les bords du Rhône

1. Que faisaient Robert et Francine sur la colline qui domine le Rhône?
2. Est-ce qu'ils avaient l'intention d'y rester quelque temps? Quelles indications montrent cela?
3. Qu'est-ce que Robert venait de faire?
4. Pourquoi est-ce que Robert avait enlevé ses chaussures?
5. Où est-ce qu'ils avaient disposé leurs affaires?
6. Quelles activités voyait-on sur le fleuve?
7. Qui arrivait à ce moment-là?
8. Qui les menait en haut de la colline?
9. Qu'est-ce que Francine venait de faire afin de préparer leur repas?
10. Comment est-ce que Francine a apaisé sa soif?
11. Qu'est-ce que les scouts allaient faire sur la colline?
12. À votre avis, Robert s'amuserait-il bien parmi ces gosses? Et Francine? Pourquoi (pas)?

Expliquer et raisonner

La tranquillité de la vie sur les bords du Rhône

sur les bords du Rhône
  la colline the hill
  des vaches (*f. pl.*) cows
    qui paissent (paître) that are grazing
      (to graze)
  sur le Rhône
    le bateau à voile
    faire du kayak

Francine
  être assise au pied d'un arbre
  boire à une gourde de peau
    apaiser sa soif to quench her thirst
  un feu de camp campfire
  manger des sardines (*f. pl.*)
    une boîte ouverte open can
    un canif pocket knife
  planter une hache dans
    une bûche a log
  couper le bois
  un écureuil squirrel
  un lapin
  un hérisson hedgehog

Robert
  attendre *qqch.* **avec impatience**
  avoir mal aux pieds
  un sac de couchage a sleeping bag
  enlever ses chaussettes (*f. pl.*)
          ses chaussures (*f. pl.*)
  être exténué to be exhausted
  se mettre par terre
  s'étendre to stretch out

le terrain de camping the campground
  le scoutisme
    le boy-scout
    le camp de scouts
    le chef-scout
      un bâton de marche walking stick
  détruire la tranquillité
  l'étendard (*m.*) banner
  faire de la marche à pied to go hiking
          de la randonnée to go hiking

Questions: vocabulaire

1. Quel oiseau se trouvait au-dessus de la tête de Francine?
2. Comment s'appellent les trois animaux que l'on voit?
3. Où se trouvait la hache?
4. Sur quoi Robert avait-il les pieds?
5. Que faisaient les scouts sur la colline?
6. Qu'est-ce que le chef-scout portait? Et le petit scout à côté de lui?
7. Où se trouve le village dans la vallée?
8. Quel air avait Robert?
9. Que disait l'écriteau sur l'arbre?
10. Nommez quatre articles de camping.
11. Qui portait une moustache?

8. De retour à Paris

1. Dans quel quartier de Paris étaient Robert et Francine?
2. À quel coin se trouvait-on?
3. À quoi s'intéressait Robert?
4. Robert a aperçu Francine en train de faire quoi?
5. Comment est-ce qu'il a réagi?
6. À quoi pensait Francine?
7. Et à quoi pensait Robert?
8. Quel était le prix de la motocyclette?
9. En quel état était-elle?
10. Est-ce que Robert voulait faire un autre tour?
11. Qu'est-ce qu'il préférait faire?
12. Que faisaient les types à la terrasse du café?
13. Et que faisait la femme au chapeau à côté d'eux?

Expliquer et raisonner

De retour à Paris

le quartier Saint-Germain
  la Rive gauche
  un caniche a French poodle
    une laisse a leash
      attaché à
  un clown qui fait son numéro clown doing his act
  un étalage (en plein air) (outdoor) display
    le patron
    être irrité
    toucher à *qqch.*
  une femme habillée à la mode de
  se promener avec les enfants
  une poubelle trash can
les clients à table
  une amie qui fait signe à
    vouloir attirer l'attention de *qqn*
  deux hommes qui se disputent two men arguing
  une femme qui fume et prend un verre

Francine
  faire toute l'Europe to go all over Europe
  une moto à vendre
    stationnée au bord du trottoir parked on the edge of the sidewalk
  repartir

Robert
  s'affoler to lose control
  s'apercevoir de *qqch.* **ou de** *qqn* to notice, remark
  avoir horreur de *qqch.* **ou de** + *inf.*
  être effrayé à l'idée de + *inf.*
  être forcé de
  ne penser qu'à *qqch.* **ou à** + *inf.*
  retrouver le calme de la bibliothèque

Questions: vocabulaire

1. Quelle sorte de moto se trouve dans la rue?
2. Où était-elle stationnée?
3. Quelle sorte de chien avait la femme qui prenait un petit verre?
4. Avec quoi est-ce qu'elle l'a attaché à sa chaise?
5. Devant quelle sorte de boutique était Robert?
6. Où est-ce que Robert voulait retrouver le calme?
7. Qu'est-ce que Francine voulait faire sur la moto?
8. En quel état était la moto?
9. Qu'est-ce qui était sur le trottoir devant la librairie?
10. Comment s'appelle le café?
11. Qu'est-ce que Robert a laissé tomber par terre?
12. Comment était le patron dans la vitrine de la librairie?

■ *Préparons-nous!*

Les Explications et les raisonnements

Quand nous rapportons une action ou une situation, il est rare que nous en fassions une narration complète, une description totale. Nous avons plutôt tendance à abréger ce que nous disons, à ne donner que le minimum de détails. Par conséquent, nous sommes souvent obligés de donner des explications, de développer de manière plus complète et souvent plus abstraite les implications de ce que nous pensons. Nous avons déjà étudié les moyens de qualifier et de distinguer (Unité Trois) ainsi que de situer avec exactitude dans le temps et dans l'espace (Unité Quatre). Dans cette dernière unité, il s'agit d'ajouter des précisions à certains aspects de ce qu'on raconte et décrit (qui? comment? pourquoi? dans quel but?) et d'établir des rapports entre actions (faire des hypothèses, souligner des oppositions, signaler des restrictions). Voici donc le but principal de cette unité: vous donner les structures grammaticales et communicatives nécessaires pour expliquer, raisonner et discuter.

LISTE DE CONTRÔLE

Ce qu'il faut savoir	Là où vous pouvez le trouver
Le sujet, **on** et la voix passive	**E.E.**, p. 222
Les adverbes de manière	**E.E.**, p. 228
Les expressions de cause et de conséquence	**E.E.**, p. 233
Les expressions de but et de finalité	**E.E.**, p. 236
Les expressions de condition et d'hypothèse	**E.E.**, p. 239
Les expressions d'opposition et de concession	**E.E.**, p. 243
Les expressions pour bien discuter	**E.O.**, p. 290

VÉRIFICATION: Le sujet, *on* et la voix passive

A. Des bribes° de conversation. Pendant la journée, on entend souvent des bribes de conversations auxquelles on ne participe pas directement. Complétez ces fragments de conversation en utilisant les expressions données.

bribes: bits and pieces

Ex. A, B, and C, **E.E.**, pp. 225–228.

MODÈLES: —On a arrêté le meurtrier qu'on cherchait?
— Oui,... (être découvert dans une grange)
—*Oui, il a été découvert dans une grange.*

—Tu n'as pas ce vin dans le frigo, n'est-ce pas?
—Si. Pourquoi?
—Mais le vin rouge... (se boire chambré—*room temperature*)
—*Mais le vin rouge se boit chambré.*

—Il n'y avait personne de ton bureau à la réception hier?
—C'est que... (on / devoir travailler tard)
—*C'est qu'on a dû travailler tard hier.*

1. —Comment! Elle ne connaît pas ses parents?
   —Non,... (être élevé par ses grands-parents)
2. —J'adore tes chaussures. Elles sont difficiles à trouver?
   —Non, non... (on / les vendre dans tous les grands magasins)
3. —Pourquoi est-ce qu'on se dépêche?
   —C'est qu'il pleut et les fenêtres... (ne pas se fermer facilement)
4. —Tu sais ce qui est arrivé à mon frère Alfred?
   —Non. Dis-moi.
   —Eh bien... (être élu maire de son village)
5. —Tu as remarqué. Jean-Michel et Vincent sont toujours ensemble?
   —Mais ça... (s'expliquer). Ils sont cousins.
6. —Elles sont jolies, les montagnes autour de Vancouver?
   —Ah! oui. Et elles... (être toujours couvert de neige)
7. —Pourquoi est-ce que nous ne traversons pas la rue?
   —Ce n'est pas possible... (on / devoir attendre de ce côté-ci)
8. —Mais que sont devenus les grands arbres qui étaient devant la maison?
   —Malheureusement ils... (être détruit par la pollution)
9. —Est-ce qu'il est absolument nécessaire d'inviter quelqu'un au bal?
   —Non. Si on veut,... (on / pouvoir y aller seul)
10. —Le restaurant de ton oncle est près d'ici.
    —Non, non.... (se trouver à l'entrée de la ville)

B. Il faut expliquer. En vous inspirant des dessins, répondez aux questions posées ci-dessous. Utilisez **on**, un verbe pronominal ou une structure passive.

MODÈLE:

Pourquoi est-ce que les touristes américains aiment ce magasin?

Parce qu'on y parle anglais. (L'anglais se parle dans ce magasin.)

1.   2.   3.   4.

5.   6.   7.   8.

1. Qui a peint ce tableau?
2. Pourquoi est-ce qu'on ne peut pas visiter le château le matin?
3. Comment est-ce que Martin a eu ses blessures?
4. Pourquoi est-ce que le conservateur du musée est mécontent?
5. Pourquoi est-ce qu'il fait frais (*cool*) dans cette maison quand il fait chaud dehors?
6. Comment est-ce que le jeune amoureux va retrouver sa bien-aimée?
7. Pourquoi est-ce que Lulu aurait dû attendre pour changer son chapeau?
8. Pourquoi est-ce que Gaspar aura peur quand il se retournera?

Expliquer et raisonner

9.
10.

9. Comment allons-nous reconnaître le père de Gaspar?
10. Pourquoi est-ce que Mlle Martin sera bien étonnée quand on demandera de voir son passeport?

C. Des activités. Voici quelques activités qui vous permettront d'utiliser **on**, les verbes pronominaux et les structures passives.

1. Racontez une journée typique pour les étudiants de votre université. Utilisez **on**.

    MODÈLE: *Ici on se lève d'habitude vers 9h (plus tôt si on a un cours à 8h)....*

2. Racontez des nouvelles (nationales, internationales, personnelles). Utilisez une structure passive.

    MODÈLE: *George Bush a été élu président des États-Unis en 1988.*

3. Donnez des synonymes des expressions suivantes. Utilisez une structure pronominale.
    a. C'est évident.
    b. C'est compréhensible.
    c. On n'a pas l'habitude d'agir de cette manière.
    d. On parle souvent comme ça.

VÉRIFICATION: Les adverbes de manière

Ex, D, E, and F, **E.E.**, pp. 230–233.

D. Ma Lulu. Gaspar vous fait une description de la femme qu'il aime (c'est-à-dire, Lulu), de ses bonnes qualités et de ses défauts (*weaknesses*). Reprenez ce que dit Gaspar en utilisant le verbe entre parenthèses et un adverbe approprié.

   MODÈLES: Lulu a beaucoup de talent musical. J'aime l'écouter au piano. (jouer du piano)
   Ah, elle joue bien du piano.

   Lulu peut nettoyer tout l'appartement en moins d'une heure. (travailler)
   Ah! Elle travaille rapidement.

1. Lulu a une très belle voix. (chanter)
2. Lulu n'aime pas beaucoup le cinéma. Elle voit un ou deux films par an. (aller au cinéma)
3. Au travail, elle est très consciencieuse. (travailler)
4. Les idées de Lulu sont toujours très claires. (penser)
5. Quand on lui pose une question, ses réponses sont toujours très polies. (répondre aux questions des gens)
6. Elle aime parler. Elle est toujours en train de parler. (parler)
7. Elle porte toujours des vêtements à la mode. Et elle les achète dans les boutiques qui ont les prix les plus élevés. (coûter)
8. Sa voix est très douce la plupart du temps. (parler)
9. Elle a une façon très naturelle de s'exprimer. (s'exprimer)
10. Malheureusement, quand elle joue au tennis, elle n'arrive pas à rendre la balle. (jouer au tennis)

E. **En parlant du «Dragueur».** Vous parlez avec un(e) autre étudiant(e) de l'histoire en images «Le dragueur» (voir page 219). Quand votre partenaire vous dit quelque chose au sujet de l'histoire, vous montrez votre accord en utilisant le verbe suggéré et un adverbe. Mettez les verbes au passé composé ou à l'imparfait.

MODÈLE: Nancy et Anne n'ont pas eu de difficulté à s'habituer à la vie en France. (s'habituer)

Oui, elles se sont habituées à la vie en France sans difficulté.
ou
Elles se sont vite (rapidement) habituées à la vie en France.

1. Le dragueur a commencé à s'intéresser à Anne à l'aéroport. (regarder)
2. Nancy n'a pas mis longtemps à comprendre ce que le dragueur faisait. (comprendre)
3. Le hippie mettait beaucoup de temps à faire sa toilette. (faire sa toilette)
4. Personne n'écoutait le hippie qui jouait de la flûte. (jouer)
5. Le dragueur était très sûr de lui. C'est vrai. (avoir l'air assuré)
6. Anne encourageait le dragueur. C'est évident. (être flatté)
7. Nancy était très sérieuse. C'était une bonne étudiante. (étudier)
8. Le hippie était très fidèle. Il était toujours avec elles. (suivre partout)
9. Anne n'a pas étudié. Elle n'a pas réussi aux examens. (faire)
10. Le dragueur a dit «au revoir» à Anne. Mais il était distrait. (faire un signe d'adieu)

F. Échange. Parlez de votre vie et de vos habitudes avec un(e) camarade de classe. Utilisez les verbes suivants et des adverbes appropriés.

MODÈLE: manger

—*Moi, je mange beaucoup.*

—*Moi aussi. En fait, je mange vraiment trop. Et je mange trop vite (rapidement) aussi.*

—*Non. Moi, je mange assez lentement, mais je mange très souvent... etc.*

1. manger
2. boire
3. dormir
4. travailler
5. étudier
6. sortir
7. parler
8. (verbes de votre choix)

VÉRIFICATION: Les expressions de cause et de conséquence

Ex. G and H, **E.E.**, pp. 235–236.

G. Un départ difficile. Voici des phrases qui parlent du début du voyage à bicyclette de Francine et de Robert (voir page 261). Reliez-les en utilisant des expressions de cause et de conséquence.

MODÈLES: La mère de Francine n'approuvait pas les projets de sa fille. Francine a dû payer tous les frais du voyage elle-même.

La mère de Francine n'approuvait pas les projets de sa fille. Par conséquent (alors) Francine a dû payer tous les frais du voyage elle-même. ou

Puisque sa mère n'approuvait pas..., Francine a dû payer tous les frais du voyage elle-même.

1. Francine ne voulait pas voyager seule. / Elle a demandé à Robert de l'accompagner.
2. Robert n'était pas très enthousiaste. / Il a hésité avant de dire «oui».
3. Ils avaient tous deux besoin d'un nouveau vélo. / Ils sont allés au magasin de vélos.
4. Robert manquait toujours d'enthousiasme pour le voyage. / Il a acheté une bicyclette en promotion.
5. Francine voulait prendre le haut de la gamme. / Elle a payé beaucoup plus cher.
6. Francine avait l'habitude de monter à bicyclette. / Elle pédalait rapidement sans effort.
7. Robert n'avait pas d'entraînement. / Il avait de la peine à suivre Francine.
8. Robert a eu un pneu crevé. / Ils ont dû s'arrêter à quelques kilomètres de Paris.

9. l'habileté de Francine / Elle a pu réparer le pneu.
10. l'accident de Robert / Ils ont perdu pas mal de temps.

H. Causes et conséquences. Regardez les dessins qui illustrent ce qui est arrivé à Gaspar, à Lulu et à leurs amis. Puis expliquez les causes de leurs difficultés.

MODÈLE:

Gaspar a eu un accident parce qu'il allait trop rapidement. ou
Comme il descendait la colline trop rapidement, Gaspar a eu un accident.

1.

2.

3.

4.

5.

Expliquer et raisonner

Maintenant, inspirez-vous des dessins pour imaginer les conséquences (futures) de ce que font Gaspar, Lulu et leurs amis.

MODÈLE:

Lulu sera fâchée contre Gaspar. ou
Ils finiront par se disputer.

6. 7. 8. 9.

I. Des chaînes causales. Expliquez en détail comment vous êtes arrivé(e): a) à votre université et b) dans cette classe de français.

MODÈLES: (université) *Quand j'ai commencé à chercher une université, je ne savais pas où je voulais aller. J'ai donc demandé à...*

(classe) *Puisque ma famille est d'origine française, mon père voulait que j'apprenne le français. La première année de français au lycée était très facile, alors...*

VÉRIFICATION: Les expressions de but et de finalité

Ex. I, J, and K, **E.E.**, pp. 237–239.

J. Gaspar et Lulu à la maison. Combinez les deux phrases (ou les deux propositions) en choisissant l'intermédiaire convenable et en faisant les changements nécessaires. Dans certaines phrases on peut utiliser les deux expressions.

MODÈLE: Gaspar reste à la maison. Comme ça, Lulu peut aller au travail. (pour / pour que)

Gaspar reste à la maison pour que Lulu puisse aller au travail.

1. Gaspar a acheté un aspirateur. Ainsi il nettoie la maison. (pour / pour que)

284   Unité Six

2. Gaspar nettoie la maison. Comme ça, la maison est toujours bien propre quand Lulu rentre du travail.   (pour / pour que)
3. Lulu prend l'autobus. Comme ça, elle arrive au bureau à l'heure.   (afin de / afin que)
4. Lulu apporte toujours quelque chose à lire. Ainsi le trajet semble durer moins longtemps.   (afin de / afin que)
5. Lulu ne prend pas de douche le matin. Comme ça, Gaspar ne l'entend pas.   (de peur de / de peur que)
6. Lulu s'habille dans la salle de bains. Comme ça, elle ne réveille pas Gaspar.   (pour / de peur de)
7. Gaspar a fait tous les préparatifs. Ainsi, ils pourront partir en vacances samedi prochain.   (pour que / afin que)
8. Lulu a fait une liste. Comme ça, ils n'oublieront rien.   (afin de / de crainte de)
9. Vendredi soir ils se coucheront de bonne heure. Comme ça, ils pourront partir de bonne heure le lendemain matin.   (en vue de / pour)
10. Lulu prendra le volant (*steering wheel*). Ainsi, Gaspar aura l'occasion de se reposer un peu.   (afin de / pour que)

K. **Les mobiles des suspects.** En préparant le dossier du meurtre au «château dans le bois», l'inspecteur essaie d'établir dans son esprit les intentions de certains des suspects. En vous rappelant les détails de cette histoire en images (voir page 63), complétez les phrases suivantes.

MODÈLE: La bonne est allée dans le couloir pour... (image 1)
  À 3h30 de l'après-midi, la bonne est allée dans le couloir pour téléphoner à (un ami du maître).

1. Le beau-frère et l'inconnu chuchotaient afin que... (image 2)
2. La maîtresse est entrée dans la salle à manger à pas feutrés (*on tiptoe*) afin de... (image 3)
3. La bonne s'est cachée derrière la porte pour... (image 4)
4. Le beau-frère fouillait dans le bureau afin de... (image 5)
5. Le jardinier s'est caché dans les ténèbres de peur de... (image 6)
6. Le beau-frère s'est caché derrière la cabane à outils pour que... (image 8)
7. Les conspirateurs avaient fait entrer la statuette volée en vue de... (image 9)
8. L'inconnu du bois s'était déguisé pour que... (image 10)

Expliquer et raisonner

L. Mes intentions. Expliquez à un(e) camarade de classe les intentions derrière ce que vous et votre famille faites. Puis votre camarade fera de même.

> **MODÈLE:** *avoir un job...*
> *Moi, j'ai un job afin de payer mes frais à l'université.* ou
> *J'ai un job pour que mon père ne soit pas obligé de payer mes études.* ou
> *J'ai un job en vue de m'acheter une voiture.*

1. aller à l'université...
2. étudier le(la, les)...
3. suivre un cours de...
4. apprendre à...
5. habiter dans une résidence...
6. décider de se spécialiser en...
7. vouloir aller...
8. vouloir devenir...

VÉRIFICATION: Les expressions de condition

Ex. L, **E.E.**, p. 241.

M. Ça dépend du temps qu'il fera. Votre réponse aux invitations suivantes dépend du temps qu'il fera. Utilisez une des conditions météorologiques suggérées ainsi que la conjonction donnée pour formuler votre réponse.

Le temps: **faire beau, faire mauvais, faire (trop) chaud, faire (trop) froid, neiger, pleuvoir, faire frais, faire du soleil.**

> **MODÈLES:** —On fera un pique-nique demain?
> —C'est possible... (pourvu)
> —*Oui, c'est possible, pourvu qu'il fasse beau (du soleil).*
>
> —On fera un pique-nique demain?
> —Oui... (si)
> —*Oui, s'il fait beau (s'il ne pleut pas).*

1. —On ira à la plage ce week-end?
   —Oui,... (si)
2. —On pourrait se promener, si tu veux?
   —Oui, d'accord... (pourvu que)
3. —Vous voudriez faire du ski ce week-end?
   —Ah! Oui... (à moins que)
4. —Nous jouerons au tennis?
   —Oui,... (si)
5. —Ce serait bien amusant de faire du ski nautique, n'est-ce pas?
   —Ah! Oui... (à condition que)
6. —Tu serais d'accord pour faire du ski demain?
   —Oh! Je ne sais pas... eh bien... oui. Mais... (au cas où)

7. —On ira au cinéma demain après-midi?
   —C'est possible... surtout... (si)
8. —Nous pourrons nous promener?
   —Bien sûr... (à moins que)

VÉRIFICATION: Les expressions d'hypothèse

Ex. M and N, **E.E.**, pp. 242–243.

N. Des hypothèses. Pendant son séjour à Paris, Anne (la blonde du «Dragueur», (voir page 219) songe à ce qui pourrait se passer. Complétez ses pensées en utilisant le temps du verbe convenable.

MODÈLES: Si notre chambre n'était pas au dernier étage,...
Si notre chambre n'était pas au dernier étage, elle coûterait plus cher. ou *Si..., je serais moins fatiguée.*

Notre chambre serait plus agréable si...
Notre chambre serait plus agréable si elle était plus grande. ou *Notre chambre... si le papier peint était plus joli.*

1. Si j'étais Anne,...
2. Si quelqu'un essayait de me draguer,...
3. Si le hippie était moins décontracté,...
4. J'aimerais mieux mon séjour à Paris si...
5. Je reviendrais à Paris avec Nancy si...

...Après son séjour à Paris, Anne imagine ce qui aurait pu se passer. Complétez ses pensées en utilisant le temps du verbe convenable.

MODÈLES: Si Nancy avait mieux dormi dans l'avion,...
Si Nancy avait mieux dormi dans l'avion, elle aurait été moins fatiguée à notre arrivée. ou
Si Nancy avait mieux dormi dans l'avion, c'est elle que le dragueur aurait regardée.

Je n'aurais pas fait attention au dragueur si...
Je n'aurais pas fait attention au dragueur s'il avait été moins beau. ou
Je n'aurais pas fait attention au dragueur si Nancy n'avait pas passé tout le temps à étudier.

6. J'aurais mieux fait à mes examens si...
7. J'aurais mieux aimé mon séjour à Paris si...
8. Si le dragueur s'était intéressé à Nancy,...
9. Si le dragueur m'avait demandé de rester à Paris,...
10. Si nous avions trouvé la chambre que nous voulions,...

O. Quels sentiments éprouverais-tu? Parlez avec un(e) camarade de classe des situations indiquées ci-dessous. Chaque personne doit expliquer ses sentiments à l'égard de ces hypothèses. Si c'est possible, indiquez les conditions dans lesquelles vous éprouveriez des sentiments différents.

MODÈLE: se marier demain

—*Si tu te mariais demain, comment te sentirais-tu?*

—*Oh, moi, je serais très content, je pense. Et toi?*

—*Pas moi. J'aurais peur. Je ne voudrais pas me marier à moins que ma future femme soit très riche.*

1. se marier demain
2. hériter d'une fortune
3. échouer à un examen important
4. être invité(e) à dîner à la Maison Blanche
5. voir un cambriolage
6. se trouver sans logement

P. Une autre vie. Imaginez comment votre vie serait différente de celle que vous avez maintenant si vous vous trouviez dans les situations illustrées ci-dessous. Répondez, avec vos camarades de classe, aux questions suivantes: *que feriez-vous? comment vous sentiriez-vous? quels aspects de votre vie seraient différents?*

1.

2.

3.

4.

VÉRIFICATION: Les expressions d'opposition et de concession

Ex. O, P, and Q, **E.E.**, pp. 244–247.

Q. Francine et Robert. Il est évident que Francine et Robert, les cyclistes de «La France à bicyclette», font un couple assez bizarre. Soulignez les différences entre eux en combinant les phrases suivantes. Dans chaque cas, il s'agit de choisir l'expression convenable entre parenthèses et de faire les changements nécessaires.

MODÈLE: Francine est sportive. Robert est plutôt intellectuel. (pendant que / tandis que)

Francine est sportive tandis que Robert est intellectuel.

1. Robert n'est pas très enthousiaste à l'égard du voyage. Il accepte d'accompagner Francine.   (bien que / sans que)
2. Robert a beaucoup de mal à pédaler. Il essaie de suivre Francine.   (malgré / pourtant)
3. Sur la péniche Robert lit un livre. Il ne fait pas attention à la famille Beloeil   (sans / sans que)
4. Francine ne lit pas. Elle regarde la famille Beloeil.   (au lieu de / sans)
5. Robert est furieux contre le mouton qui est entré dans sa tente. Francine prend l'incident à la rigolade (*lightly*).   (malgré que / quoique)
6. Anne et Francine s'amusent énormément à la fête des vendanges. Robert et Nancy refusent d'y participer.   (cependant / sans que)
7. Robert et Nancy observent Anne et Francine. Leurs amies ne les voient pas.   (sans / sans que)
8. Francine est en bonne forme. Robert a mal partout.   (tandis que / pendant que)
9. Francine boit à une gourde de peau. Robert s'occupe de ses pieds qui lui font mal.   (tandis que / pendant que)
10. Francine fait des projets pour faire toute l'Europe en moto. Robert n'a pas l'intention de l'accompagner.   (tandis que / bien que)

R. Gaspar et Lulu. En vous inspirant des dessins, utilisez l'expression donnée pour analyser les rapports entre Gaspar et Lulu.

MODÈLE:

   cependant

Lulu est prête à sortir, cependant Gaspar n'a pas encore commencé à s'habiller. ou

Lulu a envie de sortir, cependant Gaspar préfère rester chez eux.

1. bien que   **2.** tandis que   **3.** sans

Expliquer et raisonner

4. sans que   **5.** au lieu de   **6.** pourtant

S. Des contradictions. Les gens ne sont pas toujours rationnels, logiques; par conséquent, leurs attitudes et leurs actions semblent parfois contradictoires. Trouvez des exemples de contradictions chez vos amis, chez les membres de votre famille, à votre université et dans le monde d'aujourd'hui. Parlez-en avec d'autres membres de la classe.

MODÈLES : *Bien que mon père ait 52 ans, il veut jouer au baseball avec des jeunes gens de vingt ans.* ou

Mon amie Christine dit qu'elle n'aime pas du tout Vincent, pourtant elle parle constamment de lui.

■ *Pour communiquer*

Comment bien discuter

Le langage peut servir à nous permettre d'échanger des idées avec d'autres gens parlant la même langue. La discussion engage un grand nombre des structures grammaticales et communicatives que vous avez étudiées dans ce programme. Il convient donc de terminer ce livre en exploitant dans des discussions ce que vous avez appris.

Pour discuter, il faut d'abord quelque chose dont on veut parler—c'est-à-dire qu'on a besoin d'un sujet de discussion. Il se peut qu'un sujet se présente, pour ainsi dire, tout seul: on dit quelque chose, quelqu'un y réagit, vous trouvez ce qu'il dit intéressant et vous y introduisez votre point de vue. Pourtant, il arrive que vous ayez un sujet que vous voudriez discuter. D'abord, il faut mentionner le sujet qui vous intéresse.

Pour proposer un sujet de discussion

Qu'est-ce que vous pensez (tu penses) de... ?
J'aimerais bien savoir vos (tes) idées sur... .
Vous avez (Tu as) entendu/vu/lu... ?

Puis il est très utile de poser une question précise ou d'offrir une opinion personnelle; comme cela, vous encouragez les autres à réagir.

T. Moi, je voudrais parler de... Proposez qu'on discute chacun des sujets suggérés à l'aide d'une question ou d'une opinion personnelle.

MODÈLE: quelque chose au sujet de votre université

—*Qu'est-ce que vous pensez des profs à cette université?*
—*J'aimerais bien savoir ce que tu penses des profs à cette université.*
—*À mon avis, ils passent trop de temps à faire leurs recherches personnelles.*
Pensez-vous qu'ils aient assez de temps pour les étudiants?

1. quelque chose au sujet de votre université (le programme d'études, les frais d'inscription, les professeurs)
2. quelque chose qui se passe dans le monde (la politique nationale ou internationale)
3. quelque chose associé aux arts (le cinéma, la peinture, le théâtre, la musique, etc.)
4. quelque chose au sujet d'un problème social (les drogues, le racisme, la pauvreté)
5. quelque chose au sujet du monde des finances (le commerce international, la nouvelle Europe, le succès japonais)
6. quelque chose au sujet de l'étude des langues secondaires (les méthodes, l'utilité, la difficulté)

Une fois la discussion lancée, vous pouvez avoir de la difficulté à (re)prendre la parole. Dans certains cas, il suffit de signaler à tout le monde que vous avez quelque chose à dire.

Pour (r)entrer dans la conversation

Écoutez,... (Écoute,...)
Vous savez... (Tu sais)...
Moi, je pense que...
Justement...
Oui, mais...

Dans d'autres cas, vous préférerez (r)entrer dans la discussion en signalant votre accord ou votre désaccord avec ce qu'on est en train de dire.

Expliquer et raisonner

Pour dire qu'on est d'accord ou qu'on n'est pas d'accord

Accord total
Je suis d'accord avec...
Je suis de l'avis de...
À mon avis,... a (tout à fait) raison.
En effet...
C'est ça...

Accord faible
C'est possible.
Ça se peut.
Peut-être.

Désaccord total
Je ne suis pas (du tout) d'accord avec...
Je ne suis pas de votre(ton) avis.
Mais non.

Désaccord faible
Je ne suis pas tout à fait d'accord.
Je ne suis pas très convaincu(e).
Ce n'est pas (exactement) ça.

U. Laissez-moi parler! Discutez avec quelques camarades de classe des opinions données ci-dessous. Chaque membre du groupe doit prendre la parole en utilisant une expression convenable. Il faut continuer jusqu'à ce que tout le monde ait participé à la discussion.

MODÈLES: Les Américains sont trop matérialistes.

—*Moi, je suis d'accord. À mon avis, nous dépensons beaucoup d'argent pour acheter des objets inutiles.*

—*Tu as tout à fait raison. Par exemple, dans ma famille, nous avons trois voitures et trois vélos... et nous ne sommes que quatre personnes!*

—*Il se peut que les Américains soient trop matérialistes. Mais les Européens commencent à nous imiter.*

—*Je suis de l'avis de Bernard. Quand j'étais en France...*

1. Le stress a été créé par les psychiatres pour se donner du travail.
2. Les femmes qui acceptent les rôles féminins traditionnels sont plus heureuses que leurs «sœurs» libérées.
3. Les hommes sont pour la plupart des victimes des images masculines qu'on trouve à la télévision, au cinéma et dans les livres.
4. Les vieux films sont meilleurs que ceux qu'on tourne aujourd'hui.
5. Il y a des Américains, mais il n'y a pas d'Américain; c'est-à-dire, il n'existe pas une identité typiquement américaine.
6. Les artistes modernes ne sont pas sérieux; ils se moquent de leur public.

■ À vous, maintenant!

A. Le Tour de France à bicyclette. En adoptant le point de vue de Francine *ou* de Robert, les protagonistes de «La France à bicyclette», racontez vos vacances d'été. Essayez d'expliquer clairement ce que vous avez fait en montrant les rapports entre vos actions et vos attitudes et celles de votre compagnon (compagne).

B. Discutons! Faites une discussion avec quelques camarades de classe sur un (ou plusieurs) des sujets suivants.

1. Que feriez-vous pour créer un journal télévisé qui attirerait le plus grand nombre de spectateurs? Considérez les goûts du public auxquels il faut satisfaire.
2. Serait-il possible d'améliorer la qualité générale des émissions télévisées? Comment? (ou pourquoi pas?)
3. Quels stéréotypes masculins et féminins sont encouragés par la télévision et par le cinéma? Parlez d'émissions et de films que vous avez vus.
4. L'imprimerie d'abord, le télégraphe et la photographie ensuite ont profondément modifié la transmission d'information et d'idées. Quelles seront les conséquences de la nouvelle technologie (l'ordinateur, le laser, la vidéo, etc.)?
5. Quel peut (doit) être le rôle de la famille, de l'école et de la société dans la transformation des rôles sociaux—en particulier, ceux des hommes et des femmes?

C. Il faut vous débrouiller! Avec un(e) camarade de classe, jouez la scène d'explications inspirée par la situation difficile que le professeur vous proposera.

D. Les grandes histoires de cinéma. En regardant les images aux pages 50 et 205, essayez d'expliquer clairement la situation et les rapports entre les personnages.

Expliquer et raisonner

AU JOUR LE JOUR

L'Homme d'aujourd'hui

Numéro 8

- Le Match homme-femme
- Le Divorce en proverbes
- Des Familles «traditionnelles»
- Le Nouveau Couple
- Deux Français modernisés

Le Match homme-femme

On parle ici des différences entre l'homme et la femme. Faites une liste de différences qui identifient chaque sexe.

Avant, c'était simple: les hommes étaient supérieurs aux femmes qui élevaient les enfants, mitonnaient° des petits plats et cancanaient au lavoir° pendant que le mâle de leur vie jouait avec des fusils, des décorations, des diplômes et des billets de banque. Après, ce fut aussi simple: les femmes pouvaient se conduire comme des acteurs sociaux à part entière°, à condition qu'elles en aient le choix, et les droits. Bien sûr, de papa poule° en défenseur de la condition masculine, certains se rebellèrent ou pactisèrent° avec l'ennemi. Le sexe déchu°, après sa crise existentielle, finit par admettre le principe: «Égalité». Aujourd'hui, c'est plus compliqué. Le match se joue sur deux tableaux: en théorie, XX = XY; en pratique, XY continue de dominer XX, et l'on n'a pas fini de se demander pourquoi. Un débat dans lequel la science et l'idéologie se sont toujours narguées° autour d'une question brûlante: où est l'acquis°, où est l'inné°? Bref, si la culture change, jusqu'où iront les femmes?

Pour l'instant, en sport, elles talonnent° les hommes. À l'école, elles les dominent. Professionnellement, elles se grignotent° une place au soleil, bien que le chômage° les touche plus. À la maison, manifestement, elles les tétanisent°. Ils assistent à leurs petites activités ménagères comme à leurs accouchements°: avec un certain intérêt, beaucoup de compréhension, mais une efficacité souvent bornée° à la tendresse du regard. Les femmes qui travaillent consacrent près de cinq heures par jour aux tâches domestiques. Les hommes? Deux heures et demie. 1 sur 4 se croise carrément les bras°. Quand les femmes sont au foyer, 41% des maris sont totalement anesthésiés. Un «pédanteur», comme disent les sociologues, qui engendre des superwomen à la pelle° mais laisse à l'objet de leur désir amoureux la voie libre vers la puissance et la gloire. Les hommes célèbres sont, comme hier, rarement des femmes. À croire qu'ils ont toujours le pouvoir chevillé aux gènes°.

Qu'est-ce qui rapproche, qu'est-ce qui différencie ces deux peuplades°, appelées à cohabiter depuis la nuit des temps°? Quels sont les atouts° respectifs des adversaires en présence? Physiquement, le sexe faible n'est pas celui qu'on pense. Le taux de° mortalité est plus important chez l'homme que chez la femme, et ce dès° le moment de la conception: 14 embryons mâles sont fabriqués pour 10 femelles. Mais certains abandonnent... . À la naissance, rien—ou presque!—ne différencie les bébés des deux sexes: les garçons seraient plus sensibles aux stimuli visuels; les filles, aux bruits et aux odeurs. Selon le Professeur Hubert Montagner, qui l'a observé, les mères embrassent et caressent davantage, dans les tout premiers jours, leur bébé en le nourrissant lorsqu'il s'agit d'une fille. L'Œdipe n'est pas ce qu'on croyait. Les petits hommes, jusqu'à six mois, dorment plus que leurs voisines de crèche°. La tendance s'inverse autour

mitonnaient: used to cook
cancanaient... : chatted away in the laundry
à part... : one hundred percent
papa... : father hen
pactisèrent: took sides
déchu: fallen

narguées: derided
Où est... : What is learned
inné: innate
talonnent: follows on the heels of
se grignotent: are gradually winning
chômage: unemployment
tétanisent: paralyze
accouchements: births
bornée: limited
se croise... : simply folds his arms
à la pelle: by the load

chevillé... : pegged

peuplades: races, tribes
nuit... : dawn of time
atouts: assets
taux de: rate
et ce dès: from

crèche: nursery school, day care

du septième mois, au moment où l'enfant prend conscience de l'étranger et le craint. Dès lors, le pli est pris°: les filles auront toute leur vie besoin de plus de sommeil que les garçons—jusqu'à une heure de différence à l'âge adulte. Les femmes souffrent plus souvent que les hommes de maladies chroniques, mais, en France, leur taux d'absentéisme, hors congés maternité°, est à peine supérieur à celui des hommes (5,9 contre 5,1) et, après 40 ans, carrément° inférieur. Les hommes, moins fréquemment malades, le sont plus gravement: à eux, par exemple, les maladies cardio-vasculaires. Cette injustice du destin pourrait s'atténuer sensiblement, car elle ne relève° pas seulement d'un handicap naturel. Selon des chercheurs américains, 60% de l'écart° des taux de mortalité entre les sexes serait dû à des risques sociaux: le tabac, l'alcool et, plus généralement, le mode de vie. En revanche, les femmes ont un atout fabuleux lors de la grossesse° qui les protège contre les infections et, physiologiquement, leur donne la pêche°. Leurs performances sportives sont alors au top. Sûrement moins équipées que l'homme primitif pour riposter° aux agressions, elles résistent plus facilement aux dents de scie° du stress moderne: leur bagage hormonal les armerait° mieux que les hommes dans la vie contemporaine.

pli... : habit is set

hors... : aside from maternity leaves
carrément : clearly

relève : is the result
écart : difference

grossesse : pregnancy
donne... : give them pep

riposter : respond
dents... : ups and downs
armerait : seems to arm

L'Express, le 20 janvier 1989

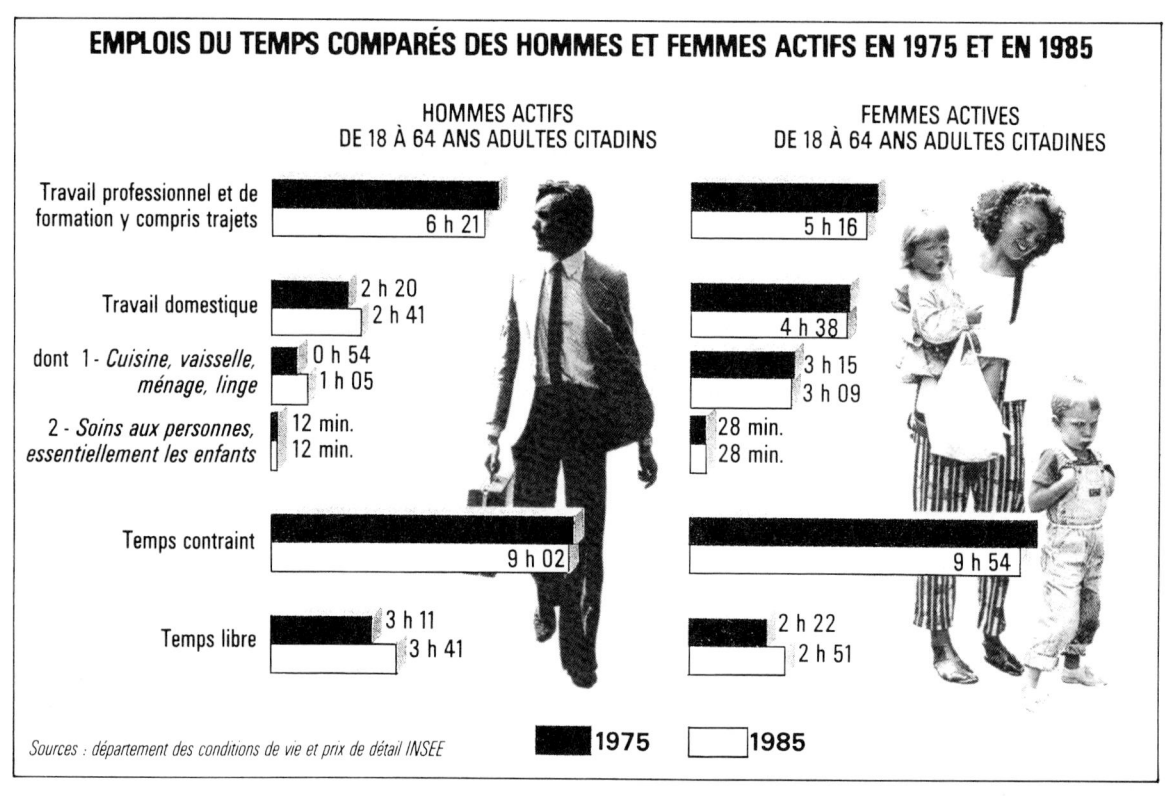

Le Nouvel Observateur, le 9 au 15 novembre, 1989

Le Divorce en proverbes

Pour comprendre le rapport homme/femme aujourd'hui, il faut discuter du divorce. Voici une note sur le divorce, suivie de plusieurs proverbes. Qu'est-ce que ceci nous dit au sujet de l'homme et de la femme? Essayez de dégager les valeurs ou les perspectives qui se cachent derrière ces proverbes.

Si c'est encore traditionnellement l'homme qui fait la demande en mariage, c'est souvent la femme qui fait la demande en divorce, surtout lorsqu'il y a faute du conjoint°. C'est à elle aussi, dans 85% des cas, qu'est confiée la garde des enfants, contre 9,3% au père. Une répartition pratiquement inchangée depuis dix ans. Il en résulte que 23% des enfants de couples séparés voient leur père moins d'une fois par mois, 27% ne le voient jamais.

faute... : husband's fault

Le Divorce en proverbes

Français:	Dieu fait les gens et le Diable les accouple.
	La maison est à l'envers° lorsque la poule chante aussi haut que le coq.
	Le mariage est la traduction en prose du poème de l'amour.
	Mari et femme sont joints ensemble comme la mie et la croûte°.
Anglais:	Pour faire un bon mariage, il faut que le mari soit sourd° et la femme aveugle°.
Chinois:	Le mariage est comme une place assiégée°; ceux qui sont dehors veulent y entrer, et ceux qui sont dedans veulent en sortir.
Espagnol:	La maison va mal quand la quenouille° commande à l'épée°.
Finlandais:	L'amour est un jardin fleuri et le mariage un champ d'orties°.
Italien:	Le mariage et le macaroni ne sont bons que chauds.
Malais°:	Le bateau que la proue gouverne° ne va pas loin.
Serbe:	La femme porte son mari sur son visage, le mari reflète sa femme sur sa chemise.

à l'envers: upside down

la mie... : soft part and crust (of a piece of bread)

sourd: deaf
aveugle: blind

assiégée: under siege

quenouille: here: women
épée: here: men
champ... : field of nettles
Malais: Malay
proue... : prow steers

Gérard Mermet, *Francoscopie, 1989*

Des Familles «traditionnelles»

Pour mieux comprendre la signification de cette petite étude et ce qui suit, faites une esquisse° de la structure de la famille traditionnelle. Quelles sont les responsabilités de ses membres? À quel degré cette structure est-elle déterminée par les besoins biologiques et par les exigences sociales?

esquisse: sketch

Chez les Mandurucu de la forêt amazonienne, les femmes s'occupent seules des bébés; le père ne s'y intéresse pas. Autrefois guerrière° et re-

guerrière: warrior

L'Homme d'aujourd'hui

doutée°, la tribu pratique encore des rites liés à la guerre. Les femmes sont exclues de ce culte et du pouvoir: elles mangent après les hommes, et elles travaillent en groupe, par peur d'être violées°.

Chez les Kung San du Botswana, en Afrique du Sud, le père s'occupe de ses enfants dès la naissance; il les caresse, joue avec eux, même si les soins quotidiens reviennent plutôt° à la mère. Dans cette société, hommes et femmes partagent les travaux, même la chasse et la cueillette°. Les femmes ont aussi un pouvoir de décision important.

Un sociologue américain, Scott Coltrane, a étudié quatre-vingt-dix sociétés non industrialisées. Là où le père s'occupe de ses jeunes enfants, les femmes jouissent d'°une meilleure position sociale, participent davantage aux décisions, dans le domaine privé comme dans le domaine public. L'auteur y voit une confirmation de l'hypothèse formulée par d'autres ethnologues, selon laquelle les petits garçons élevés exclusivement par leur mère s'identifieraient d'abord à elle. Pour parvenir° ensuite à s'identifier comme mâles, ils seraient poussés à des conduites d'hypermasculinité qui les amèneraient à rejeter et à dénigrer les tâches dites° féminines.

Un autre facteur jouerait un rôle, la structure de la famille: dans les sociétés à la fois patrilinéaires (la filiation° y est définie par rapport au père) et patrilocales (femmes et enfants vivent chez le père), la femme occupe plus souvent une position inférieure. En revanche°, l'auteur est amené à écarter° l'idée selon laquelle la femme jouirait d'un statut d'autant meilleur qu'elle contribuerait davantage, par son travail, à la subsistance de la tribu. Il a en effet constaté que les femmes dans certaines tribus apportent plus de la moitié des ressources nécessaires au groupe et n'ont aucun pouvoir de décision.

redoutée: feared

violées: raped

reviennent... : are rather left (to)

chasse... : hunting and gathering

jouissent d': enjoy

parvenir: succeed

dites: considered

filiation: line of descent

En revanche: However
écarter: reject

câlin: caressing

«À papa-câlin°, maman libérée», dans
Le Monde de l'Éducation, novembre 1988

À votre avis, comment est-ce que la structure de cette famille française est différente de celles qui sont décrites dans cet article?

Le Nouveau Couple

Jusqu'à notre époque, les activités de la femme et son identité ont été déterminées par celles de l'homme. Maintenant, l'homme se métamorphose pour répondre aux exigences de la femme. Selon cette étude comment ce phénomène se manifeste-t-il et pourquoi? Croyez-vous que l'homme fasse beaucoup plus à la maison maintenant? Quelles tâches devrait-il faire si sa femme travaille aussi? Si elle ne travaille pas? Faites une liste des responsabilités domestiques traditionnelles de l'homme.

Le Nouveau Partage de tâches°

Dans le couple traditionnel, le rôle de la femme était largement conditionné par les notions de devoir, de contrainte et de sacrifice. Le couple moderne est au contraire caractérisé par la volonté de chaque membre de s'épanouir°, aussi bien dans le cadre° familial qu'au dehors. Entre ces deux conceptions du couple, il y a l'espace d'une révolution. Celle du féminisme.

Du coup°, la société est en train de revoir complètement l'image du couple qu'elle présentait jusqu'ici. Le changement est particulièrement sensible dans la publicité et le cinéma. La femme y est de plus en plus souvent montrée dans des situations autrefois réservées aux hommes, parfois même en position de domination. Si l'on en croit les affiches° et les spots publicitaires°, ce sont aujourd'hui les hommes qui font la vaisselle, la cuisine et changent les couches° aux enfants, pendant que les superwomen boivent du Ricard°, portent des caleçons° et mènent une vie professionnelle trépidante°... .

L'Égalité progresse dans le couple, mais elle est loin d'être parfaite

Cuisine, vaisselle, ménage, lavage, courses°, soins d'enfants... . Autant de domaines jusqu'ici exclusivement réservés à l'épouse modèle. Si l'homme se mêlait quelquefois de cuisine, c'était pour faire déguster° à l'entourage administratif une de ses spécialités. Cuisine-loisir de l'homme contre cuisine-contrainte de la femme. Parfois même, le bon époux condescendait à faire la vaisselle, voire à passer l'aspirateur°, attendant en retour un témoignage de reconnaissance° devant cette preuve d'affection.

Ces vieux clichés ne sont pas tous démodés°. Mais un certain nombre d'activités traditionnellement féminines sont en train de «tomber dans le domaine public». Elles peuvent désormais être exécutées indifféremment par l'un ou l'autre sexe. Il ne faudrait pas en déduire que l'égalité devant le fer à repasser° est devenue la règle dans les couples: les hommes actifs âgés de 18 à 64 ans consacrent en moyenne 1h38 aux activités ménagères, soit° deux fois moins que les femmes (3h09).

Partage... : division of labor (tasks)

s'épanouir: fulfill him or herself

cadre: framework, context
Du coup: As a result

affiches: posters
spots... : commercials
couches: diapers
Ricard: brand of anis (alcoholic drink)
caleçons: men's underpants
trépidante: hectic

courses: errands, shopping

déguster: taste

passer... : to vacuum
témoignage... : sign of gratitude
démodés: old-fashioned

fer... : iron
soit: or

L'Homme d'aujourd'hui

La Répartition° des tâches

Dans les foyers où la femme travaille, 74% des maris participent aux tâches domestiques. Lorsque la femme est au foyer, il n'y en a que 59%.

La contribution effective de l'homme aux travaux du ménage est inférieur à celle qui apparaît dans les intentions, si l'on en croit les réponses de leurs femmes aux mêmes questions. L'activité la plus fréquente (ou la moins rare) est de faire les courses. Viennent ensuite les tâches qui concernent les enfants (soins, travail scolaire). Quant aux travaux de repassage, ménage, ou cuisine, ils sont considérés avec beaucoup de circonspection par l'homme, qui leur préfère de beaucoup le bricolage° et l'entretien° de la maison (réparations).

La participation masculine est nettement plus développée chez les jeunes ménages° de moins de 35 ans. Les plus de 45 ans ont une conception du couple née à une autre époque et confortée par vingt ans de vie commune.

Le partage est plus égalitaire dans les catégories moyennes et celles où le niveau de formation° des deux conjoints est élevé. En milieu ouvrier, les femmes s'occupent non seulement du ménage mais aussi des tâches administratives (budget, impôts).

répartition: synonym of **partage**

bricolage: do-it-yourself, tinkering
entretien: upkeep, maintenance
ménages: couples

formation: education

Les Décisions du ménage sont de mieux en mieux partagées

De l'achat d'une automobile au nombre d'enfants souhaité, en passant par la décoration de l'appartement, la vie en commun implique des choix, donc des décisions. Le rôle de chacun dans ces décisions apparaît aujourd'hui moins spécialisé que par le passé.

L'avis du mari est déterminant dans le choix du lieu d'habitation, de l'automobile ou du matériel hi-fi. Mais c'est l'épouse qui, le plus souvent, décide de l'acquisition des biens culturels (livres, œuvres d'art), sauf pour les disques, qui sont achetés ensemble.

Le poids de la femme reste prépondérant lorsqu'il s'agit de choisir l'ameublement, la décoration de la maison ou l'équipement électroménager (logique, puisque c'est encore elle qui, le plus souvent, fera fonctionner la machine à laver!).

Mais de plus en plus de décisions sont prises en commun, qu'elles concernent les vacances, les invitations à dîner ou l'éducation des enfants (bien que, dans ce dernier domaine, l'empreinte° de la mère reste forte).

empreinte: influence

Plus encore que dans les activités domestiques, l'équilibre du couple se réalise lors des décisions concernant la vie familiale. L'égalité de la femme dans le couple se fait donc plus facilement lorsqu'il s'agit d'accroître° son influence dans les domaines importants que lorsqu'il s'agit de la restreindre dans les tâches courantes. En d'autres termes, les maris acceptent plus volontiers de faire «monter» les femmes à leur hauteur que de «descendre» eux-mêmes à leur niveau.

accroître: increase

Gérard Mermet, *Francoscopie: 1989*

Deux Français modernisés

Enfin, nous voyons un extrait de «Les Français» par Theodore Zeldin qui révèle deux Français modernisés, changés, même américanisés. Comment est-ce que ces deux hommes sont différents de votre idée du Français? Quelles sont les influences qui créent ce nouvel être internationalisé? Croyez-vous qu'ils aient raison d'agir ainsi?

Le comte Sanche de Gramont, membre d'une des familles aristocratiques les plus anciennes de France, a décidé de changer son nom contre celui de Ted Morgan (anagramme de son patronyme°) et de prendre la nationalité américaine. Dans sa peau° de Français, il se sentait gêné comme un acteur à qui l'on demande de jouer un rôle qu'il n'aime pas et qu'il estime ne pas lui convenir. Ce n'était pas seulement que sa famille eût du sang étranger, ni que son père fût diplomate en poste à Washington, ce qui lui a valu° de faire la plupart de ses classes aux États-Unis. Il s'agissait plutôt pour lui de se trouver une identité qui fût indépendante de celle que lui conférait sa naissance. Entre autres raisons, les États-Unis le séduisaient comme un pays particulièrement propice aux nouveaux départs, et il a été fasciné d'apprendre quelle prodigieuse quantité d'immigrants avaient changé de nom pour marquer cette rupture. Il a découvert que le grand spécialiste américain de l'identité personnelle, Erik H. Erikson, dont beaucoup de gens ont adopté les théories psychologiques sans jamais avoir entendu parler de lui, avait lui-même un problème d'identité; ignorant° qui était son père, il s'est choisi un nom par lequel il s'attribue aussi son rôle: Erik, fils d'Erik, où l'on peut voir comme un symbole du

anagramme... : made up of the letters of his last name
peau: skin

ce qui... : which enabled him

ignorant: not knowing

L'Homme d'aujourd'hui

self-made-man américain. Gramont décréta que les Américains étaient les seuls véritables existentialistes, parce que, pour lui, l'existentialisme de Sartre était incarné par le pionnier°, qui ne comptait que sur lui-même. En outre, il préférait le vague° de l'anglais à la précision restrictive du français, un peu dans le sens où Conrad, qui maniait° ces deux langues avec la même aisance°, considérait avoir plus d'affinité pour l'anglais et disait, bien qu'il fût d'origine polonaise: ma nationalité est la langue dans laquelle j'écris. C'est ainsi qu'après avoir répondu aux multiples questions (y compris les plus curieuses, comme celle de savoir s'il avait jamais commis d'adultère) que comportait sa demande de naturalisation, Gramont a obtenu la nationalité américaine en 1977 et vit actuellement dans les montagnes proches de San Francisco. S'agit-il d'une trahison? N'aurait-il pu trouver en France sa véritable identité?

pionnier: pioneer
vague: vagueness
maniait: manipulated
aisance: ease

* * *

La société Quantel a son siège° au sud de Paris, dans une nouvelle zone industrielle près d'Orsay, juste après les avenues du Pacifique et de l'Atlantique. Dans les environs, la moitié° des usines portent les noms de firmes internationales, mais Quantel est une maison française qui fabrique un matériel laser de haute technologie. De même que Gramont, Georges Bret, son fondateur, est un inadapté. «J'ai eu, dit-il, une enfance turbulente.» Il a quitté l'école à quinze ans, sans diplôme, pour se livrer à sa passion de la radio et de l'électronique. Après avoir obtenu un diplôme de l'École supérieure d'électricité, une maîtrise à Cleveland et un doctorat à Harvard, il est devenu professeur de physique à l'université de Paris. S'étant convaincu qu'il valait bien° ses maîtres, il a quitté son poste pour monter sa propre entreprise, qui exporte actuellement 80% de sa production, surtout aux États-Unis et au Japon, et dont il a ouvert une filiale° en Californie. Il voulait démontrer qu'on pouvait réussir en France sans l'appui du gouvernement, comme tant d'Américains se sont mis à leur compte° en débutant au fond de leur garage. Mais il n'a pas cherché à demeurer indépendant comme le font traditionnellement ses compatriotes: il a fusionné° avec une maison plus grande, et il a délégué l'essentiel de ses tâches administratives de manière à pouvoir consacrer sa réflexion à d'autres sujets. L'argent n'a pour lui qu'un intérêt secondaire, il n'a aucune envie de passer l'essentiel de son temps à protéger son capital de l'inflation. Il travaille parce qu'il veut être libre. Aux yeux de sa femme, il ne paraît pas l'être; il est pris par trop de projets; mais il affirme avoir choisi librement d'être si occupé. [...] En Amérique, ils se sentent chez eux°, quand bien même° ils préfèrent vivre en France. «Je crois qu'il existe une civilisation des techniciens, dit-il. Nous avons des amis russes, japonais, allemands avec qui nous n'avons aucun mal° à communiquer parce que nous avons une formation et une culture communes: l'anglais, la physique et les mathématiques.» Dans son usine, il a un directeur allemand avec qui il parle anglais. Il attribue sa réussite au fait que, comme les Japonais, il destine ses produits au marché international plutôt que

siège: headquarters
moitié: half

valait... : was just as good as
filiale: branch, subsidiary

se sont... : set up their own business
fusionné: merged

se sentent... : feel at home
quand... : even though
aucun mal: no trouble

national, et s'efforce ensuite de trouver des clients étrangers. [...] C'est un homme international, mais aussi profondément français, en ce sens qu'il s'intéresse à tout ce qui se passe et s'est passé en France.

Bret est la preuve que presque tout ce qui se fait aux États-Unis peut également se faire en France; sans forcément donner tort à Gramont, il démontre que, dans les deux pays, on trouve des énergies très similaires.

Theodore Zeldin, Les Français

■ ACTIVITÉS ■

A. Faisons un film: Nous allons créer un scénario pour un film au sujet d'un homme et d'une femme modernes. Pour le faire il faut décider des éléments suivants:

Quelle sorte de film est-ce qu'il va être? (policier, romantique, aventure, science fiction, étude psychologique, artistique, experimental, social, comédie, farce, satire, noir, etc.)

L'endroit où aura lieu l'action (pays, région, ville/village, milieu social, saison)

L'homme: Une description physique
Son métier
Ses intérêts
Ses habitudes (goûts, plaisirs, vacances)
Sa psychologie
Comment se voit-il comme homme?
Quelle est sa situation sociale (célibataire, marié, divorcé, enfants, sûr, indécisif, état de sa carrière, etc.)
Ses rêves

La femme: Considérez des questions semblables pour développer le personnage et la personnalité de la femme

Le conflit: À quel problème est-ce que ces deux personnages font face?

B. Choisissez un héros américain ou français et préparez son portrait à présenter à la classe ou à un groupe d'étudiants. À la fin de la présentation, ceux-ci vont essayer de deviner de qui vous avez parlé.

C. Aux pages 301–302, nous avons lu le portrait de l'Américain. Formez des groupes (trois à quatre étudiants) pour prendre position pour et contre cette image. Ces étudiants vont préparer et présenter un débat devant la classe. Les étudiants doivent chercher dans les publications et dans les médias des preuves qui puissent soutenir leurs opinions.

D. Trouvez un article sur un homme moderne (businessman, artiste, acteur, savant, reporter, etc.) qui vous intéresse. Présentez un portrait de cet homme à la classe ou à un groupe d'étudiants.

E. À débattre: La femme a déjà changé, maintenant c'est la responsabilité de l'homme de s'adapter à la nouvelle vie de la femme.

Lexique

This Lexique does not contain exact or close cognates, nor does it contain words or expressions generally mastered by students at the elementary level. The abbreviations used are the following:

adj.	adjectif	*m.*	masculin	*prép.*	préposition
adv.	adverbe	*m./f.*	masculin ou féminin	*qqch.*	quelque chose
conj.	conjonction	*m. pl.*	masculin pluriel	*qqn*	quelqu'un
f.	féminin	*n.*	nom	*s.o.*	someone
f. pl.	féminin pluriel	*p.p.*	participe passé	*sth.*	something
fam.	familier	*part. prés.*	participe présent	*vulg.*	vulgaire
inf.	infinitif	*pl.*	pluriel		

à l'égard de *prép.* with respect to
à partir de *prép.* from, on the basis of
à peine *adv.* hardly, scarcely
à peu près *adv.* approximately
à propos *adj.* appropriate, about
à travers *prép.* through
abaisser to lower
abattu(e)(s) downcast, depressed
abeille *f.* bee
aborder dans une île to land on an island
aboyer to bark
abriter to shelter
   s'~ to take shelter
accablé(e)(s) overwhelmed
accéder à to attain, to reach
accommoder: s'~ de to make the best of
accorder: s'~ avec to agree with
accouchement *m.* birth, delivery
accouder: s'~ sur to lean on (with elbows)

accoupler to match, to pair off
accroché(e)(s) *adj.* hanging onto
accrocher to hang up, pin up
   s'~ to dig in
accroissement *m.* increase
accroître to increase
accroupi(e)(s) crouched, curled up
accueil *m.* welcome, reception
accueillir to welcome, to receive
accuser: s'~ to become accentuated
acharnement *m.* intensity
acharner: s'~ à to be intent on
achat *m.* purchase
   faire des ~s to go shopping
acier *m.* steel
acquérir to acquire
acquis *m.* something learned or mastered
acquis(e)(s) learned, acquired
actualité *f.* present time
actuel(le)(s) present, current

addition *f.* bill (in restaurant)
adieu(x): faire ses ~x to say good-by
adoucir to soften
   s'~ envers to soften towards
adresser: s'~ à *qqn* to ask, to consult s.o.
aérogare *f.* air terminal
aéroport *m.* airport
affaiblir to weaken
affaires *f. pl.* belongings, possessions; business
affectif(ve)(s) emotional
affichage numérique *m.* digital display
affiche *f.* poster, sign
affliger to afflict
affliger: s'~ to feel upset, torture oneself
affoler: s'~ to panic
affranchir to liberate
affreux(se)(s) horrible, dreadful
afin: ~ que *conj.* in order that, so that
   ~ de + *inf.* in order to
âgé(e)(s) aged, old
agenouiller: s'~ to kneel

Lexique   **A 1**

agent de police *m.* policeman
agir to act
agrément *m.* pleasure
aide: à l'~ de with the help of
aïeux *m. pl.* forebears, ancestors
aigu(ë)(s) *adj.* acute, sharp
aiguille *f.* needle
  ~ à tricoter knitting needle
aiguilles *f. pl.* hands of a clock
ailleurs *adv.* elsewhere
aîné(e)(s) *adj.* elder; *m.* eldest son
ainsi: il en était ~ things were this way
  ~ que *prép.* as well as, along with
air: avoir l'~ de to seem, to look (like)
  avoir l'~ BCBG (bon chic bon genre) to look like a yuppie
  en plein ~ outdoors
  regarder d'un ~ méfiant to look mistrustfully at
aisance *f.* wealth, ease
aise *f.* ease
  être à l'~ to be at ease, comfortable
ajouter to add
album *m.* art book
aliéné(e)(s) *adj.* insane (persons)
alimentation *f.* food
  ~ générale groceries
allée *f.* path
allemand(e)(s) German
aller pieds nus to go barefoot
allumer to turn on, to light
allumette *f.* match
alors *adv.* then, therefore
  ~ que *conj.* while, whereas
  d'~ of that time
amant *m.* lover

ambage: sans ~s in no uncertain terms
âme *f.* soul
amener *qqn* to take s.o. (somewhere)
Amerloque *m./f.* pejorative name for American
ameublement *m.* furniture
ami(e) *m./f.* friend
  petite ~ girlfriend
amoureux(se)(s) *adj.* **de** in love with
ampleur *f.* extent
amuser: s'~ à to have a good time
analyste programmeur *m.* programmer
ancien(ne)(s) former; old (after noun)
anniversaire *m.* birthday
apaiser to soothe, to appease
apercevoir to perceive (*p.p.* **aperçu**)
  s'~ de to notice, to see
apéritif *m.* cocktail
aplomb: d'~ right
appareil *m.* apparatus, appliance
  ~ de précision precision appliance
  ~ de téléphone receiver
  ~ photo camera
apparenté(e)(s) related
appartenir à to belong to
appas *m.* appeal
appellation *f.* name, brand (e.g., of wine)
  ~ contrôlée registered name (of wine)
appliquer: s'~ to apply oneself, to concentrate
apporter to bring, to contribute
apprentissage *m.* apprenticeship, learning
apprêter: s'~ à to prepare to
approcher: s'~ de to approach

appui *m.* support
appuyer to lean on, to push
  ~ ses coudes sur la table to lean one's elbows on the table
  s'~ sur to lean on
après-midi *m.* afternoon
araignée *f.* spider
arborer to display
arbrisseau(x) *m.* shrub
arbuste *m.* bush
arc *m.* bow (archery)
arc-bouter: s'~ to stiffen, to resist
arche *f.* arch
argent *m.* silver, money
argot *m.* slang
armée *f.* army
armoire *f.* cabinet, closet
  ~ à classement a filing cabinet
  ~ de toilette à miroir(s) mirrored medicine cabinet
arracher to pull out
arranger: s'~ to work out
arrêt *m.* a stop
  ~ d'autobus bus stop
arrêter to stop, to turn off
  s'~ to stop, to linger
arrière-pensée *f.* hidden motive
arrière-plan *m.* background
arriver à to happen to
arrondissement *m.* district of Paris
asile *f.* asylum
aspirateur *m.* vacuum cleaner
asseoir: s'~ to sit down
  être assis(e)(s) sur to be sitting on
assiégé(e)(s) *adj.* under siege
assiette *f.* plate
assorti(e)(s) matched
  couple *m.* **bien ~** a well-matched couple

assuré(e)(s) sure of oneself, confident
athée(s) atheist
atout *m.* trump card
attaches *f. pl.* moorings, bonds; connections
atteint (*p.p. d'atteindre*) attained, afflicted
attendre to await
   s'~ à *qqch.* **ou à ce que** to expect sth.
attention: faire ~ à *qqn* **ou à** *qqch.* to pay attention to s.o. or sth.
atténuer to soften
attiré(e)(s) *adj.* **de** attracted by
attitude *f.* pose, posture
attraper to catch
attribuer to allocate, attribute
au-delà *adv.* beyond
aucun(e)(s) *adj.* no
aujourd'hui *adv.* today
auparavant *adv.* previously, before
autant *adv.* as much
   d'~ plus *adv.* all the more
   tout ~ exactly as much
   tout ~ sinon plus que as much as if not more than
autoportrait *m.* self-portrait
autoprophétique(s) self-fulfilling
autosatisfaction *f.* self-satisfaction
autostop *m.* hitchhiking
   faire de l'~ to hitchhike
autre *adj.* other
   ~ chose something else
   entre ~s among others
autrefois *adv.* in the past
avance: à l'~ in advance
avancer: s'~ sur to advance on
avant *prép.* before, ahead
   m. the front

avenir *m.* the future
aveuglé(e)(s) *adj.* **par** blinded by
aveugle(s) blind
avion *m.* airplane
   ~ à l'aileron propeller plane
avis *m.* opinion
   à votre ~ in your opinion
avocat(e) *m., f.* attorney
avoir l'air attentif to seem very intent

bac *m.* (*fam.*) high-school diploma
baccalauréat *m.* high-school diploma
bachelière *f.* woman high-school graduate
bagages *m. pl.* luggage
baignoire *f.* bathtub
bâillement *m.* yawn
bain *m.* **de soleil** sun bath
baiser la main de *qqn* to kiss the hand of s.o.
baisser to lower
balai *m.* broom
balance *f.* scales
ballon *m.* ball, bubble (in comic strips)
   ~ de football soccer ball
banc *m.* bench
bandes dessinées *f. pl.* comic strips
bandoulière: sac en ~ handbag slung across the shoulder
banlieue *f.* suburb
banque *f.* bank
baratin *m.* line
   faire du ~ à *qqn* to feed a line to s.o.
baratiner (*fam.*) to feed a line to
barbe *f.* beard
barbiche *f.* goatee
barquette *f.* small box
barrage *m.* roadblock, dam

bas *m.* stocking
bas: en ~ de l'escalier at the foot of the stairs
bas(se)(s) low
base: de ~ basic
bassin *m.* pool
bateau(x) *m.* boat
   ~ à voile sailboat
bâtiment *m.* building
bâton *m.* rod, stick, (shepherd's) crook
batterie *f.* **de cuisine** cooking equipment
battre to beat
   écouter ~ le cœur de *qqn* listen to s.o.'s heartbeat
bavarder to chat
beau: avoir ~ + *inf.* to do sth. in vain
beau-frère *m.* brother-in-law
beaux-arts *m. pl.* fine arts
bébé *m.* baby
belge(s) Belgian
bénéfice *m.* benefit, profit
béquille *f.* crutch
béret *m.* beret
berger *m.* shepherd
bergère *f.* wing chair
besoin *m.* need
   avoir ~ de to need
béton *m.* concrete
biais *m.* bias, detour
   par le ~ de by way of
bibliothèque *f.* library
bien que *conj.* although
bien dans sa peau comfortable with oneself
bienfaisant(e)(s) beneficial
bienrevenu(e)(s) welcome back
bienvenu(e)(s) welcome
   être le ~ to be welcome
bille *f.* marble
billet *m.* ticket, bill (money)
   ~ d'avion *m.* airplane ticket
   ~ doux *m.* love letter
bise *f.* a kiss on the cheek

Lexique **A 3**

blanchir to grow white
blé *m.* wheat
blessé(e)(s) hurt, wounded
blesser to wound
blessure *f.* wound
blouse *f.* smock
~ **de travail** work jacket
blouson *m.* **en cuir** leather jacket
bobine *f.* roll (of film)
boire to drink (*p.p.* **bu**)
bois *m.* forest
bois *m.* **à brûler** firewood
boisson *f.* a drink
~ **gazeuse** carbonated drink
boîte *f.* box, can
~ **de couleurs** box of paints
bombé(e)(s) rounded
bon(ne)(s) good, correct
~ **marché** cheap
bonbons *m. pl.* candy
bonheur *m.* happiness
bonne *f.* maid
bonté *f.* kindness
bord *m.* edge
au ~ de beside
au ~ de la mer at the seaside, at the beach
bordé(e)(s) de trimmed with
borne *f.* stone marker
~ **kilométrique** distance marker
borné(e)(s) limited
bosser *fam.* to work hard
bottes *f. pl.* boots
bottine *f.* boot
boucher to block, stop up
se ~ les oreilles to plug up one's ears
bouchon *m.* cork
boucle *f.* buckle, ring
~ **d'oreille** earring
bouder to sulk
bouffe *f.* (*fam.*) food
la grande ~ a sumptuous feast
bougie *f.* candle

bouillir to boil
il bout it is boiling
boule *f.* ball (used in "pétanque")
tirer la ~ throw out the ball
bouleverser to change, to overwhelm
boulot *m.* (*fam.*) work, job
bourrer to cram full, to stuff
bourse *f.* scholarship, stipend; stock exchange
bout *m.* end, butt
au ~ de at the end of
bouteille *f.* bottle
bouton *m.* button (to push)
le bon ~ the right button
branché(e)(s) tuned in, cool, hip
breton(ne)(s) Breton (from Brittany)
bribes *f. pl.* bits and pieces
bricolage *m.* puttering, do-it-yourself work
bricoler to putter, do-it-yourself
briller to shine
briquet *m.* lighter
brochette *f.* meat on a skewer
bronzer au soleil: se faire ~ to get a tan
bronzer: se ~ to get a tan
brosse *f.* brush
~ **à dents** toothbrush
cheveux en ~ crew cut
brosser to brush
se ~ les dents to brush one's teeth
brouiller to scramble, make unclear
se ~ to grow hazy, unclear
brousse *f.* brush, stubble
bruit *m.* noise
sans ~ noiselessly
brun(e)(s) brown; dark-haired, brunette
bûche *f.* log

bulle *f.* bubble
~ **de savon** soap bubble
bureau *m.* desk, office
~ **de change** exchange office (for money)
busqué(e)(s) hooked
but *m.* goal, objective, purpose
dans quel ~ for what purpose

C.H.U. university hospital
cabane *f.* shed
~ **à outils** toolshed
cabinets *m. pl.* toilet, restroom
cacher to hide
se ~ derrière to hide behind
cadeau *m.* gift
cadre *m.* framework, context
cafard *m.* cockroach
avoir le ~ to be blue
café au lait *m.* coffee with milk
cafetière *f.* coffee pot
caisse *f.* packing case, crate, cash register, cashier's window
caissier(ière) *m./f.* cashier
calculatrice *f.* pocket calculator
calendrier *m.* calendar
calepin *m.* notebook (of policeman)
caler *fam.* to let down one's pretenses
câlin(e)(s) *adj.* affectionate
camarade *m./f.* friend, colleague
~ **de chambre** roommate
cambriolage *m.* theft, burglary
camion *m.* truck
camionneur *m.* truck driver
campagne *f.* countryside, country
camus(e)(s) *adj.* pug-nosed

cancanner to chat
cancre *m.* dunce
caniche *m.* French poodle
canif *m.* pocket knife
canne *f.* cane, pole
  ~ à pêche fishing pole
canot *m.* raft
  ~ pneumatique rubber raft
caoutchouc *m.* rubber
capot *m.* hood (of car)
capuchon *m.* hood, hooded cape
car *m.* (excursion) bus, coach
carabine *f.* rifle
carré *m.* square
carré(e)(s) square
carreau(x) *m.* tile, plaid
carrément *adv.* simply
carte *f.* map
cas *m.* case
  c'est le ~ de le dire it has to be said (humorous), so to speak
casquette *f.* hat with visor
cassé(e)(s) broken
casse-croûte *f.* snack
casse-pieds *m.* pain-in-the-neck
casse-tête *m.* quandary
casser to break
  se ~ le bras to break one's arm
  ~ les oreilles à *qqn* to hurt s.o.'s ears (with loud noise)
casserole *f.* (cooking) pot
cauchemar *m.* nightmare
cause *f.* cause, question
  mettre en ~ to challenge
causer to chat
cave *f.* wine cellar
céder to yield, to give up
célibataire(s) unmarried
cendre *f.* ash
cendrier *m.* ashtray
cependant *adv.* however, nevertheless

cerf-volant *m.* kite
cerveau *m.* brain
chagrin *m.* sorrow
chahuter to misbehave
chaîne stéréo *f.* stereo set
châle *m.* shawl
chambre *f.* room
  ~ à coucher bedroom
  ~ d'air inner tube
  ~ de bonne maid's room
  ~ d'étudiant student room
  ~ d'hôpital hospital room
chambré(e)(s) at room temperature
champignon *m.* mushroom
chance *f.* luck
  avoir de la ~ to be lucky
  avoir de la mauvaise ~ to be unlucky
chandail *m.* sweater
change *m.* monetary exchange
changer:
  ~ de to change, alter
  ~ de l'argent to exchange money
chanson *f.* song
chantier *m.* site
  ~ de construction building site
chapeau(x) *m.* hat
chargé(e)(s) full, loaded
charger to load
chariot *m.* wagon, cart
  ~ à bagages luggage cart
charnu(e)(s) fleshy
charrette *f.* cart
chasse *f.* hunting
chasseur *m.* hunter
chat *m.* cat
châtain(e)(s) brown, chestnut-colored
chauffer to heat
  faire ~ to heat up
chaumière *f.* thatched hut
chaussettes *f. pl.* socks

chaussure *f.* shoe
chauve(s) bald
chauve-souris *f.* bat
chef *m.* **de gare** station chief
chemin *m.* road, way, path
  ~ de fer *m.* railroad
cheminée *f.* fireplace
chemise *f.* shirt
chemisier *m.* blouse
chercheur *m.* researcher
chétif(ve)(s) *adj.* slight (of build)
cheval *m.* horse
chevalet *m.* easel
chevet: table de ~ bedside table
cheveux *m. pl.* hair
chez *prép.* at the home of
  ~ nous at our house
chien *m.* dog
chiffre *m.* figure, numeral
chiffrer to calculate
chignon *m.* bun (of hair)
chimie *f.* chemistry
choix *m.* choice
chômage *m.* unemployment
choqué(e)(s) *adj.* **de** *qqch.* shocked by sth.
chouchou *m.* (*fam.*) favorite, pet
chouette(s) *adj. m./f.* (*fam.*) neat, great
chuchoter to whisper
ci-dessous *adv.* below
ci-dessus *adv.* above
ciel *m.* sky, heaven
cinquantaine *f.* approximately fifty
cisaille *f.* shears
citation *f.* quotation
citoyen *m.* citizen
clair de lune *m.* moonlight
clandestin(e)(s) secret
clapotis *m.* splashing sound
claquer des dents to have one's teeth chatter

Lexique **A 5**

classement *m.* filing
clé *f.* key
  ~ **à molette** wrench
climatisé(e)(s) air-conditioned
clin *m.* **d'oeil** wink
cloche *f.* bell
cloisonner to partition off, to compartmentalize
clou *m.* nail
cochonnet *m.* small ball used in «pétanque»
cœur *m.* heart
  à contre-~ against one's wishes
  avoir le ~ à l'ouvrage to have one's heart in it
  de bon ~ wholeheartedly
coffre-fort *m.* safe
coiffure *f.* hair style
coin *m.* corner, neighborhood
coincé(e)(s) cornered, trapped
col *m.* collar
  à ~ roulé turtle-necked
  ~ boutonné button-down collar
colère *f.* anger
  se mettre en ~ contre to be angry at
collant(e)(s) tight-fitting
collège *m.* middle school, junior-high school
collègue *m.* **de bureau** office colleague
collet *m.* collar
collier *m.* necklace
colline *f.* hill
colonne *f.* column, pillar
combien *adv.* how much
comédien *m.* actor
commencer à to begin to
commode *f.* dresser
compagnon *m.*, **compagne** *f.* friend, companion

compâtissant(e)(s) compassionate, sympathetic
complet *m.* suit
complice *m.* accomplice
complot *m.* plot, conspiracy
comploter to conspire
comportement *m.* behavior
composter le billet to punch the ticket
composteur *m.* **de billets** ticket punching machine
compréhensible(s) understandable
comprendre: se faire ~ to make oneself understood
compte *m.* account
  tenir ~ de to take into account
  ~ tenu de given...
compter to count, to expect (to)
comptoir *m.* counter
concierge *m./f.* caretaker (of building)
concours *m.* competition, competitive entrance examination
concurrence *f.* competition
concurrencer to compete with
concurrent *m.* competitor
conduire to drive
confectionner to make
confiance *f.* trust
  faire ~ à to trust
confier to entrust
confiture *f.* jam, jelly
confondre to confuse
confondu(e)(s) stupefied, overwhelmed
confus(e)(s) perplexed, embarrassed
congé *m.* vacation, leave
  prendre ~ to take leave
conjoint *m.*, **conjointe** *f.* spouse

connaissance *f.* knowledge, consciousness
  perdre ~ to lose consciousness
  reprendre ~ to regain consciousness
consacrer to mark, to devote
conseilleur *m.* adviser
conservateur *m.* curator (of museum)
conserve *f.* canned goods, can
consonne *f.* consonant
conspirateur *m.* conspirator
conspirer to conspire
constater to observe, to state
constitution *f.* formation
contact *m.*: **prendre ~ avec** to contact
contracter des dettes *f. pl.* to run up debts
contrainte *f.* constraint, repression
contravention *f.* traffic ticket
contre *prép.* against
contre-cœur: à ~ *adv.* halfheartedly
contrebande *f.* smuggled goods
contrebandier *m.*, **contrebandière** *f.* smuggler
contrée *f.* land
contretemps *m.* mishap
contrôler to check, inspect
contrôleur *m.* conductor
contusion *f.* bruise
convenir to suit
  il convient de + *inf.* it is appropriate to
copain *m.* (*fam.*) pal
copine *f.* (*fam.*) girlfriend
corbeille *f.* basket
  ~ à papier wastebasket
corde *f.* rope
  corde à sauter jump rope
  tourner la ~ to turn the jump rope

cornet *m.* cone; paper container (filled with e.g., French fries)
costaud(e)(s) stocky, strongly built
costume *m.* suit
cotiser: se ~ to take up a collection
cou *m.* neck
couche *f.* diaper
couché(e)(s) lying down, in bed
coucher: se ~ to go to bed
coude *m.* elbow
couler to flow
  faire ~ de l'eau to run water
couleurs *f. pl.* colors (national flag, jockey's colors)
couloir *m.* hallway, corridor
coup d'œil *m.* a glance
  jeter un ~ sur to glance at
coup *m.* blow
  à ~s de by, by force of
  ~ de soleil sunburn
  ~ d'œil *m.* glance
  donner un ~ de main à to lend a hand to, to help
  du ~ therefore, as a result
  jeter un ~ d'œil sur to glance at
  prendre un ~ de soleil to get sunburned
  tout d'un ~ all of a sudden
coupable(s) guilty
coupe *f.* cut, design
couper to cut
cour *f.* courtyard, schoolyard
  faire la ~ to court
courageux(se)(s) *adj.* hardworking, brave
courant: être au ~ de to be aware of, up to date on
courbe(s) curved
courbé(e)(s) bent, curved
courir to run

courrier *m.* mail
cours *m.* rate, course
  ~ d'été summer course
  ~ du change exchange rate
course *f.* errand
court(e)(s) short
couteau *m.* knife
coûter to cost
  ~ les yeux de la tête to cost an arm and a leg
  ~ 20 F le kilo to cost 20 F per kilo
couvert *m.* place setting
couverture *f.* cover
cramponner: se ~ à to cling to
cravate *f.* necktie
  ~ club striped tie
crayon *m.* pencil
crèche *f.* nursery, daycare center
crémaillère *f.* pot rack
crème solaire *f.* suntan lotion, sunscreen
creuser to dig
  se ~ to become wrinkled
creux(se)(s) hollow
crevé(e)(s) burst, (*fam.*) exhausted
  pneu ~ flat tire
crever to pierce, to explode
  ~ les yeux to be obvious
crinière *f.* mane
crise *f.* crisis
  ~ du logement housing shortage
crispation *f.* tensing
croire to believe
  faire ~ à *qqn* **que** to give s.o. the impression that
  ne pas en ~ ses yeux not to believe one's eyes
  se ~ seul to believe one is alone
croiser:
  ~ les jambes to cross one's legs
  se ~ les bras to fold one's arms

croissant(e)(s) increasing
croître to grow (up)
croix *f.* cross
croquis *m.* sketch
crosse *f.* **de golf** golf club
croûte *f.* crust
cruche *f.* pitcher
crustacés *m. pl.* shellfish
cueillette *f.* gathering (of food)
cueillir to pluck, to pick
cuillère/cuiller *f.* teaspoon
cuir *m.* leather
  en ~ leather *adj.*
cuisine *f.* kitchen, cooking, cuisine
cuisinier(ière) *m./f.* cook
  ~ électrique (à gaz) *f.* electric (gas) stove
cuisse *f.* thigh
culpabilité *f.* guilt
cultiver to cultivate
cuve *f.* vat
cyprès *m.* cypress tree

d'ailleurs *adv.* moreover
d'après *prép.* according to
d'où *conj.* whence
dactylo *f.* (*fam.*) typist
dalles *f. pl.* flagstones
davantage *adv.* more
de par *prep.* owing to
débarrasser: se ~ de to get rid of
déborder to boil over, overflow
débouché *m.* job, opening
déboucher to uncork
debout *m./f.* standing
  rester ~ to remain standing
débrouiller to unscramble
  se ~ to fend for oneself, to muddle through
décalage *m.* discrepancy, lag
  ~ horaire time difference
décennie *f.* decade

décevoir (*p.p.* **déçu**) to deceive, to disappoint, to disillusion
déchaînement *m.* explosion
déchiré(e)(s) torn
déchu(e)(s) fallen, subjected
déclarer une perte to report a loss
déclencher to trigger
déclouer to pull nails out of, to open
décodage *m.* decoding
décolleté(e)(s) low-cut
décombres *m. pl.* remains, debris
décontracté(e)(s) *adj.* relaxed, cool
découper: se ~ to stand out
décrocher to pick up (telephone receiver); to grab, to obtain
déçu(e)(s) disillusioned, disappointed
dédaigné(e)(s) disdained, held in contempt
dédoublement *m.* duplication
défaillance *f.* weakness, deficiency
défaut *m.* fault, deficiency; lack
  faire ~ to be lacking
défi *m.* challenge
défilé *m.* parade
dégager to extricate, to find, to indicate
déguerpir (*fam.*) to scram
déguster to taste
dehors *adv.* outside
déjeuner *m.* lunch
  le petit ~ breakfast
déjouer to foil
  ~ les plans de *qqn* to foil someone's plans
délabré(e)(s) dilapidated
délice *m.* delight

demander:
  ~ à *qqn* **de faire** *qqch.* to ask s.o. to do sth.
  ~ *qqch.* **à** *qqn* to ask s.o. for sth.
  se ~ to wonder
démarche *f.* gait, stride; gesture
démarrer to take off, depart
déménagement *m.* a move
déménager to change households
demeurer to remain, to reside
démonter to disassemble, to remove
dénaturer to distort
dénouer to untie, to resolve
denrée *f.* commodity
dent *f.* tooth
  ~ de scie tooth of a saw
  faire ses ~s to cut his/her teeth
dentelle *f.* lace
dentifrice *m.* toothpaste
dentition *f.* teeth
dépassé(e)(s) outmoded
dépaysé(e)(s) homesick
dépêcher to dispatch
  se ~ de + *inf.* to hurry to do s.th.
dépendance *f.* annex
dépenser to spend, to expend
dépérir to fade away, deteriorate
déprimé(e)(s) depressed
député *m.* member of French congress
déranger to bother
dérèglement *m.* disorder, confusion
dérisoire(s) ridiculous
dernier(ère)(s) *adj.* latter, last
  ce ~ the latter
dérober to steal
derrière *prép., adv.* behind

dès *prép.* from, beginning at
désapprobateur(-atrice)(s) *adj.* disapproving
  d'un air ~ disapprovingly
désarroi *m.* predicament
descendre to go down, descend
désert(e)(s) deserted, solitary
désespérer to fall into despair
déshabiller to undress
  être ~é(e)(s) to be undressed
  se ~ to undress oneself
désolé(e)(s) *adj.* sorry
  être ~ de + *inf.* to be sorry to...
désordre *m.* disorder
désormais *adv.* from now on
desservir to do a disservice
dessin *m.* drawing
dessiner to draw
dessus on
  au-~ de *prép.* above
  par-~ *prép.* over
  par-~ l'épaule de *qqn* over s.o.'s shoulder
détritus *m. pl.* refuse, debris
dévalorisation *f.* decline in value
devant *prép.* in front of, ahead
  ~ *m.* the front
devanture *f.* front of a store, shop window
déverser to pour
dévier to depart, to deviate
deviner to guess
devise *f.* foreign currency
dévoiler to reveal
devoir *m.* assignment, homework
devoir to have to, must
  ~ *qqch.* **à** *qqn* to owe s.o. sth.
  j'aurais dû (*p.p.*) I should have
devon *m.* fishing plug

dévorer *qqn* **des yeux** to stare at
dimanche *m.* Sunday
dingue(s) *adj.* (*fam.*) crazy, nutty
dire to say
 ~ à *qqn* **de** + *inf.* to tell s.o. to do sth.
 ça te dirait de + *inf.* how about...?
 en dit plus long sur tells more about
diriger to direct
 ~ la circulation to direct traffic
 se ~ vers to go toward
discours *m.* speech
discuter to discuss, to argue
disponibilité *f.* availability
disposer de to have access to
disposition *f.* arrangement
disputer: se ~ to argue
distraire: se laisser ~ to let oneself be distracted
distrait(e)(s) distracted, absent-minded
dit(e)(s) called, known as
dodo *m.* (*fam.*) sleep
doigt *m.* finger
 indiquer du ~ to point at
don *m.* gift, talent
données *f. pl.* data
donner to give
 ~ à manger à to feed
 ~ sur to look out on, face (a place)
dortoir *m.* dormitory
dos *m.* back (of person)
dot *f.* dowry
doter to give a dowry to
douane *f.* customs (import)
douanier *m.* customs officer
doublé(e)(s) dubbed
double *m.* double
 être le ~ de to look exactly like
douceur *f.* softness

douche *f.* shower
doué(e)(s) talented
 peu ~ untalented
douleur *f.* pain
doux(ce)(s) soft, sweet, romantic
draguer *fam.* to pick up
dragueur *m.* pick-up artist
dramaturge *m.* playwright
drap *m.* bedsheet
drapeau *m.* flag
droit *m.* charge, fee
 ~ *adv.* straight, directly
 ~(e)(s) *adj.* right-hand, right
drôle(s) funny, odd
 ~ de + *nom* quite a..., a strange...
drôlement *adv.* really, very
durer to last

éberlué(e)(s) flabbergasted
éblouir to dazzle
écaille *f.* horn (rim)
écailler: s'~ to peel off
écart *m.* gap, distance
écarté(e)(s) *adj.* excluded, at a distance
échanger *qqch.* **contre** *qqch.* to exchange sth. for sth.
échantillon *m.* sample
échapper: s'~ de to escape from
échelle *f.* ladder
échouer à l'examen to fail an exam
éclair *m.* lightning bolt
éclaircie *f.* flash
éclairer to illuminate
éclat *m.* explosion, brilliance
éclatant(e)(s) blatant, piercing
écossais(e)(s) Scottish, Scotch
écouter to listen to
écouteur *m.* ear piece (of a telephone)

écraser to run over, to crush
 se faire ~ to get run over (by a car)
écrivain *m.* writer, author
écrouler: s'~ to collapse
écureuil *m.* squirrel
édifice *m.* building
effacer to erase
effarant(e)(s) frightening
effectifs *m. pl.* members of a specific group (here: enrolled students)
effondrer: s'~ to collapse
effrayer to frighten
effroyable(s) frightful
église *f.* church
élargir to broaden
élargissement broadening
élever to raise, to bring up
 mal élevé(e)(s) *adj.* badly brought up, rude
éloigner to remove
 s'~ to retreat, move away, withdraw
élongation *f.* pulled muscle
embarrassé(e)(s) perplexed, confused
embêter to bother
émerveiller: s'~ de *qqch.* **ou de** + *inf.* to marvel at
émission *f.* TV or radio program
émousser to blunt, crush
empêcher *qqn* **de** to stop s.o. from
emplir to fill
employé *m.* employee, clerical employee
 ~ de bureau *m.* office worker
emporter to carry off
 l'~ to prevail, to win out
emprise *f.* dominance
emprunté(e)(s) borrowed, second-hand
emprunter to borrow
ému(e)(s) moved

en douce *adv.* secretly
en outre *adv.* moreover
encombré(e)(s) full, overloaded
endormir: s'~ to go to sleep
endroit *m.* place, location
endurci(e)(s) *adj.* hardened
énerver to disturb, to madden
enfermement *m.* seclusion
enfoncer (la tête) dans to stick (one's head) in
enfuir: s'enfuir to flee
engrais *m.* fertilizer
engraisser to fertilize
engueuler (*fam.*) to yell at
enlever to take off, to remove, to kidnap
ennemi *m.* enemy
ennui *m.* problem
ennuyé(e)(s) bored
  être ~ à mourir to be bored to death
ennuyer: s'~ to be bored
ennuyeux(se)(s) boring, tiresome
enquête *f.* survey, study, inquiry
enregistrement *m.* recording
enrhumé(e)(s) *adj.* suffering from a cold
enseignement *m.* instruction, education
enseigner to teach
ensemble *m.* total, set
ensevelir to bury
ensoleillé(e)(s) sunny
ensuite *adv.* then, after that
ensuivre: il s'ensuit it follows
entamer to scratch, wear down
entendre: s'~ to get along
enterrement *m.* burial
enterrer to bury

entraînement *m.* training, practice
  ne pas avoir l'~ to have no practice
entraîner to drag along
entre-temps *adv.* meanwhile
entrée *f.* arrival, entrance; entryway; first course
  concours d'~ entrance examination
entretien *m.* exchange, conversation; maintenance
entrevoir to perceive indistinctly
envers *prép.* toward
  ~ *m.* reverse
  être à l'~ to be upside down, backward or inside out
envie *f.* desire
  avoir ~ de to want
  avoir ~ de + *inf.* to want to, to feel like
envoyer to send
  ~ chercher to send for, to send to get
épais(se)(s) thick
épanouir: s'~ to unfold, to realize oneself
épargne *f.* savings
épargner to spare, to save (money)
épaule *f.* shoulder
épée *f.* sword
épicerie *f.* grocery store
épicier *m.*, **épicière** *f.* grocer
épier *qqn* to spy on, to spy, to observe s.o.
épouvantable(s) terrifying, frightful
éprendre: s'~ de to be taken with, to have a crush on
épris(e)(s) de in love with
éprouver to feel, to experience
épuisé(e)(s) worn out, exhausted

épuration *f.* purification
équilibrer to balance
escadron *m.* crowd, squadron
escalier *m.* stairs
espace *m.* space
espèce *f.* species; kind
  ~ de (*fam.*) + *nom* lousy...
espiègle(s) mischievous
espoir *m.* hope
esquisse *f.* sketch
essayer de + *inf.* to try to
essor *m.* expansion, blossoming
essuyer to dry, to wipe
  s'~ le front to wipe one's brow
et ... et ... both... and...
étage *m.* floor, story
  au premier ~ on the first floor (in U.S., *second* floor)
  au dernier ~ on the top floor
étagère *f.* set of shelves
étalage *m.* display, exhibit
état *m.* state, condition
  ~ d'âme state of mind, mood
  en mauvais ~ in bad condition
étatique(s) state
été *m.* summer
éteindre to turn off
  ~ la lumière to put out the light
éteint(e)(s) gone out, extinguished
étendard *m.* banner
étendre: s'~ to stretch out
éternuer to sneeze
ethnologue *m.* ethnologist, anthropologist
étincelle *f.* spark
étoffe *f.* fabric
étoile *f.* star
  la bonne ~ the lucky star

étonné(e)(s) astonished, amazed
  être ~ de + *inf.* to be amazed to
étonner *qqn* to surprise s.o.
étranger *m.*, **étrangère** *f.* foreigner
être to be
  ~ *m.* human being
  ~ en train de to be in the act of
étroit(e)(s) narrow, straight
étude *f.*: **faire des ~s** to study
étudiant *m.*, **étudiante** *f.* student
Évangile *f.* gospel
événement *m.* event
éviter to avoid
  ~ le regard de *qqn* to avoid someone's eye
exigeant(e)(s) demanding
exigence *f.* demand
exiger to demand
exposer to exhibit
exprès *adv.* deliberately, on purpose
express *m.* espresso coffee
exténué(e)(s) exhausted

face: en ~ de *prép.* opposite
fâché(e)(s) contre angry with
fâcheux(se)(s) unfortunate, disagreeable
facteur *m.* mailman
facture *f.* bill
faillir + *inf.* to almost (do something)
faim *f.* hunger
faire to do, to make
  ce faisant while doing so
  ~ entrer en contrebande to smuggle in
  il fait noir/obscur/sombre it is dark
  ~ l'innocent to act innocent
  ne t'en fais pas don't worry

  se demander que ~ to wonder what to do
  se ~ à to get used to
  ~ tourner une roue to turn a wheel
faits divers *m. pl.* current events
falloir:
  il faut it is necessary to, you must
  il ne fallait pas you shouldn't have
faner: se ~ to fade, wither
fardé(e)(s) made up (with cosmetics)
fauché(e)(s) (*fam.*) broke
faute *f.* mistake
fauteuil *m.* armchair
favoris *m. pl.* sideburns
fébrile(s) feverish
fenêtre *f.* window
fer *m.* iron, piece of iron
ferme *f.* farm
fermer to close
  ne pas ~ l'oeil de la nuit not to close an eye all night
fêter to celebrate
feu *m.* fire
  ~x d'artifice *m.* fireworks
feuille *f.* leaf, sheet (of paper), form
  ~ de papier sheet of paper
  ~ du malade patient's chart
feuilleter to leaf through
feutré(e)(s) muffled, muted
  à pas ~s on tiptoe
ficelle *f.* string
fiche *f.* form, paper
  remplir une ~ to fill out a form
ficher: se ~ de (*fam.*) not to care about
fier(ère)(s) proud
figer: se ~ to become frozen, to solidify
fil *m.* thread, wire

filer to leave, escape
  ~ à l'anglaise to leave without notice
filet *m.* net, net shopping bag
filiale *f.* branch office, subsidiary
filiation *f.* line of descent
fille, jeune fille *f.* (unmarried) young woman
fillette *f.* girl
  vieille ~ old maid
film: passer un ~ to show a film
fils *m.* son
finir to finish
  ~ de + *inf.* to stop doing sth.
  ~ par to end up by doing sth.
  pour ~ after all
fis (*passé simple de* **faire**)
fissure *f.* crack
fixement *adv.* fixedly
fixer to stare at
flatter to flatter
  être flatté de to be flattered by
flèche *f.* arrow
fléchir to bend
fleur *f.* flower
  ~ de tapis wallflower
fleuve *m.* river
flotter to float
fois *f.* time (as occasion: third time, etc.)
fonctionnaire *m.* official, civil servant
fond *m.* bottom, rear, background
  au ~ à droite at the right rear
  au ~ de in the depths of, in the midst of
fonder to establish, to found
forcément *adv.* necessarily, perforce

formation *f.* education, upbringing
forme *f.*:
  en bonne ~ in shape
  en mauvaise ~ in bad shape
  en pleine ~ in fine shape
formulaire *m.* form
  remplir un ~ to fill out a form
fort *adv.* very
fossette *f.* dimple
fouiller (dans) to rummage, search (in)
foulard *m.* scarf
foule *f.* crowd
fourche *f.* **à foin** pitchfork
fourchette *f.* fork
fournir to provide
  ~ une pièce d'identité show some identification
fournisseur *m.* supplier, vendor
fourrure *f.* fur
foyer *m.* home, household
fracture du crâne *f.* skull fracture
frais *m. pl.* costs, expenses, fees
frais(-îche)(s) cool, fresh
franchir to overcome, to cross
francophone *m./f.* French-speaking person
frapper to strike
frein *m.* brake, obstacle
freiner to brake, to put on the brakes
frémir to tremble
frigo *m.* (*fam.*) refrigerator
frigorifié(e)(s) frozen
frisé(e)(s) curly, frizzy
frisotter to become frizzy
frites *f. pl.* French fries
froisser to offend
  ~ qqch. to crumple sth.
fromage *m.* cheese

froncer les sourcils to knit one's eyebrows (from anger, worry, or concentration)
front *m.* forehead
frotter to rub
  se ~ le pied to rub one's foot
fuir *qqch.* to flee sth.
fumer to smoke
fumeur *m.* smoker
fumiste *m.* joker; person who exaggerates, or is all talk
furent *passé simple d'être*
furtif(-ve)(s) stealthy
  furtivement *adv.* stealthily
fusée *f.* missile
fusil *m.* rifle
fusion *f.* merger
fusionner to merge
fût-ce *adv.* even
fuyant(e)(s) receding

gâchis *m.* (*fam.*) a mess
gagner sa vie en + *part. prés.* to earn one's living by
galant: faire le ~ to play the ladies' man
gamme *f.* range, line
  le haut de la ~ top of the line
garçonne: à la ~ bobbed, very short hair style
garder to watch, take care of
gardien de musée *m.* museum guard
gare *f.* train station
  sans crier ~ without a warning
  ~ routière bus station
gars *m.* (*fam.*) guy
gaspillage *m.* wastefulness
gauche *f.* left wing (in politics)

gauffre *f.* waffle
gaz *m.* gas
  la pollution des ~ polluting gases, emissions
gazeux(se)(s) carbonated
gazon *m.* lawn
gênant(e)(s) bothersome
gendarme *m.* policeman
gêne *f.* embarrassment
gène *m.* gene
gêné(e)(s) embarrassed
gêner to bother, to be in the way
genou(x) *m.* knee
  à ~x kneeling
geste *m.* gesture
gestion *f.* management, business, administration
gifle *f.* slap
glace *f.* mirror; ice cream
gland *m.* tassel
globe *m.* **du monde** globe
gomme *f.* eraser
gonfler to inflate
gosse *m./f.* (*fam.*) kid
goût *m.* taste
goûter to taste, enjoy
goutte *f.* drop
  se ressembler comme deux ~s d'eau to look exactly alike
gouverner to steer
grand temps high time
grand(e)(s) ouvert(e)(s) *adj.* wide open
grange *f.* barn
grappe *f.* bunch (of grapes)
gras(se)(s) *adj.* fat
  faire la ~ matinée to sleep late
gratter to scratch
  se ~ la tête to scratch one's head
gratuit(e)(s) free, gratis
gravir to ascend
gravure *f.* engraving

gré *m.* will, whim
  au ~ de at the mercy of, at the will of
grelotter to shiver
grève *f.* strike
  ~ de la faim hunger strike
grille-pain *m.* toaster
grimper sur to climb up on
grincer des dents to gnash one's teeth
gripper to grasp
  se ~ to jam, to lock
gris(e)(s) gray
grisonnant(e)(s) graying
gronder to scold
gros(se)(s) fat, vulgar
  ~ mot swear word
grossesse *f.* pregnancy
grossir to gain weight
guère *adv.* hardly
  ~ de hardly any
  ne... ~ hardly, scarcely
guéridon *m.* pedestal table
guérir to cure
guérite *f.* a shelter
guerre *f.* war
  la Première Guerre Mondiale World War I
guerrier(ère)(s) *adj.* warlike
guetter to watch out for, to lie in ambush for
guichet *m.* ticket window
guide *m.* guidebook
guignol *m.* clown, jerk
guise: à sa ~ at his/her will
gynécée *m.* women's circle

habile(s) capable
habiller to dress
  s'~ to be dressed, to get dressed
habitant *m.* resident
habiter to reside
habitude *f.* habit
  d'~ usually
hache *f.* axe

haché(e)(s) chopped
  boeuf ~ ground beef
haïr to hate
haïssable(s) hateful, despicable
haleine *f.* breath
hall *m.* lobby
hameçon *m.* hook (for fishing)
hanche *f.* a hip
harpon manuel *m.* fishing spear
hâtif(-ve)(s) hasty
hausse *f.* rise in value
haut *adv.* loud, high
haut(e)(s) high, lofty, great
  le ~ de la gamme top of the line, best model
hautain(e)(s) haughty
herbe *f.* grass, herb
  mauvaises ~s weeds
hérisson *m.* hedgehog
hétéroclite(s) disparate
heure *f.* the time, hour
  à l'~ on time
  à l'~ actuelle as things now stand, currently
  de bonne ~ early
  l'~ de Paris Paris time
heureusement *adv.* fortunately
heurter to collide with
  se ~ à to collide with, to hit
hibou *m.* owl
histoire *f.* history, story
honte *f.* shame
  avoir ~ to be ashamed
horloge *f.* clock
  ~ de parquet grandfather clock
horreur: avoir ~ de to hate
hotte *f.* basket
huile *f.* oil
huilé(e)(s) oiled
humeur *f.*:
  être de bonne ~ to be in good spirits, a good mood

  être de mauvaise ~ to be in a bad mood
hurler to scream
hypertrophie *f.* abnormally large growth

ici here
  d'~... from now until...
idem *adv.* ditto
idiot: faire l'~ to act like a fool
ignorant(e)(s) unaware, not knowing
ignorer to be unaware of
il y a longtemps a long time ago
île *f.* island
illuminer to light
immatriculé(e)(s) registered, licensed
immatriculer to license, register
immeuble *m.* building, apartment house
impatienter: s'~ to be impatient
important(e)(s) large, sizable
importe: n'importe quoi anything (at all)
impôt *m.* tax
imprévu(e)(s) unexpected
inconnu *m.* stranger
inconvenant(e)(s) wrong, inappropriate
inconvénient *m.* disadvantage
inculte uncultured
indiquer du doigt to point out
infirmier(ière) *m./f.* nurse, attendant
influer sur to influence
informatique *f.* data processing, computer science
informer: s'~ de to ask about
inné(e)(s) innate, inborn

Lexique   **A 13**

inquiéter to worry s.o. else
  s'~ to be worried
insérer (dans) to insert into
insister sur to stress
insouciant(e)(s) careless
instituteur *m.*, **institutrice** *f.* elementary school teacher
insupportable(s) unbearable
intégralité *f.* entirety
interdit(e)(s) forbidden
intéresser: s'~ à to be interested in
interlocuteur *m.* person with whom one is speaking
intermède *m.* time off
interrompre to interrupt
inutile(s) useless, pointless
inviter to invite; to pay for
irriter: être irrité contre to be annoyed at
issue *f.* outcome, result
ivre(s) drunk
ivrogne *m.* drunkard

jadis *adv.* in the past, long ago
jardin potager *m.* vegetable garden
jardinage *m.* gardening
jardinier *m.* gardener
jean *m.* jeans
jeter to throw
  ~ qqch. par terre to throw sth. on the floor, ground
jeu *m.* game
jeune fille *f.* girl
jouer to play
  ~ au tennis to play tennis
  ~ de la guitare to play the guitar
  se ~ to play itself out
joug *m.* yoke, domination
jouir de to enjoy
jouisseur *m.* one who enjoys

jour *m.* day
  au ~ le ~ day by day
  en plein ~ in broad daylight
journal *m.* newspaper, diary, journal
  ~ télévisé TV news
journée *f.* day
juché(e)(s) perched
juif(-ve)(s) *adj.* Jewish
jupe *f.* skirt
  ~ d'été light, summer skirt
jus *m.* juice
jusqu'où how far

képi *m.* military cap
kiosque *m.* **à journaux** newsstand

lâcher to let out
lai *m.* medieval poetic form
laid(e)(s) ugly
laine *f.* wool, yarn
laisse *f.* leash
laisser to leave
  ~ tomber to drop
laissez-passer *m.* passport, admission ticket
laitier(ère)(s) *adj.* dairy
lame *f.* blade
  ~ de rasoir razor blade
lampe *f.*:
  ~ à huile oil lamp
  ~ de poche flashlight
lampée *f.* swig, swallow
lancement *m.* launching
lancer to launch, to cast
  ~ un regard to look, to cast a look
landau *m.* baby carriage
langue *f.* tongue, language
lapin *m.* rabbit
large(s) wide
las! alas!
las(se)(s) tired
lauréat *m.* graduate
lavabo *m.* bathroom sink

laver to wash
  se ~ la figure to wash one's face
lavoir *m.* laundry area
lecture *f.* reading
ledit, ladite *adj.* the aforesaid
légume *m.* vegetable
lent(e)(s) slow
lettres *f. pl.* humanities
lever du soleil *m.* sunrise
lever to raise
  se ~ to get up
levier *m.* crowbar, lever
lèvres *f. pl.* lips
liaison amoureuse *f.* love affair
lierre *m.* ivy
lieu(x) *m.* place, scene
  il y a ~ it is appropriate
ligne *f.* (fishing) line
lire to read
lisse(s) smooth
lit *m.* bed
littérature *f.* literature
livre *f.* pound sterling
livrer to deliver, to reveal
logement *m.* housing
loin *adv.* far
  de ~ by far, from afar
loisir *m.* leisure time
long: à la ~ue in the long run, eventually
lorgner to ogle, to leer
losange: à ~s diamond-patterned
louche *f.* ladle
louer to rent
lourd(e)(s) heavy
lourdeur *f.* heaviness
loyer *m.* rent
lugubre(s) gloomy
lune *f.* moon
  clair de ~ moonlight
  pleine ~ full moon
lunettes *f. pl.* eyeglasses
  ~ protectrices goggles

lutte *f.* struggle
lutter to struggle, to fight
lycée *m.* French high school

machin *m.* (*fam.*) thing, thingamabob, what-do-you-call-it
mâchonner to chew on
magasin *m.* store
magistère *m.* a moral or intellectual authority
maillot de bain *m.* bathing suit
main *f.* hand
  avoir à la ~ to have in one's hand
maire *m.* mayor
mairie *f.* city hall
maître *m.* master
maîtresse *f.* mistress of the house, teacher (female)
major *m.* first
mal *m.* pain, hurt, difficulty
  avoir du ~ à + *inf.* to have difficulty doing something
  avoir ~ au bras to have a pain in the arm
  ~ de mer *m.* seasickness
  ~ *adv.* poorly
malade(s) ill, sick
  ~ *m.* the patient
maladie *f.* illness
malchanceux(se)(s) unfortunate, unlucky
malédiction *f.* curse
maléfice *m.* evil influence
malheur *m.* misfortune
malin(s), maligne(s) shrewd
manche *f.* sleeve, set (in tennis); English Channel
manier to manipulate, to use
mannequin *m.* dress model, dummy (in store window)
manqué(e)(s) *adj.* would-be, missed
  garçon ~ tomboy

manquer to miss, to be lacking
  ~ de + *inf.* fail to
manteau *m.* overcoat
maquillage *m.* makeup
maquiller; se ~ to apply makeup
marbre *m.* marble
marche *f.* march
  ~ à pied hike
marcher to walk
marée *f.* tide
  ~ basse low tide
marge *f.* margin
mari *m.* husband
marier to marry
  se ~ to get married
  se ~ avec *qqn* to marry s.o.
marin *m.* sailor
marre: en avoir ~ de (*fam.*) to be sick of, fed up with
marron(ne)(s) brown
marteau *m.* hammer
masque sous-marin *m.* diving mask
matière *f.* subject
matin *m.* morning
matrice *f.* matrix
maudit(e)(s) damned
  poète ~ "tormented" poet
maussade(s) plain, frumpy; gloomy
mauvais(e)(s) *adj.* bad
maux (*pl. de* **mal**) evils
maxillaire *m.* jaw bone
mécène *m.* patron of the arts
méconnu(e)(s) *adj.* not recognized
mécontent(e)(s) *adj.* unhappy
médecin *m.* doctor
médicament *m.* medicine
méfiant(e)(s) mistrustful
méfier: se ~ de to mistrust
mêler: se ~ de to meddle in, to mix in
même *adv.* even
  de ~ que *conj.* just as

menacer to threaten
ménage *m.* household, housework; couple
  faire bon ~ avec to coexist peaceably with
ménagère *f.* housewife
mendier to beg
mener to lead
mensonge *m.* lie
mentir to lie
menton *m.* chin
menu(e)(s) small, minor
mépris *m.* contempt
méprisant(e)(s) scornful, contemptuous
méridional(e)(s) of/from southern French
mesure *f.* measure
  dans la ~ où *conj.* to the extent that
  outre ~ in an extreme way
météorologique(s) weather
métier *m.* profession, occupation
mètre *m.* meter
métro *m.* Paris subway
mettre to put
  ~ en valeur to emphasize, set off, give value to
  ~ une lettre to mail a letter
meuble *m.* furniture, piece of furniture
meurtre *m.* murder
meurtrier *m.* murderer
microsillon *m.* phonograph record
Midi *m.* south of France
mie *f.* soft part of bread
miette *f.* crumb
milliard *m.* billion
mince alors! *fam.* darn!
mince(s) thin
Minitel *m.* Minitel, computer connected to telephone system
miroir *m.* mirror

mise *f.*
   ~ en avant a move forward
   ~ en question challenge
mitonner to simmer
mode *f.* fashion
mode *m.* way
   ~ de vie way of life, life style
modique(s) modest
mœurs *f. pl.* habits, customs, morals
moi *m.* the ego, the self, me
moins *adv.* less
   à ~ que *conj.* unless
   un pied en ~ one foot less
moitié *f.* half
   à ~ *adv.* half, halfway
mondial(e)(s)(aux) world(wide)
moniteur *m.* display unit
monochromie *f.* black-and-white printing
montant *m.* sum, total
   calculer le ~ to add up, total up
monter to go up, to climb, to bring up
   ~ dans to enter, climb aboard
   ~ sur (une échelle) to climb up on (a ladder)
montre *f.* watch
   ~-bracelet *f.* wristwatch
   ~ de poche pocket watch
   ~ électronique digital wristwatch
montrer:
   ~ du doigt to point to
   se ~ to show off
moquer: se ~ de not to care about, to make fun of
morceau *m.* piece
mordre (*p.p.* **mordu**) to bite
mot *m.* word, written note
mot-clé *m.* keyword
moto *f.* (*fam.*) motorcycle
motocyclette *f.* motorcycle
mou(s), molle(s) *adj.* soft

mouchoir *m.* handkerchief
mouillé(e)(s) *adj.* wet
mousse *f.* **à raser** shaving cream
mouton *m.* sheep
moyen *m.* the means
moyen(ne)(s) average
   en ~ on the average
moyenne *f.* average
mur *m.* wall
musée *m.* museum

n'importe quoi anything (at all)
naguère *adv.* in the past
naître to be born
nana *f.* (*fam.*) gal
nappe *f.* tablecloth
naquirent (*passé de* **naître**)
narguer to deride
nature morte *f.* still life
nautique: ski ~ water skiing
navré(e)(s) *adj.* sorry
ne... point not at all
néant *m.* void
neige *f.* snow
neiger to snow
nettement *adv.* clearly
nettoyer to clean
neuf(ve)(s) *adj.* (brand) new
nier to deny
niveau *m.* level
niveler to seek one's level, to even up
nœud papillon *m.* bow-tie
noir(e)(s) *adj.* black, dark; type of film (detective)
noircir to blacken
note *f.* bill, grade
nouer to tie, to knot
   se ~ to form
noyer: se ~ to drown
nu(e)(s) *adj.* nude
   tout ~ / en état de nudité nude
nuage *m.* cloud
   être dans les ~s to have one's mind elsewhere

nuit *f.* night
   ~ des temps dawn of time
   faire ~ to be night, to be dark
nullement *adv.* not at all
numéro *m.* number; issue (of magazine)
nuque *f.* back of neck

objet *m.* **de valeur** something valuable
obliquement *adv.* askew
obscur(e)(s) dark
obstiné(e)(s) stubborn
occasion *f.* opportunity
occitan(e)(s) *adj.* relating to a southern French cultural movement
occuper: s'~ de to take care of
œdipe *m.* Œdipus complex
œuvre *f.* work
   ~ d'art art work
oiseau *m.* bird
ondulé(e)(s) *adj.* wavy
orage *m.* storm
ordinateur *m.* computer
oreiller *m.* pillow
orgueilleux(se)(s) *adj.* proud
orthographe *f.* rules of spelling
ortie *f.* nettle
oser to dare
ou... ou... either... or...
oublier to forget
outil *m.* tool
outre-mer *adv.* abroad, overseas
ouvert(e)(s) *adj.* open
   grand ~ wide open
ouvrier *m.* blue collar worker

pactiser to join in a pact
paille *f.* straw
pair *m.* peer
paître to graze
palier *m.* landing (in a building)

pâmer to tremble, to swoon
pancarte *f.* sign
panier *m.* basket
paniquer: se ~ to panic
panne *f.* breakdown
   tomber en ~ to break down (car)
pansement adhésif *m.* adhesive bandage
pantalon *m.* trousers
pantoufles *f. pl.* slippers
papier *m.* paper
   ~ peint wallpaper
papillon *m.* butterfly
paquet *m.* package
par by
   ~-dessus tout more than anything, above all
   ~ terre on the ground
paraître to appear, to seem
parapluie *m.* umbrella
parcourir to read through
parcours *m.* route
   ~ du combattant gauntlet
paresseux(se)(s) lazy
parier sur to bet on
parking *m.* parking lot, garage
parmi *prép.* among
parole *f.* speech, act of speaking, spoken language, word
   prendre la ~ to speak, to take the floor
parrainage *m.* patronage
part *f.* share, portion
   à ~ entière one hundred percent
partage *m.* sharing, division
partager to share
partenaire *m./f.* partner
particulier(ère) *m./f.* private person
partie *f.* part, game
partir pour to leave for
parvenir to succeed
   ~ à + *inf.* to succeed in

pas *m.* footstep, step
   à ~ déterminés determinedly
   à ~ feutrés on tiptoe
pas mal a good bit
passager(ère)(s) passing, transitory
passe: en ~ de in the process of
passer to pass
   ~ devant to pass in front of
   ~ par to pass by
   ~ sans voir to go by without noticing
   se ~ to happen
   ~ un bon voyage to have a nice trip
   ~ un film to show a film
pâtes *f. pl.* noodles, pasta
pâtiner to ice-skate
patron *m.* the boss
patronyme *m.* family name
patrouille *f.* patrol
pavaner: se ~ to show off, strut
payer to pay, to pay for
   ~ les yeux de la tête to pay an arm and a leg
   ~ cher to pay a high price
paysage *m.* landscape
paysan *m.* peasant, farm worker
paysanne *f.* peasant woman
péché *m.* sin
pêche *f.* peach
   donner la ~ à *qqn* to give s.o. pep
pêcher to fish
pêcheur *m.* fisherman
peigne *m.* comb
peigner: se ~ to comb one's hair
peindre to paint
peine *f.* trouble, pain
   avoir de la ~ à + *inf.* to have trouble...
peint (*p.p. de* **peindre**)

peintre *m.* painter, artist
   ~ du dimanche Sunday painter
péjoratif(ve)(s) negative, unfavorable
pelle *f.* a shovel
   à la ~ *adv.* by the load, in profusion
   ~ à poussière dustpan
pelliculaire(s) as in a film
pellicule *f.* film (for camera)
pelote *f.* ball
   ~ de laine ball of yarn
pelouse *f.* lawn
penché(e)(s) bent over, leaning
   ~ en avant leaning forward
pencher to lean
   ~ pour to prefer
   se ~ to bow
pendantif *m.* pendant
   ~ en pierre fine jewel pendant
pendu(e)(s) hanging from
pénétrer dans to go into
pénible(s) difficult, painful
péniche *f.* river cargo boat
penser à to think about/of
penseur *m.* thinker
pensez-vous! that's what you think!
pensum *m.* punishment, chore
perdre to lose, to be the ruin of
   ~ son temps à to waste one's time
perplexe(s) *adj. m./f.* confused
perruque *f.* wig
persan(e)(s) Persian
personnage *m.* character (in a book, play, etc.)
peser to weigh
peste *f.* plague
pétanque *f.* French bowling game played in parks; "bocci"

Lexique   **A 17**

pétrin *m*.: **être dans le ~** (*fam.*) to be in a mess
peu *adv.* a little, slightly, not very
  pour ~ que + *subjonctif* (*conj.*) no matter how little...
peuplade *f.* tribe, people
peuple *m.* the people
peur: grelotter de ~ to tremble with fear
peut-être *adv.* perhaps
phénix *m.* a style of house
photomètre *m.* light meter
pièce *f.* piece, coin, room, play
  appartement à une ~ one-room apartment
  ~ de monnaie *f.* coin
  ~ de théâtre play
  ~s *f. pl.* **à conviction** evidence
pied *m.* foot
  au ~ d'un arbre under a tree
  rentrer à ~ to return on foot
  ~s nus barefoot
piétiner to mark time
piéton(ne)(s) *adj.* pedestrian
pilier *m.* pillar
piloter to steer, to guide
pinceau *m.* paintbrush
pinces *f. pl.* pliers
pionnier *m.* pioneer
piquet *m.* stake, dunce's corner
piqûre *f.* injection
pire(s) worse
  le ~ the worst
pissenlit *m.* dandelion
place *f.* place, town square, job
  sur la ~ in the square
plafond *m.* ceiling
plage *f.* beach
plaie *f.* wound

plaindre: se ~ de to complain about
plaisanterie *f.* joke
plaire à to be attractive to, to please
plaisir: prendre ~ à + *inf.* to enjoy
plan *m.* plan (map), level
  au premier ~ in the foreground
planche à voile: faire de la ~ to windsurf
plancher *m.* floor
planificateur *m.* planner
planter to plant
  ~ les tentes to set up the tents
plaque *f.* plaque, sign
plat *m.* dish, course (of a meal)
plateau *m.* tray
plâtre *m.* plaster, cast
plébisciter to elect
plein(e)(s) *adj.* **de** full of
  en ~ air outdoors
pleuvoir to rain
  il pleut à grosse gouttes (à verse) it is pouring
pli *m.* fold, wrinkle; habit
  le ~ est pris the habit is set
plier to fold
  se ~ to yield, to obey
pluie *f.* rain
plupart *f.* most
  pour la ~ for the most part
plutôt *adv.* rather, on the contrary
pneu *m.* tire
  un ~ crevé flat tire
poche *f.* pocket; bag (under eyes)
poché(e)(s) *adj.* encircled, baggy (eyes)
pochette *f.* album cover
poêle *f.* frying pan
poids *m.* weight

poignard *m.* dagger
poing *m.* fist
point: être sur le ~ de + *inf.* to be about to
poire *f.* pear
pois: à ~ polka dot
poison *m.* poison
poisson *m.* fish
polluer l'air to pollute the air
pomme *f.* apple
pommettes *f. pl.* cheek bones
pompier *m.* fireman
porte *f.* door
  ~-bagages *m.* luggage rack
  ~-bouteilles *m.* wine rack
  ~ fenêtre *f.* French door
portefeuille *m.* wallet
porter to wear (clothing), carry
  ~ sur to concern
porteur *m.* porter
pose *f*.: **prendre une ~** to strike a pose
poser to pose, to ask (question)
poste *m.* job
pot *m.* **de confiture** jar of jam
potager(ère)(s) *adj.* vegetable
pou *m.* louse, bedbug
poubelle *f.* trash can
pouce *m.* inch; thumb
poudrer to powder
  se ~ to powder one's nose
poudrier *m.* compact
pouf *m.* ottoman
poule *f.* hen
poulet *m.* chicken
pouls *m.* pulse
pourri(e)(s) *adj.* corrupt
poursuivre to chase after
pourtant *adv.* nevertheless
poussée *f.* thrust
pousser to push, to grow

pouvoir to be able
  n'en ~ plus to be exhausted
préalable *m.* prerequisite
préambule *m.* preliminary
précipiter: se ~ sur/vers to be in a hurry, to rush (toward)
préconiser to recommend, to propose
prémice *f.* premise
prendre to take
  ~ congé to take leave, depart
  ~le petit déjeuner to have breakfast
  qu'est-ce qui lui prend? what's eating him/her?
  s'en ~ à to blame
préoccupé(e)(s) de worried about
près de *prép.* near
présenter: se ~ à to ask at (the cash window, etc.)
presser: se ~ to hurry
pression *f.* pressure, pressing (of grapes)
prêt(e)(s) ready
prétendre to claim
  ~ à to lay claim to, aspire to
prêtre *m.* priest
prévenir to foresee, to warn
prévoir to plan
prévu(e)(s) foreseen, expected
prier to beg
  je vous en prie you are welcome, please
primaire *m.* primary school
primat *m.* emphasis, priority
primo *adv.* first of all, number one
priver de to deprive of
prix *m.* price
  gagner à tout ~ to win at all costs

procès *m.* trial
prochain(e)(s) *adj.* next
  la ~ fois next time
procureur *m.* prosecutor
produit laitier *m.* dairy product
professeur *m.* professor, teacher
profiter de to take advantage of
promener: se ~ to walk along, take a walk
promotion *f.* graduating class; special sale
  acheter en ~ to buy at a reduced price
pronominal(e)(s) reflexive; of pronouns
prononcer: se ~ to express an opinion
proposition *f.* clause
propre(s) clean; one's own (if before the noun)
propreté *f.* cleanliness
propriétaire *m.* home-owner, proprietor
proue *f.* prow
provenir de to stem from, to come from
provisions *f. pl.* supplies
provisoirement *adv.* for the time being
publicité *f.* commercial, advertisement
puissant(e)(s) *adj.* strong, loud
pull *m.* pullover
pupitre *m.* student's desk
purent (*passé de* **pouvoir**)

quai *m.* bank, dock, embankment, waterfront
  ~ de gare train station platform
quand *conj.* when
  ~ même *adv.* nevertheless

quant à *prép.* concerning, as for
quarantaine *f.* around forty
quartier *m.* neighborhood, area
quelque(s) some, (*pl.*) a few
quenouille *f.* distaff (symbol of woman)
quête *f.* begging
  faire la ~ to pass the hat for money
quêter to seek, to beg
queue *f.* tail
  ~ de cheval pony tail
  faire la ~ to stand in line
quoi what
  il n'y a pas de ~ you're welcome, don't mention it
  ~ qu'il en soit be that as it may
quotidien(ne)(s) *adj.* daily, day-to-day

raccrocher to hang up
raconter to tell, narrate
rageur(se)(s) *adj.* bad-tempered
raide(s) straight, stiff
railler to mock
rainette *f.* tree frog
raisin *m.* grape
ralentir to slow down
ramener to lead back
ramer to row
rames *f. pl.* oars
randonnée *f.* hike, hiking
rapetisser to shrink
rappeler to recall, to remind
  se ~ to remember
rapport *m.* relationship
  par ~ à *prép.* in relation to
rapprocher to bring together, to make similar
ras-le-bol: en avoir ~ de (*fam.*) to be fed up with
raser: se ~ to shave

rasoir *m.* razor
   ~ à lame électrique electric razor
   ~ à lames manual razor
râteau *m.* rake
rater to miss
   ~ l'examen to fail the exam
   ~ le train to miss the train
rattraper to catch up, compensate
ravagé(e)(s) *adj.* in bad condition
ravi(e)(s) delighted
ravir to seize
rayon *m.* shelf
réagir to react
réalisateur *m.* producer
rebord *m.* brim (of hat)
recensement *m.* census
recette *f.* recipe
recevoir to receive (*p.p.* **reçu**)
rechange: de ~ spare, extra
réchauffer to warm up
recherche: faire des ~s *f. pl.* **sur** to do research on
récolter to harvest
recommencer to start again
reconnaissance *f.* recognition, gratitude
reconnaître to recognize
récré *f.* (*fam.*) recess, break
redoubler to repeat a year, to fail
   ~ de to overdo
redouter to fear
réfléchir to reflect, to think
reflet *m.* reflection
regard *m.* look
   jeter un ~ sur to take a look at
regarder to look at
   ~ du coin de l'œil to look out of the corner of the eye
   ~ fixement to stare at
   ~ par to look through

   ~ par la fenêtre to look out the window
   ~ avec de la pitié to show pity toward
règlement *m.* regulation
régler to arrange, to pay, to settle
regorger de to be full of
rejet *m.* rejection
rejoindre to rejoin, to meet
relever to raise, to hold up, to find
   ~ de to be based on
relier to link
remaquiller; se ~ to freshen one's make up
remerciement *m.* thanks
remercier to thank
remettre to turn over, to give
remonter to put back
remplir to fill, to fill out
   ~ un formulaire to fill out a form
rencontrer to meet
rendez-vous *m.* date, appointment
rendre to give back, return
   se ~ to give up
   se ~ à to be at..., to go to...
   se ~ compte de to realize
   ~ visite à to visit
renseignements *m. pl.* information
rentrer to return (home)
renverser to knock over
renvoyer to give back, to return
repaître to nourish
répandu(e)(s) *adj.* spread, widespread
réparation *f.* repair
repartir to leave again
répartition *f.* sharing, division, distribution
repasser to iron
   fer à ~ iron

repérer to spot, to observe, to catch
repli *m.* withdrawal, twist
répliquer à to retort to
reposer: se ~ to rest, relax
reprendre to resume
   ~ son travail to go back to work
résoudre to solve, to resolve
ressembler à to resemble
ressentir to feel
ressortir à to trace roots back to, to extend back to
reste *m.* remainder
   du ~ moreover, otherwise
rester to remain
retard *m.* delay, lateness
   être en ~ to be late
retenue *f.* restraint
   rester en ~ to be kept after school, detained
retoucher to correct, to improve
retour: de ~ à (en) back at (in)
retraite *f.* pension, retirement
retroussé(e)(s) *adj.* turned up
   nez ~ pug nose, turned-up nose
retrousser les jambes de son jean to roll up one's jeans
réunir: se ~ to meet
réussir à to succeed in
   ~ à l'examen to pass the exam
réussite *f.* success
revanche *f.* revenge
   en ~ on the other hand, however
rêvasser to daydream
revêche(s) *adj. m./f.* rough-textured
réveil *m.* alarm clock
réveille-matin *m.* alarm clock

réveiller to awaken
  se ~ to wake up
revenir à to come down to, to amount to
rêver de dream of
rez-de-chaussée *m.* ground floor
rhume *m.* cold
ricaner to sneer
ride *f.* wrinkle
rideau(x) *m.* curtain
  tirer les ~x to draw the curtains
ridule *f.* small wrinkle
rieur *m.* laughing person
rigolade *f.* joke
  prendre à la ~ to take lightly
rigolo(te)(s) funny
riposter to respond
rire to laugh
rive *f.* bank
  ~ gauche left bank
riz *m.* rice
robe *f.* dress
  ~ collante tight-fitting dress
  ~ de chambre *f.* bathrobe
  ~ du soir evening gown
robinet *m.* faucet
roi *m.* king
roman *m.* novel
  ~ policier detective novel
roman(e)(s) *adj.* Romanesque (pre-Gothic)
rompre to break
rosier *m.* rosebush
rouage *m.* gear
roue *f.* wheel
rougir to blush
routier *m.* truck driver
roux(sse)(s) red, redheaded
royaume *m.* kingdom, domain
ruban *m.* ribbon
rue *f.* street

rugueux(se)(s) rough-surfaced
ruisseau *m.* stream

sable *m.* sand
sac *m.* handbag, sack
  ~ à dos backpack
  ~ d'engrais sack of fertilizer
  ~ de couchage sleeping bag
  ~ de voyage suitcase
  ~ de voyage *m.* suitcase
  ~ en papier paper bag
  ~ en plastique plastic bag
sachant (*p.p. de* **savoir**)
saigner to bleed
saisir to seize, grab
sale(s) dirty
salir to dirty, to soil
  se ~ les pieds to get one's feet dirty
salle *f.* hall, room, movie theater
  ~ à manger dining room
  ~ d'armes armory room
  ~ de bains bathroom
  ~ de classe classroom
saluer to greet
samedi *m.* Saturday
sanglant(e)(s) *adj.* bloody, bloodshot
satisfaisant(e)(s) satisfactory
  peu ~ less than satisfactory
satisfait(e)(s) satisfied
  être ~ de soi to be pleased with oneself
sauter to jump
  ~ à la corde to jump rope
savant *m.* scientist, scholar
savoir to know
  ~ *m.* knowledge
  à ~ that is, to be precise
savon *m.* soap
sceller to celebrate; to seal
scie *f.* saw
scission *f.* split
séance *f.* show, performance

sec(sèche)(s) dry
  à ~ (*fam.*) broke
sécateur *m.* pruning scissors
sécher to dry
  se ~ les cheveux to dry one's hair
séchoir *m.* dryer
  ~ à cheveux hairdryer
secouer to shake
séculaire(s) century(ies)-old
secundo *adv.* secondly, number two
séduisant(e)(s) *adj.* attractive
sein *m.* breast, chest
  avoir les ~s découverts to be barebreasted
  en son ~ within itself
séjour: faire un ~ à to stay in
sel *m.* salt
selle *f.* saddle
selon *prép.* according to
semaine *f.* week
semblable(s) similar
semblant: faire ~ de to pretend to
sensible(s) sensitive, appreciable
sentier *m.* path
sentir: se ~ to feel
  je me sens mal I feel poorly
sérieux(se)(s): prendre au ~ to take seriously
seringue *f.* syringe
serpent *m.* snake
serrure *f.* a lock
  ~ de sécurité security lock
serveur *m.*, **serveuse** *f.* waiter, waitress
serviette *f.* napkin, towel, briefcase
  ~ de bain bath towel
  ~ pour documents à grand format portfolio for large documents

servir to serve
   ~ à + *inf.* to serve to
   rien ne sert de + *inf.* it is no use...
   ~ de + *nom* to serve as
   se ~ de to use
seuil *m.* threshold
shooter to kick (soccer ball)
siècle *m.* century
siège *m.* headquarters
signaler to indicate
signe:
   faire ~ à to motion to
   faire un ~ d'adieu à to wave good-by to
sillage *m.* wake
simulacre *m.* artifice, pretense
sinon *adv.* if not, otherwise
sobriquet *m.* nickname
soie *f.* silk
soif *f.* thirst
   avoir ~ to be thirsty
soigner to care for
soin *m.* care
soirée *f.* evening, party
   ~ dansante dance party
soit or, that is
   ~... ~... either... or
sol *m.* ground
soldat *m.* soldier
solde *f.* sale
soleil *m.* sun
   prendre le ~ to get some sun
sombre(s) dark
sommité *f.* top figure
sondage *m.* opinion poll
sonner to ring
sort *m.* lot, fate
sortie *f.* exit
sortir to go out, leave
   ~ qqch. to remove sth.
   s'en ~ to recover, to get out of a predicament
sot(te)(s) *adj.* silly
souche *f.* tree stump

souci *m.* worry, concern
soucier: se ~ to care
soucieux(se)(s) *adj.* concerned
soucoupe *f.* saucer
soudain *adj./adv.* sudden, suddenly
souffle *m.* breath
   à bout de ~ out of breath
souhaiter la bonne santé to wish good health
soûl(e)(s) *adj.* drunk
soulier *m.* shoe
   ~ à haut talon high heels
souligner to underline, to emphasize
soumis (*p.p. de* **soumettre**) subjected (to)
soumis(e)(s) *adj.* submissive
soupçon *m.* suspicion
   avoir des ~s à l'égard de to be suspicious of
sourcil *m.* eyebrow
sourd(e)(s) deaf
sourire to smile
   ~ *m.* smile
souris *f.* mouse
sournoisement *adv.* underhandedly
sous-titre *m.* subtitle
sous-vêtement *m.* undershirt
sousestimer to underrate, underestimate
soustraire to subtract
soute *f.* **à bagages** baggage compartment (of plane, bus)
soutenir to support, to prop up, to sustain
souvenir: se ~ (de) to remember
spot *m.* announcement on TV or radio
   ~ publicitaire commercial
stationner to park
stop *m.* hitchhiking
   faire du ~ to hitchhike

stupéfait(e)(s) amazed, dumbfounded
subir to undergo
   ~ une opération to undergo an operation
subvenir à to provide for
sucer to suck
sucette *f.* pacifier; lollipop
sucrier *m.* sugar bowl
suer to sweat
suivre to follow
   ~ un cours to take a course
suppléer à to compensate for
supportable(s) bearable
sûr de lui (d'elle) sure of him(her)self
suraigu(ë)(s) shrill
surgelé(e)(s) frozen
surnommer to nickname
surprendre qqn en train de to catch s.o. in the act of
survaloriser to overestimate
surveiller to watch over, observe
survivre to survive
susceptible(s) sensitive
   ~ de capable of
susciter to provoke, to cause
suspect(e)(s) *adj.* suspicious
suspendu du plafond hanging from the ceiling
sympa *adj.* (*fam.*) pleasant, nice
syndicat *m.* trade union
système *m.* system
   le ~ D the art of getting along

table: à ~ seated at the table
tableau *m.* picture, table, board, sign
   ~ noir blackboard
tablier *m.* apron
tabouret *m.* stool
tache *f.* spot, freckle
tâche *f.* task

taille *f.* height, size, waist
  de ~ of importance
tailler to trim, to carve
taire: se ~ to be mute, to keep silent
talon *m.* heel
talonner to lag behind
tamponner to stamp
tandis que *conj.* while, whereas
tant: en ~ que in the capacity, as
taper to beat (down)
tapis *m.* rug
  ~ de bain *m.* bathmat
tard *adv.* late
  il se fait ~ it's getting late
tare *f.* fault, sin
tarif *m.* fee
tartine *f.* buttered bread
tartuferie *f.* hypocrisy
tasse *f.* cup
taureau(x) *m.* bull
taux *m.* a rate, fee
  ~ d'épargne rate of savings
  ~ d'intérêt interest rates
  ~ de TVA value added tax
  ~ du change exchange rate
tel(le)(s) such
  ~ ou ~ one or the other
télé *f.* TV, television set
téléphoner à to telephone
téléviseur *m.* television set
témoignage *m.* sign, proof
témoigner to bear witness, to show
témoin *m.* a witness
tempe *f.* temple (forehead)
temps *m.* time, weather
  avoir le ~ de + *inf.* to have time to...
  le ~ qu'il fera the weather (tomorrow)
tenant *m.* proponent
ténèbres *f. pl.* the dark, the shadows

tenir to hold
  ~ à to insist on, to stress
  à quoi se ~ what is the point, what's going on
  ~ dans la main to hold in one's hand
tenu(e)(s) (*p.p.* de **tenir**) held, considered
ténu(e)(s) *adj.* weak, tenuous, thin
terne(s) dull
terrain *m.* **de camping** campground
terre *f.* earth
  par ~ on the ground
terrible(s) terrific
tétaniser to paralyze
tête *f.* head
  ne savoir où donner la ~ not to know which way to turn
  perdre la ~ to panic
têtu(e)(s) *adj.* stubborn
TGV (train à grande vitesse) high-speed train
thème *m.* composition
tire-bouchon *m.* corkscrew
tirer to pull, to draw
  ~ de to derive from
  ~ par la main to pull by the hand
tiroir *m.* drawer
tissu *m.* fabric
titre *m.* title
  au même ~ que just as
toile *f.* canvas
  ~ d'araignée spider web
toit *m.* roof
tomber: laisser ~ to drop
tondeuse *f.* lawn mower
tonneau(x) *m.* **de vin** wine cask
tordre: se ~ de rire to laugh uncontrollably
tordu(e)(s) *adj.* twisted
torse *m.* chest
  être ~ nu to be bare chested

tôt *adv.* early, soon
toucher to touch, to receive (money)
  ~ un chèque to cash a check
tourner un film to make a film
tournevis *m.* screwdriver
toutefois *adv.* however
toxicologie *f.* science of poisons
tracasser to torture, disturb
traces *f. pl.* footprints
traduire to translate
trahir to betray
trahison *f.* treason, betrayal
train: être en ~ de to be in the course of, in the process of
traîner to drag, to pull
trait *m.* feature, trait
  ~ d'union *m.* hyphen
trajet *m.* trip
transpirer to perspire
transplantoir *m.* trowel
transporteur *m.* transporter
  ~ routier truck driver
trappe *f.* trapdoor
travail (*pl.* **travaux**) *m.* work, task
  ~x ménagers housework
travers:
  à ~ through, by way of
  à ~ les champs through the fields
  de ~ *adv.* askew
traversée *f.* crossing
traverser to cross, go across
trempé(e)(s) *adj.* soaked
trépaner to operate on
tribu *f.* tribe
tricher to cheat
tricheur(se)(s) *adj.* deceitful
tricolore *m.* French flag
tricot *m.* sweater
  ~ de corps *m.* undershirt
tricoter to knit

Lexique **A 23**

trinquer to clink glasses
trognon *m.* core (of pear or apple)
tromper to deceive, cheat on
  se ~ to be wrong
  se ~ de + *nom* to have the wrong...
tronçonneuse *f.* chain saw
troquer to exchange
trottoir *m.* sidewalk
trou *m.* hole
troupeau *m.* flock
trousse *f.* sack, kit
  ~ de maquillage makeup bag
trousseau *m.* **de clés** key ring
truc *m.* (*fam.*) thing, thingamabob
tuer to kill
TVA *f.* value added tax

ulcéré(e)(s) *adj.* wounded
user to wear out
usine *f.* factory

va-nu-pieds *m.* urchin, barefoot child
vacances *f. pl.* vacation
vache *f.* cow
vague *f.* wave
vaincre to conquer
vaisselle *f.* dishes
  faire la ~ to wash the dishes
valeur *f.* value
  mettre en ~ to emphasize, set off, give value to
valoir to be worth
  il vaut it is worth
  il vaut bien it is just as good as
  il leur a valu *qqch.* won them sth.
  ~ la peine to be worth the trouble, worth it
  ~ mieux to be better

veau *m.* veal
vécu (*p.p. de* **vivre**)
veille *f.* the day before
veinard *m.* (*fam.*) lucky stiff
vendanger to harvest (grapes)
vendanges *f. pl.* grape harvest
vendeur *m.*, **vendeuse** *f.* salesperson
vendre to sell
venir de + *inf.* to have just...
ventre *m.* stomach
vérifier to check
  ~ l'heure check the time
  ~ les papiers to check one's papers
verre *m.* glass, drink
  ~ à pied stem glass
  prendre un ~ to have a drink
verrouiller to bolt (the door)
vers *prép.* toward
verser to pour
vert(e)(s) green
veste *f.* suitcoat, sportcoat
  ~ sport *f.* sport jacket
vêtements *m. pl.* clothes, clothing
vêtu(e)(s) *adj.* dressed
veulerie *f.* listlessness, dullness
viande *f.* meat
vide(s) empty
vider to empty
  se ~ to drain
vieux, vieil(le)(s) old
vilain(e)(s) ugly, naughty
ville *f.* city
violer to rape
visage *m.* face
viser à + *inf.* to aim to
visite *f.* visit
  rendre ~ à to visit
visiter to visit, tour a place
  ~ les lieux to visit a site

vite: au plus ~ as fast as possible
vitesse *f.* speed, gear
vitrail(-raux) *m.* stained-glass window
vitrine *f.* (store) window
vivre: ~ de to live off of
voie *f.* track
voile *f.* sail
  faire de la ~ to go sailing
voir: ne pas y ~ clair not to see clearly
voire *adv.* even, indeed
voisin *m.*, **voisine** *f.* neighbor
voiture *f.* car, automobile
vol *m.* flight
volage(s) fickle
volaille *f.* poultry
volant *m.* steering wheel
  au ~ driving
voler to steal
  ~ à to steal from
volonté *f.* will, will power
volontiers *adv.* gladly, with pleasure
vomir to vomit
vouloir to want
  ~ bien + *inf.* to be willing to...
  en ~ à to bear a grudge against
  qu'on le veuille ou non like it or not
voyageur *m.* passenger, traveler

wagon *m.* coach car of train
wagon-lit *m.* sleeping car

yaourt *m.* yogurt
yeux (*pl. d'œil*) eye
  payer les ~ de la tête to pay an arm and a leg

zut! (*fam.*) rats! darn!

Index

à
  nom +, 143–144
adjectifs, 130–132
adverbes de manière, 280–282
après
  avant de et, 44–46
articles
  définis, 128–130
  indéfinis, 128–130
  partitifs, 128–130
avant de
  et **après**, 44–46
avoir
  + nom, 143–144

conjonctions
  l'emploi des ~ pour exprimer les rapports de temps, 198–199

désignation, la qualification, la différentiation, 127–128. *Voir aussi* adjectifs; articles; expressions démonstratives; expressions pour faire une description; expressions de quantité; expressions relatives, possession

émotion
  expressions d', 237–239
être
  + adjectif, 143–144
expression des désirs, des sentiments et des opinions, 235. *Voir aussi* expressions d'émotion, de jugement, d'opinion, de volonté
expressions
  pour bien discuter, 290–292
  de but et de finalité, 284–286
  de cause et de conséquence, 282–284
  de condition, 286–287
  de conversation, 5
  pour demander et donner des renseignements, 94–99
  démonstratives, 136–137

  d'émotion, 237–239
  pour faire une description, 140–144
  d'hypothèse, 287–288
  pour les invitations, 158
  de jugement, 242–243
  pour offrir ou accepter quelque chose, 160
  d'opinion, 239–241
  d'opposition et de concession, 288–290
  pour organiser un récit, 46–48
  de quantité, 132–134
  pour réagir à ce qu'on dit et à ce qu'on fait, 243–246
  relatives, 137–139
  pour remercier quelqu'un, 162
  de salutation, 3, 5
  pour se retrouver, 199–204
  de volonté, 235–237

futur
  comme point de repère, 197
  immédiat, 9

imparfait, 38–40
  et le passé composé, 40–42
  interrogation, 83–85. *Voir aussi* questions

jugement
  expressions de, 242–243

localisation
  absolue, 192–193
  relative, 194
  et la situation, 191–192
  Voir aussi conjonctions; futur ou passé ou présent comme point de repère; prépositions

narration au passé, 37–38. *Voir aussi* imparfait; passé composé; plus-que-parfait

on
  et la voix passive, 278–280
opinion
  expressions d', 239–241

passé
  comme point de repère, 196

passé composé, 8–9
  imparfait et le ~, 40–42
plus-que-parfait, 42–44
possession, 134–135
prépositions
  l'emploi des ~ pour exprimer les rapports de temps, 198–199
présent, 6–7
  comme point de repère, 194–195
pronoms
  accentués, 164–165
  personnels, 162–164

questions
  qui demandent une définition ou une explication, 92–94
  qui ont pour réponse une chose, 87–89
  qui ont pour réponse une personne, 85–86
  qui posent un choix, 90–92

rapports de temps. *Voir* conjonctions ou prépositions pour exprimer les rapports temporels. *Voir* futur ou passé ou présent comme point de repère

vocabulaire
  «Les Amateurs d'art», 112, 114, 116, 118, 120, 122, 124, 126
  «Le Château dans le bois», 64, 66, 68, 70, 72, 74, 76, 78, 80, 82
  «Débrouillez-vous, Mademoiselle!», 178, 180, 182, 184, 186, 188, 190
  «Le Dragueur», 220, 222, 224, 226, 228, 230, 232, 234
  «La France à bicyclette», 262, 264, 266, 268, 270, 272, 274, 276
  «Le Paradis perdu», 22, 24, 26, 28, 30, 32, 34, 36
voix passive
  on et la ~, 278–280
volonté
  expressions de, 235–237

■ Permissions and Credits

The authors and editors wish to thank the following persons and publishers for permission to include the works or excerpts mentioned.

pp. 11–13: *Histoires des passions françaises*, Theodore Zeldin; © Éditions Recherches, 1978.

pp. 13–14, 15–17, 104–106, 248, 301–303: *Les Français*, Theodore Zeldin; © Librairie Arthème Fayard, 1983.

pp. 17–18: "France-TV Magazine," a monthly TV news magazine, is produced by AZ/Médiane Films in Paris and distributed by PBS in the United States.

p. 52, 102: *Le Grand Larousse de la langue française;* © Larousse.

p. 53: «Depardieu inédit: Renaissance,» Mark Esposito, *Studio Magazine*, September 1987; © Studio Magazine.

p. 53, 149–150: *Le Théâtre et son double*, Antonin Artaud; © Éditions GALLIMARD.

pp. 53–54: *L'Horizon négatif: Essai de dromoscopie*, Paul Virilio; © Éditions Galilée.

pp. 54–55: *La société de consommation*, Jean Baudrillard; © Éditions Denoël.

pp. 55–56: «La chimie du stress,» *Le Point*, January 30, 1989; © Le Point.

pp. 57–59: «Le stress au boulot,» Jean-Benjamin Stora, *L'Express International*, September 30, 1988; © L'Express International.

pp. 107–108, 297, 299–301: *Francoscopie, 1989*, Gérard Mermet; © Larousse, 1989.

pp. 108–109: *Le Lait de l'oranger*, Gisèle Halimi; © Éditions GALLIMARD.

pp. 147–148: «La Jolie Rousse,» *Calligrammes*, Guillaume Apollinaire; © Éditions GALLIMARD, 1918.

pp. 150–151: *Les Voix du silence*, André Malraux; © Éditions GALLIMARD.

p. 154: *La Nausée*, Jean-Paul Sartre; © Éditions GALLIMARD.

pp. 167–169: *Le Petit Nicolas*, Sempé et Goscinny; © Éditions Denoël.

pp. 170–173: *Lire*, n. 162, March 1989; © Lire.

pp. 173–175: «La Barrière des langues,» *L'Actualité*, March 1988; © L'Actualité.

pp. 207–209: «L'Empire Europe s'en vient,» Louis-Bernard Robitaille, *L'Actualité*, February 1989; © L'Actualité.

pp. 210, 211: *La Grande Illusion*, Alain Minc; © Éditions Bernard Grasset.

pp. 211–212: Jean-François Lisée, *L'Actualité*, February 1989; © L'Actualité.

pp. 213–214, 215–217: *L'Amérique*, Jean Baudrillard; © Éditions Bernard Grasset, 1986.

p. 248: *Le Deuxième sexe*, Simone de Beauvoir; © Éditions GALLIMARD, 1949.

pp. 251–254: «Elles étudient mieux,» Marie-Laure de Léotard, *L'Express*, January 20, 1989; © L'Express.

pp. 255–258: *Une Femme amoureuse*, Annick Geille; © Éditions Bernard Grasset.

pp. 295–296: «Le Match homme-femme,» *L'Express*, January 20, 1989; © L'Express.

pp. 297–298: «À papa-câlin, maman libérée» from *Le Monde de l'Éducation*, November 1988; © Scott Coltrane, *American Journal of Sociology*, March 1988/ University of Chicago Press.

Photographs and realia

p. 4: Stuart Cohen/Comstock; p. 10: Henri Cartier-Bresson/Magnum; p. 15: Philippe Gontier/The Image Works; p. 17: Peter Menzel/Stock, Boston; p. 49: Courtesy of The French Library, Boston; p. 50: Courtesy of The French Library, Boston; p. 51: Owen Franken/Stock, Boston; p. 55: Robert Balas; p. 58: Robert Balas; p. 90: Owen Franken/Stock, Boston; p. 94: Helen Kolda/Photo Researchers; p. 97: SNCF; p. 101: Elliot Erwitt/Magnum; p. 103: Bill Woodman, New York; p. 104: Préférence; p. 107: Mark Antman/The Image Works; p. 131 (left): Stuart Cohen/Comstock; p. 131 (right): Mike Mazzaschi/Stock, Boston; p. 142 (left): H. Cao/© Tahiti Tourist Promotion Board; p. 142 (right): © J. M. Truchet/Agence Fotogram Stone; p. 146: Robert Balas; p. 148: Lancôme; p. 151: Thomas Craig/Lightwave; p. 152: Robert Balas; p. 166: Palmer and Brilliant; p. 169: © sempé/Éditions Denoël; p. 171 (left): © Larousse, Paris; p. 171 (right): © 1990 Dictionnaires le Robert; p. 172: © Glénat/Claude Serre, *Les Vacances;* p. 205: Photos courtesy of Janus Films; p. 206: Beryl Goldberg; p. 208: Hartman-DeWitt/Comstock; p. 212: 50 Millions de Consommateurs; p. 215: Raphael Gaillarde/Gamma Liaison; p. 216: Mike Mazzaschi/Stock, Boston; p. 247: © Claire Bretécher/Le Nouvel Observateur; p. 248: © Claire Bretécher/Le Nouvel Observateur; p. 249: Stuart Cohen/Comstock; p. 251: Martine Franck/Magnum; p. 257: Mike Mazzaschi/Stock, Boston; p. 294: Ulrike Welsch; p. 296: © Le Nouvel Observateur; p. 298: Mike Mazzaschi/Stock, Boston; p. 300: Claude Serre, *Le Bricolage* © Glénat.